Prüfungstraining
DEUTSCH C1

Intensive Vorbereitung auf das Deutsch-Zertifikat C1

von
Dr. Christine Breslauer

PONS
Prüfungstraining
DEUTSCH C1

von
Dr. Christine Breslauer

Die Autorin ist als Dozentin am Sprachforum Heinrich Heine Düsseldorf tätig, erteilt u.a. prüfungsvorbereitende Kurse auf dem Niveau C1 und nimmt als lizensierte Prüferin der telc gGmbH den mündlichen Ausdruck der Prüfung telc Deutsch C1 Hochschule ab.

Die Zusatzmaterialien finden Sie online zum Herunterladen unter
www.pons.de/Deutsch-C1

3. Auflage 2025

© PONS Langenscheidt GmbH, Stöckachstraße 11, 70190 Stuttgart, 2023
www.pons.de
Alle Rechte vorbehalten.

Bearbeitet von: Dr. Christiane Wirth, Torsten Lasse
Logoentwurf: Erwin Poell, Heidelberg
Logoüberarbeitung: Sabine Redlin, Ludwigsburg
Satz: Digraf.pl – dtp services
Druck und Bindung: Multiprint Ltd., Kostinbrod

ISBN: 978-3-12-562462-7

INHALTSVERZEICHNIS

WILLKOMMEN

ZU DIESEM BUCH

Herzlich willkommen zum PONS Prüfungstraining Deutsch C1. Dieses Buch wurde speziell für alle konzipiert, die sich auf eine Prüfung Deutsch C1 vorbereiten möchten. Es handelt sich dabei um eine anspruchsvolle Prüfung, die ein hohes Sprachniveau und eine umfassende Beherrschung der deutschen Sprache erfordert.

Das PONS Prüfungstraining Deutsch C1 orientiert sich an den standardisierten Prüfungen und deckt alle Aspekte der Prüfung ab, also das Leseverstehen, das Hörverstehen, den schriftlichen und den mündlichen Ausdruck.

Einige Aufgaben sind an die relevanten Prüfungsformate angelehnt und mit den entsprechenden Symbolen telc, GI, DSH und TestDaF gekennzeichnet. Näheres hierzu lesen Sie unter „Die Prüfungsformate".

Neben den Aufgaben sind auch **Grammatik- und Strategietipps** vorhanden, die Ihnen helfen werden, Ihre Sprachfähigkeiten zu verbessern und die erforderlichen Fähigkeiten für die Prüfung zu erwerben. Diese Tipps sind mit dem Glühbirnen-Symbol gekennzeichnet.

Die Audio-Dateien, die für die Hörverstehensaufgaben nötig sind, sind mit dem Kopfhörer-Symbol gekennzeichnet. Diese Dateien können Sie online unter **www.pons.de/Deutsch-C1** herunterladen.

Das PONS Prüfungstraining Deutsch C1 ist sowohl für das Selbststudium als auch für den Einsatz im Unterricht geeignet. Es kann als ergänzendes Material verwendet werden, um den Unterricht zu unterstützen oder als eigenständiges Lehrwerk, um sich auf die Prüfung vorzubereiten.

Ziel dieses Prüfungstrainings ist es, Ihre Deutschkenntnisse zu verbessern, Ihre Fähigkeiten zu erweitern und Ihnen das Selbstvertrauen zu geben, um erfolgreich eine Prüfung Deutsch C1 zu bestehen.

Die Prüfungsformate

Es gibt verschiedene Prüfungen Deutsch C1, die von unterschiedlichen Organisationen und Institutionen angeboten werden. Die Prüfung ist eine standardisierte Prüfung für Nicht-Muttersprachlerinnen und Nicht-Muttersprachler, die Deutsch als Fremdsprache lernen. Sie besteht aus vier Teilen: Leseverstehen, Hörverstehen, schriftlicher Ausdruck und mündlicher Ausdruck. In diesem Band gehen wir auf die gängigsten Prüfungen Deutsch C1 ein:

telc telc Deutsch C1:
Die mit telc markierten Aufgaben lehnen sich an Testformate der telc gGmbH an und umfassen die Prüfungen telc Deutsch C1 und telc Deutsch C1 Hochschule.
Diese finden Sie auf den Seiten 11, 13, 19, 22, 35, 63, 87, 94, 102, 106, 108, 110, 136, 152

GI Goethe-Zertifikat C1:
Die mit GI markierten Aufgaben orientieren sich an den Aufgaben des Goethe-Zertifikats C1, das vom Goethe-Institut angeboten wird.
Diese finden Sie auf den Seiten 9, 24, 39, 74, 81, 98, 141, 142

DSH DSH:
Bei der Deutschen Sprachprüfung für den Hochschulzugang wird überprüft, ob Studienbewerberinnen und Studienbewerber über die notwendigen Deutschkenntnisse verfügen.
Diese finden Sie auf den Seiten 17, 39, 40, 46, 65, 71, 77, 99, 107, 109, 115, 121, 123, 125, 129, 132, 138, 150

Test DaF Digitaler TestDaF:
Der digitale TestDaF ist eine Prüfung, die von der Gesellschaft für Akademische Studienvorbereitung und Testentwicklung e.V. (g.a.s.t.) angeboten wird.
Diese finden Sie auf den Seiten 9, 32, 43, 50, 57, 67, 73, 74, 79, 90, 101, 107, 118, 122, 127, 138

Hinweis zur Aktualität:
Die hier gegebenen Informationen sind auf dem Stand von Mai 2023.
Es ist möglich, dass die einzelnen Organisationen und Institutionen ihre Prüfungsformate ändern.

Der Modelltest

Der Modelltest lehnt sich an die telc-Prüfungen Deutsch C1 und Deutsch C1 Hochschule an. Dies bedeutet, dass sich der Modelltest genau an die folgenden standardisierten Vorgaben hält:

Schriftliche Prüfung

1. Leseverstehen und Sprachbausteine

Beim Leseverstehen zeigen Sie, dass Sie mit verschiedenen Texten (z.B. Artikel und Berichte aus Zeitungen und Zeitschriften oder populärwissenschaftliche Texte) umgehen, also diese lesen und verstehen können. Die Inhalte der Texte sollten Sie auf verschiedenen Ebenen (z.B. Textstruktur, Redeabsicht, globales, selektives und detailliertes Verstehen) erfassen können.
Bei den Sprachbausteinen müssen Sie in einem Lückentext die Lücken mit den richtigen Antwortmöglichkeiten A, B, C und D ergänzen.

Leseverstehen 1	Textrekonstruktion
Leseverstehen 2	Selektives Verstehen
Leseverstehen 3	Detailverstehen
Sprachbausteine	Grammatik, Lexik und Rechtschreibung

2. Hörverstehen

Sie hören unterschiedliche Hörtexte wie z.B. Interviews, Gespräche oder Vorträge und müssen die Inhalte global oder detailliert verstehen und wichtige Informationen wiedergeben können.

Hörverstehen 1	Globalverstehen
Hörverstehen 2	Detailverstehen
Hörverstehen 3	Informationstransfer

3. Schriftlicher Ausdruck

Sie verfassen einen Text, in dem Sie Ihren eigenen Standpunkt zu einem Thema erarbeiten und argumentativ darlegen.

Mündlicher Ausdruck

Im ersten Teil präsentieren Sie ein Kurzreferat zu einem der vorgegebenen Themen. Im zweiten Teil diskutieren Sie mit Ihrem Partner / Ihrer Partnerin.

Mündlicher Ausdruck 1A	Präsentation
Mündlicher Ausdruck 1B	Zusammenfassung und Anschlussfragen
Mündlicher Ausdruck 2	Diskussion

Lösungen und Hörtexte

Am Ende des Buches sind alle Lösungen zu den einzelnen Aufgaben sowie zum Modelltest aufgeführt. Alle Hörtexte der Audio-Dateien sind hier ebenfalls abgedruckt.
Musterlösungen zum schriftlichen und mündlichen Ausdruck im Modelltest hingegen finden Sie online unter www.pons.de/Deutsch-C1

MP3-Download und Musterlösungen online

Unter www.pons.de/Deutsch-C1 finden Sie die Audio-Dateien im MP3-Format sowie die Musterlösungen für den Modelltest zum Herunterladen.

Hier geht's zum Download-Bereich:

www.pons.de/Deutsch-C1

Viel Erfolg wünschen Ihnen die Autorin und die PONS-Redaktion

1 STUDIUM

Übung 1

An einer Hochschule werden oft ganz andere Begriffe verwendet als in der Alltagssprache. Ordnen Sie die Begriffe rechts den alltagssprachlichen Wörtern und Umschreibungen zu.

Alltagssprache oder Umschreibung	Hochschulsprache
1. der Kurs	___ A die Exmatrikulation
2. die Liste aller Kurse	___ B die Immatrikulation
3. der Aufsatz	___ C die Mensa
4. die Person, mit der man gemeinsam studiert	___ D die Hausarbeit, die Seminararbeit
5. der Lehrer / die Lehrerin	___ E die Hochschulreife
6. die Anmeldung zum Studium	___ F die Lehrveranstaltung
7. die Voraussetzung, um an einer Hochschule studieren zu können	___ G der Kommilitone / die Kommilitonin
8. ein halbes Jahr	___ H das BAföG
9. die Kantine	___ I der Campus
10. das Gelände mit verschiedenen Gebäuden einer Hochschule	___ J die Fakultät
11. das Gesetz zur finanziellen Unterstützung durch den Staat	___ K das Semester
12. der Fachbereich, die Fächergruppe	___ L der Dozent / die Dozentin
13. die Abmeldung vom Studium	___ M das Vorlesungsverzeichnis

Übung 2

GI

Lesen Sie die folgenden allgemeinen Informationen zu Veranstaltungen und deren Teilnahmebedingungen. Welches Wort passt in die Lücke? Nur eine Lösung ist jeweils richtig.

An einer Hochschule gibt es verschiedene Arten von Veranstaltungen. Die häufigsten sind Vorlesung, Seminar und Übung. Eine Vorlesung ist ein Vortrag, bei dem ein Dozent oder eine Dozentin über ein Thema aus dem jeweiligen __1.__ spricht und die Studierenden sich Notizen zum Gehörten machen. Im Gegensatz dazu ist ein Seminar __2.__, das heißt, die Studierenden nehmen an Diskussionen teil, halten Referate, machen Projekte in Gruppenarbeit usw. In einer Übung wiederum erfolgt die __3.__ des Stoffes, den man vorher in einer Vorlesung gehört hat.

Wenn man an einer Lehrveranstaltung erfolgreich teilgenommen hat, erhält man einen Leistungsnachweis. Wann eine Teilnahme erfolgreich ist, ist nicht einheitlich __4.__. Oft muss eine mündliche und/oder schriftliche Leistung erbracht werden. Das kann beispielsweise ein Referat oder eine Hausarbeit oder eine Abschlussklausur sein. Manchmal __5.__ die reine Anwesenheit. Was auf die jeweilige Veranstaltung zutrifft, kann im Vorlesungsverzeichnis __6.__ werden oder wird zu Kursbeginn bekannt gegeben.

Der Leistungsnachweis muss __7.__ eine Note enthalten, aber auf jeden Fall sind die Kreditpunkte eingetragen. Ein Kreditpunkt entspricht einem __8.__ von 25 bis 30 Stunden. Das ist die Zeit, die für den Besuch einer Veranstaltung sowie deren Vor- und Nachbereitung __9.__ wird. In einem dreijährigen Bachelor-Studiengang muss man am Ende 180 Kreditpunkte erworben haben.

1.
- ☐ **A** Referat
- ☐ **B** Interesse
- ☐ **C** Fachgebiet
- ☐ **D** Bericht

2.
- ☐ **A** interaktiv
- ☐ **B** diskutabel
- ☐ **C** ökonomisch
- ☐ **D** verpflichtend

3.
- ☐ **A** Weiterbildung
- ☐ **B** Entstehung
- ☐ **C** Verwertung
- ☐ **D** Anwendung

4.
- ☐ **A** vorgenommen
- ☐ **B** geregelt
- ☐ **C** genehmigt
- ☐ **D** eingeleitet

5.
- ☐ **A** erreicht
- ☐ **B** genügt
- ☐ **C** siegt
- ☐ **D** passt

6.
- ☐ **A** getroffen
- ☐ **B** vertieft
- ☐ **C** nachgelesen
- ☐ **D** aufgesucht

7.
- ☐ **A** unbedingt
- ☐ **B** voraussichtlich
- ☐ **C** zumindest
- ☐ **D** nicht zwingend

8.
- ☐ **A** Gewinn
- ☐ **B** Arbeitsaufwand
- ☐ **C** Verdienst
- ☐ **D** Zeitverlust

9.
- ☐ **A** investiert
- ☐ **B** benutzt
- ☐ **C** verloren
- ☐ **D** genommen

Übung 3

Was Studierende alles tun. Streichen Sie das Verb durch, das nicht passt. Achten Sie auch auf die grammatische Verbindung.

1. eine Prüfung ablegen | bestehen | durchfallen | vorbereiten
2. eine Lehrveranstaltung belegen | teilnehmen | besuchen | versäumen
3. einem Diskussionsbeitrag zuhören | notieren | folgen | zustimmen
4. sich im Seminar beteiligen | engagieren | melden | gewöhnen
5. seine Kenntnisse vertiefen | sammeln | erweitern | anwenden
6. Fachliteratur gelangen | recherchieren | durchlesen | zitieren

Übung 4

Notieren Sie zu den Verben aus den vorangegangenen Übungen die entsprechenden Nomen mit Artikel. Manchmal gibt es zwei Möglichkeiten.

1. recherchieren ____________________
2. erweitern ____________________
3. belegen ____________________
4. anwenden ____________________
5. teilnehmen ____________________
6. hören ____________________
7. investieren ____________________
8. eintragen ____________________
9. erwerben ____________________
10. verlieren ____________________

Grammatik: Es gibt verschiedene Möglichkeiten, Verben zu nominalisieren: 1. nominalisierter Infinitiv: ***lesen → das Lesen***; 2. Nomen auf **-ung**: ***vorbereiten → die Vorbereitung***; 3. lexikalisiertes Nomen ohne Endung: ***studieren → das Studium***; 4. Nomen auf **-e**: ***folgen → die Folge***; 5. Nomen auf **-(t)ion**, meist bei Fremdwörtern: ***präsentieren → die Präsentation.***

telc

TR. 01

Übung 5

Sie hören ein Radiointerview zum Thema „Tutorium". Lesen Sie zuerst die Aufgaben und entscheiden Sie dann beim Hören, welche Lösung – A, B oder C – richtig ist.

1. Alina Weigert wurde eingeladen,
- ☐ **A** weil sie sich mit Prüfungsvorbereitungen auskennt.
- ☐ **B** weil sie als Informationstechnologin tätig ist.
- ☐ **C** weil sie eine besondere Veranstaltungsart erklären soll.

2. In ihrem ersten Semester
- ☐ **A** hatte Alina Schwierigkeiten und fand Hilfe in einem Tutorium.
- ☐ **B** stand auf Alinas Stundenplan der Besuch eines Tutoriums.
- ☐ **C** erklärte ihr eine Kommilitonin den Begriff Tutorium.

3. Was ein Tutorium ist,
- ☐ **A** ist nur für Studienanfänger wichtig.
- ☐ **B** wissen viele Studienanfänger nicht.
- ☐ **C** wird im Vorlesungsverzeichnis genau erklärt.

4. Die Welcome-Tutorinnen und -Tutoren
- ☐ **A** lernt man zu Beginn des Studiums auf dem Campus kennen.
- ☐ **B** sorgen für soziale Kontakte und Orientierung während des Studiums.
- ☐ **C** sind Ansprechpersonen für Probleme im Wohnheim.

5. Alina Weigert leitet Tutorien,
- ☐ **A** in denen Inhalte aus anderen Veranstaltungen nachbereitet werden.
- ☐ **B** in denen die Studierenden Klausuren schreiben.
- ☐ **C** in denen ausschließlich Hausaufgaben gemacht werden.

6. Um ein Tutorium leiten zu können,
- ☐ **A** ist anspruchsvolles Fachwissen die wichtigste Voraussetzung.
- ☐ **B** muss der Unterricht in einem höheren Semester stattfinden.
- ☐ **C** sind fachliche, pädagogische und methodische Kenntnisse erforderlich.

7. Die Teilnahme an einem Tutorienprogramm
- ☐ **A** ist an allen Hochschulen Pflicht.
- ☐ **B** schließt mit einem Zertifikat ab.
- ☐ **C** ist motivierend und abwechslungsreich.

8. Für Alina lohnt sich die Tätigkeit als Tutorin,
- ☐ **A** weil sie besser als andere Nebenjobs bezahlt wird.
- ☐ **B** weil sie unter anderem auch Kreditpunkte erhält.
- ☐ **C** weil sie in ihrem Beruf gern Engagement zeigt.

Übung 6

Was bedeuten die kursiv gedruckten Ausdrücke, die im Hörtext in Übung 5 vorkommen? Kreuzen Sie an.

1. *über* die verschiedenen Veranstaltungsarten *stolpern*	☐ **A**	nicht genau verstehen und sich wundern
	☐ **B**	das Gleichgewicht verlieren
2. *sich nichts unter* einem Tutorium *vorstellen können*	☐ **A**	keine Assoziation mit etwas verbinden
	☐ **B**	keine Fantasie oder Kreativität haben
3. *auf Augenhöhe* sein	☐ **A**	anders, unterschiedlich
	☐ **B**	gleichgesinnt, gleichberechtigt
4. *Anschluss finden*	☐ **A**	Karriere machen
	☐ **B**	Kontakte knüpfen
5. *klingt nach* einer anspruchsvollen Aufgabe	☐ **A**	stimmt einer Meinung zu
	☐ **B**	erweckt den Eindruck
6. die Teilnahme *hat mir viel gebracht*	☐ **A**	war sehr nützlich für mich
	☐ **B**	war eine große Herausforderung für mich
7. *etwas macht sich gut* im Lebenslauf	☐ **A**	etwas zeigt eine positive Entwicklung
	☐ **B**	etwas hat eine positive Wirkung

telc

Übung 7

Lesen Sie den folgenden Text. Welche der Sätze A bis J passen in die Lücken 1. bis 8.? Beachten Sie: Zwei Sätze können nicht zugeordnet werden.

Abitur bestanden – und was jetzt?

Im letzten Jahr des Gymnasiums oder spätestens nach bestandenem Abitur, stellt sich einem die Frage: ___1.___

Grundsätzlich ist festzuhalten, dass ein Hochschulstudium weder besser noch schlechter als eine Berufsausbildung ist. Letztendlich hängt die Entscheidung von vielen Faktoren ab, zum Beispiel von den eigenen Interessen, dem Talent oder dem Berufswunsch, unter Umständen auch von der Situation auf dem Arbeitsmarkt.

Zu einem Studium entschließt sich dann doch die Mehrheit der Abiturientinnen und Abiturienten. ___2.___

Zunächst einmal ist ein akademischer Abschluss für bestimmte Berufe unverzichtbar. Wer Ärztin oder Arzt werden will, muss Medizin studieren. Wer später als Lehrkraft an Schulen oder als Anwältin bzw. Anwalt tätig werden möchte, benötigt, um diese Berufe auszuüben, ebenfalls ein Universitätsstudium.

Attraktiv ist ein Studium auch wegen der Vielfalt der Möglichkeiten. Die Anzahl unterschiedlichster Studiengänge ist riesig, sodass fast alle das zu den jeweiligen Interessen und Talenten passende Fach finden können. Viele Studiengänge ermöglichen, dass man sich die Zeit selbst einteilt und seinen Stundenplan mit solchen Lehrveranstaltungen zusammenstellt, die einen wirklich interessieren. ___3.___ Denn so kann man sich Schwerpunkte setzen, Themen vertiefen und sich mit Blick auf den aktuellen Arbeitsmarkt spezialisieren. Neben den fachlichen Kompetenzen geht es in einem Studium aber immer auch um den Erwerb von Schlüsselqualifikationen wie Teamfähigkeit, Zeitmanagement oder Selbstorganisation. Nicht zuletzt besteht die Möglichkeit, seine Fremdsprachenkenntnisse zu erweitern. ___4.___

Für andere wiederum sind genau diese Vielfalt an Möglichkeiten, die Freiheit und Flexibilität eine Hürde. Sie sind damit überfordert und scheitern vielleicht. ___5.___ Denn nicht alle bringen die für ein Studium erforderliche Selbstmotivation mit und verfügen über Organisationstalent. In diesem Zusammenhang ist zu überlegen, ob nicht ein anderer Hochschultyp als die klassische Universität besser zu einem passt. ___6.___ Dafür bieten sie eher mehr Struktur und mehr Praxisbezug als Universitäten.

Vielen bereitet Sorge, wie sie ihr Studium an einer Universität oder Fachhochschule finanzieren sollen. Es gilt Ausgaben wie Lebenshaltungskosten, Semesterbeiträge usw. zu bedenken. Abhilfe schaffen das BAföG oder günstige Studienkredite. __7.__ Andere Finanzierungsmöglichkeiten sind studentische Nebenjobs oder die Unterstützung durch die Eltern. So oder so ist man finanziell abhängig und muss sich gegebenenfalls lange Zeit in vielen Bereichen einschränken.

Ein weiteres Argument für oder gegen ein Studium ist der zeitliche Aufwand, der mit einem Studium einhergeht. __8.__ Schließlich dauert ein Bachelorstudium mit drei bis dreieinhalb Jahren nur unwesentlich länger als eine Berufsausbildung. Dies gilt jedoch nicht, wenn man noch ein in der Regel zweijähriges Masterstudium anhängt.

Über das Für und Wider eines Studiums lässt sich lange streiten. Zu fast jedem Argument ist auch ein Gegenargument zu finden. Letztlich muss man für sich selbst entscheiden, was schwerer wiegt.

Text nach:
Degener, Janna: Pro & Contra Studium. Soll ich studieren? 09.11.2021, https://www.studis-online.de/StudInfo/studieren-ja-nein.php, letzter Zugriff: 25.04.2023. (zu Lehrzwecken verändert und gekürzt)

___ **A** Diese Freiheit wird von vielen geschätzt.

___ **B** Fachhochschulen lassen Studierenden weniger Freiheiten

___ **C** Soll ich studieren oder lieber eine Ausbildung machen?

___ **D** Viele Studierende sind dazu nicht in der Lage.

___ **E** Doch die muss man irgendwann zurückzahlen.

___ **F** All dies erhöht die Chancen auf dem Arbeitsmarkt.

___ **G** Tatsächlich sprechen einige gute Gründe für diesen Weg.

___ **H** Muss man ein Studium selbst finanzieren?

___ **I** Davon sollte man sich nicht abschrecken lassen.

___ **J** Dies kann dann sogar zu einem Studienabbruch führen.

Strategie: Es empfiehlt sich, den Text trotz Lücken einmal schnell zu lesen, um sich über das Thema klar zu werden. Dann konzentriert man sich auf die Lücken, liest den Satz vor und nach der Lücke ganz genau und sucht nach dem passenden Lösungssatz. Bei der Suche helfen dann nicht nur inhaltliche Zusammenhänge, sondern auch Synonyme, Form und Zeit der Verben sowie Konnektoren, wie z.B. Pronomen (***sie***, ***diese***), Adverbien (***deshalb***, ***vorher***), Präpositionaladverbien (***dabei***, ***dazu***), Konjunktionen (***und***, ***aber***, ***denn***) usw.

Übung 8

Vervollständigen Sie die Ausdrücke aus Übung 7 mit den passenden Verben.

ausüben • einhergehen • einschränken • einteilen • erweitern • mitbringen • schaffen • setzen • verfügen • zusammenstellen

1. mit einem Studium ______
2. Selbstmotivation ______
3. sich die Zeit ______
4. einen Beruf ______
5. über Organisationstalent ______
6. Abhilfe ______
7. sich Schwerpunkte ______
8. Fremdsprachenkenntnisse ______
9. sich in vielen Bereichen ______
10. seinen Stundenplan ______

Übung 9

Welcher der Ausdrücke aus Übung 8 wird hier umschrieben? Notieren Sie die Nummer.

___ **A** sich auf etwas, das wichtig ist, festlegen

___ **B** die Lösung für ein Problem ermöglichen

___ **C** mit weniger (Geld, Raum) auskommen als bisher

___ **D** die Begabung besitzen, ein Vorhaben sorgfältig zu planen

___ **E** die nützliche Fähigkeit haben, von sich aus zu agieren

Übung 10

Ergänzen Sie den Text mit den angegebenen Verben im Passiv Präsens und, wo nötig, im Passiv Perfekt.

Jedes Jahr zu Beginn des Wintersemesters das gleiche Problem: In den großen Universitätsstädten **1.** ________________ zu wenig bezahlbarer Wohnraum für Studienanfänger und -anfängerinnen ________________ (*anbieten*). Da **2.** ________________ schon mal für eine kleine 1-Zimmer-Wohnung 800 Euro und mehr ________________ ________________ ________________ (*verlangen können*). Um günstigere WG-Zimmer **3.** ________________ schon beim WG-Casting harte Konkurrenzkämpfe ________________ (*austragen*), falls man überhaupt vorher **4.** ________________ ________________ ________________ (*einladen*): Wem **5.** ________________ der Zuschlag ________________ (*erteilen*)? Dem, der ständig für alle kocht und putzt? Dem Studienanfänger Olaf **6.** ________________ in den letzten Wochen so oft ________________ ________________ (*absagen*), dass er nach einer alternativen Wohnmöglichkeit gesucht hat. Jetzt wohnt er in einem großen Zimmer im Haus einer alleinstehenden Rentnerin – sogar ohne Miete zu zahlen. Dafür **7.** ________________ vom ihm kleinere Arbeiten, wie Einkaufen, einfache Reparaturen usw. ________________ ________________ (*erledigen müssen*). Das Zimmer **8.** ________________ ihm übrigens durch eine Anzeige im Wohnungsamt ________________ ________________ (*vermitteln*).

Grammatik: Für die Umformung eines Aktivsatzes in einen Passivsatz gilt:
Eine Akkusativergänzung im Aktivsatz wird zum Subjekt im Passivsatz. Wenn es keine Akkusativergänzung gibt, ist das Passiv subjektlos: In Position 1 steht dann **es** oder ein anderes Element, z.B.: *Es/Hier wird viel diskutiert.*
Das Subjekt wird zu **von** + Dativ bei Personen, Institutionen, Tieren und Gegenständen oder zu **durch** + Akkusativ bei Vorgängen, Vermittlern und Ursachen, z.B.: *Die Finanzierung wird durch ein Stipendium ermöglicht.*
Das Modalverb **wollen** wird im Passivsatz zu **sollen**, z.B.: *Der Staat will mehr Geld ausgeben.*
→ *Mehr Geld soll vom Staat ausgegeben werden.*
Dativ bleibt Dativ, z.B.: *Man half dem Studenten.* → *Dem Studenten wurde geholfen.*

Übung 11

Formen Sie die unterstrichenen Satzteile um, ohne den Sinn zu verändern. Achten Sie darauf, die gleiche Zeit wie im Aktivsatz bzw. Passivsatz zu verwenden.

1. Wie kann man das Studium finanzieren?

Wie ____________ das Studium ____________________________?

2. Manchmal werden Studierende, die ein geringes Einkommen haben, vom Staat gefördert.

Manchmal ____,

die ein geringes Einkommen haben.

3. Sie können einen Antrag auf BAföG stellen.

________________________________ auf BAföG __________________________________.

4. Aber man muss berücksichtigen, dass das BAföG ein Kredit ist, der nach dem Studium zurückgezahlt werden muss.

Aber ________________________________, dass das BAföG ein Kredit ist,

____________________ nach dem Studium ____________________.

5. Für einen Studienkredit nehmen die Banken zusätzlich noch Zinsen.

Für einen Studienkredit ____.

6. Von vielen Studierenden wurde in den vergangenen Jahren eine andere Art der Finanzierung bevorzugt.

____ in den vergangenen Jahren eine andere Art der Finanzierung.

7. Alina übernahm ein Tutorium, mit dem sie ihre Karriere voranbringen wollte.

____, mit dem ihre Karriere

____.

Übung 12

Der Text in Übung 6 enthält einige Sätze mit Ersatzformen für das Passiv mit Modalverb. Formulieren Sie die unterstrichenen Satzteile um, indem Sie das Passiv mit dem richtigen Modalverb verwenden.

1. Grundsätzlich <u>ist</u> <u>festzuhalten</u>, dass ...

Grundsätzlich ______________________________, dass ...

2. Zunächst einmal <u>ist</u> ein akademischer Abschluss ... <u>unverzichtbar</u>.

Zunächst einmal ______________ auf einen akademischen Abschluss

______________________________.

3. In diesem Zusammenhang <u>ist zu überlegen</u>, ob ...

In diesem Zusammenhang ______________________________, ob ...

4. <u>Es gilt</u>, Ausgaben ... <u>zu bedenken</u>.

Ausgaben ______________________________.

5. Über das Für und Wider eines Studiums <u>lässt sich</u> lange <u>streiten</u>.

Über das Für und Wider eines Studiums ______________ lange

______________________________.

6. Zu fast jedem Argument <u>ist</u> auch ein Gegenargument <u>zu finden</u>.

Zu fast jedem Argument ______________ auch ein Gegenargument

______________________________.

Grammatik: Für das Passiv mit den Modalverben **können** und **müssen** (seltener: **sollen**) gibt es verschiedene Ersatzformen:
sein + **zu** + **Infinitiv** ersetzt das Passiv mit **können** oder **müssen**. Welche Bedeutung vorliegt, entscheidet der Kontext.
Als Ersatzform für das Passiv mit **können** dienen außerdem **sich lassen** + Infinitiv und **sein** + Adjektiv auf **-bar/-lich**. Die Adjektive, die eine Passivbedeutung haben, sind in der Regel von einem Verb abgeleitet.
Anstelle des Passivs mit **müssen** kann man bestimmte unpersönliche Ausdrücke wie **es gilt** / **es heißt** / **es bleibt** + **zu** + Infinitiv verwenden.

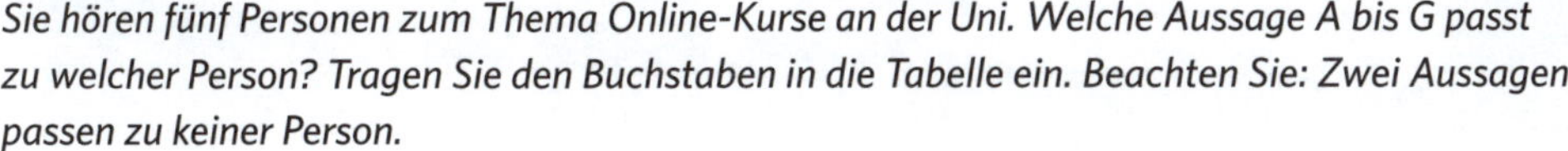

Übung 13

telc

Sie hören fünf Personen zum Thema Online-Kurse an der Uni. Welche Aussage A bis G passt zu welcher Person? Tragen Sie den Buchstaben in die Tabelle ein. Beachten Sie: Zwei Aussagen passen zu keiner Person.

TR. 02
TR. 03
TR. 04
TR. 05
TR. 06

Online-Kurse an der Uni

A Austauschstudierende lernen kein normales Campusleben kennen.

B Im Online-Unterricht sind Diskussionen nicht möglich, da er wie eine Vorlesung ist.

C Online-Unterricht ermöglicht eine bessere Konzentration auf die Studieninhalte.

D Vor allem Gruppenarbeit ist in Online-Kursen nützlich und ein Gewinn.

E Die Qualität eines Kurses ist zu sehr von einer stabilen Internetverbindung abhängig.

F Man kann auch im Online-Unterricht Kontakte zu deutschen Studierenden knüpfen.

G Nicht alle Dozentinnen und Dozenten konnten gut mit der Online-Technik umgehen.

Person	1	2	3	4	5
Aussage					

Strategie: Markieren Sie beim Lesen der Aussagen Schlüsselwörter. Notieren Sie, wenn möglich, Synonyme, denn die Formulierungen in den Texten sind oft anders als in den Aussagen. Außerdem kann es hilfreich sein, sich hinter der Aussage mit einem Symbol zu notieren, ob die Aussage das Thema positiv (+), ablehnend (-) oder neutral (n) bewertet.

2 BEWERBUNG UND JOB

Übung 1

Bilden Sie zusammengesetzte Nomen zum Thema „Bewerbung und Job", indem Sie den zweiten Teil in den Wortschlangen suchen.

AFIRMASCHREIBENVIABTEILUNGERFAHRUNGMANAGEMENT

MESSERIPLATZEN~~VERFAHREN~~PROFILOVORSTELLUNGÄUANGEBOTIG

0. das Auswahl*verfahren*

1. die Job____________________

2. der Ausbildungs____________________

3. das Bewerbungs____________________

4. die Gehalts____________________

5. die Berufs____________________

6. die Zeitarbeits____________________

7. das Konflikt____________________

8. das Stellen____________________

9. die Personal____________________

10. das Bewerber____________________

Übung 2

Alle gesuchten Nomen haben mit der Bewerbungsmappe zu tun. Lösen Sie das Kreuzworträtsel mit Hilfe der Umschreibungen unten.

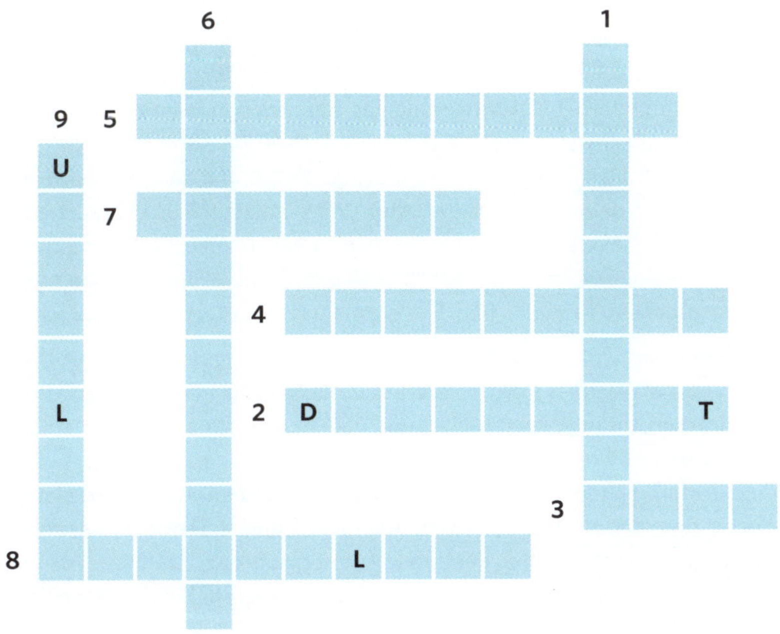

1. Zu ihm sagt man auch ***Curriculum vitae*** oder Werdegang.
2. Dieses Papier ist nicht obligatorisch, kann aber 1 vorangestellt werden. Es enthält Ihre Kontaktdaten und 3.
3. Es sollte professionell aufgenommen worden sein.
4. Diese offiziellen Dokumente stammen von vorherigen Arbeitsgebern und aus der Schulzeit.
5. So nennt man den persönlichen Brief, der oben auf der Mappe liegt.
6. Sie muss leserlich mit Vor- und Familiennamen am Ende von 1 und 5 angegeben werden.
7. Er gibt das Thema von 5 an, das aber ohne das gesuchte Wort fett geschrieben wird (**Bewerbung als ...**).
8. Sie enthält lobende Worte über Sie und wird manchmal von ehemaligen Vorgesetzten oder einer Person, bei der Sie studiert haben, geschrieben.
9. Ein anderes Wort für „Dokument".

Übung 3

Lesen Sie den Text und entscheiden Sie im Anschluss daran, in welchem Abschnitt A bis E Sie Antworten auf die Fragen 1 bis 6 finden. Beachten Sie: Jeder Abschnitt kann Antworten auf mehrere Fragen enthalten. Es ist aber auch möglich, dass ein Abschnitt zu keiner Frage passt.

A Als Coach für Bewerbungen werde ich oft mit der Frage konfrontiert, was ein gutes Anschreiben ausmacht. Trotz der Menge an Vorlagen und Musterschreiben in einschlägigen Büchern oder im Internet scheint gerade das Anschreiben beim Zusammenstellen der Bewerbungsmappe die meisten Probleme zu verursachen. Tatsächlich würde ich eher vor den Musterschreiben warnen, da sie wenig individuell sind und auch nicht auf jede Stellenanzeige zugeschnitten sein können. Als Muster sind sie dennoch zu gebrauchen, wenn man sich über die formale Seite informieren möchte. Anhand von Beispielen ist gut zu erkennen, dass das Anschreiben maximal eine Seite lang ist, vollständige und korrekte Kontaktdaten enthält und ansprechend formatiert ist. Die eigenhändige Unterschrift nicht vergessen.

B Die inhaltliche und sprachliche Ausgestaltung ist um einiges schwieriger, da das Anschreiben wie ein Türöffner funktioniert. Dazu muss es die Personaler und Personalerinnen beeindrucken, ihr Interesse wecken und überzeugen, dass man die richtige Person ist. Ein Anschreiben ist wie eine Werbung für einen selbst. Da passt es gut, sich die aus der Werbebranche stammende AIDA-Formel zu Nutze zu machen. AIDA setzt sich aus den Anfangsbuchstaben der englischen Wörter ***Attention***, ***Interest***, ***Desire*** und ***Action*** zusammen und beschreibt, was gute Werbung bedeutet: Aufmerksamkeit, Interesse, Wunsch nach einer Ware und schließlich Handlung, also die Ware zu kaufen. Diese griffige Formel lässt sich gut auf eine Bewerbung übertragen.

C Aufmerksamkeit erhält man, wenn der erste Satz neugierig macht, indem er zum Beispiel ungewöhnlich formuliert ist. Hände weg von Standardfloskeln wie „mit großen Interesse habe ich Ihre Anzeige gelesen", die völlig nichtssagend daherkommen und bei genauer Betrachtung dumm sind, denn natürlich hat man die Anzeige gelesen, sonst würde man sich ja wohl nicht bewerben. Man sollte sich stattdessen interessant machen, etwa durch einen Anfang wie „das Wichtigste vorneweg: Innovationen begeistern mich!", wenn es um eine Bewerbung bei einem Unternehmen geht, das sich durch innovative Technik auszeichnet. Bei einem anders ausgerichteten Unternehmen ist es natürlich ratsam, sich einen anderen wirkungsvollen Einstieg zu überlegen.

D Interesse an der eigenen Person weckt man durch die Darstellung der eigenen Fähigkeiten und Kenntnisse. Hierbei wird häufig der Fehler gemacht, einfach den Lebenslauf nachzuerzählen. Dieser ist jedoch ein anderes Dokument, das in der Personalabteilung oftmals vor dem Anschreiben gelesen wird, um sich einen schnellen Überblick über das Bewerberprofil zu verschaffen. Im Anschreiben hebt man vielmehr nur die Qualifikationen hervor, die für die Stelle wirklich relevant sind. Wenn man die Qualifikationen durch passende Beispiele belegt, bekommt das Anschreiben die nötige Individualität und eine persönliche Note. Außerdem kann man so zeigen, dass man die geeignete Person für den Job ist, also den Wunsch erzeugen, den Bewerber oder die Bewerberin kennenlernen zu wollen. Die Aktion, die man mit dem Schlusssatz veranlassen will, ist die Einladung zum Vorstellungsgespräch.

E Auch die Sprache im Anschreiben muss gut überlegt sein. Der leider immer noch verbreitete Konjunktiv II im Schlusssatz ist fehl am Platz und lässt einen unsicher wirken. Sagen Sie, dass Sie sich auf ein persönliches Gespräch oder eine Einladung zum Vorstellungsgespräch freuen (nicht: freuen würden). Entsprechend sind auch Sätze wie „ich wäre gern Teil Ihres Teams" zu vermeiden. Ach, und auch der Gebrauch des Passivs ist unpassend! Sie sind die handelnde Person, die motiviert und engagiert zu einem Job kommen möchte: Schreiben Sie deshalb im Aktiv.

In welchem Abschnitt ...

1. relativiert der Autor eine vorher geäußerte Kritik? ___
2. bedauert der Autor etwas? ___
3. regt sich der Autor über etwas auf? ___
4. rät der Autor von bestimmten Hilfen ab? ___
5. spricht der Autor eine Empfehlung aus? ___
6. erklärt der Autor ein Prinzip aus einem anderen Fachgebiet? ___

Strategie: In der Aufgabe geht es darum, die Sprechabsichten des Autors oder der Autorin herauszufinden. Möchte er oder sie kritisieren, überzeugen, definieren, zu etwas auffordern usw.?
Achten Sie auf entsprechende Indizien im Text, z.B. auf Adjektive oder Adverbien bzw. Verben, die etwas bewerten (*sicher, falsch, gut; ablehnen, unterstützen*). Ein Imperativ könnte auf eine Aufforderung deuten, der Konjunktiv II auf einen Ratschlag, einen Wunsch usw. und das Futur auf eine Prognose für die Zukunft.

Übung 4

Ordnen Sie die passende Erklärung zu.

1. einschlägig	___	**A**	an erster Stelle
2. ansprechend	___	**B**	gut zu merkend
3. zugeschnitten	___	**C**	unangemessen
4. griffig	___	**D**	zu einem Bereich gehörend
5. vorneweg	___	**E**	optisch schön
6. fehl am Platz	___	**F**	passend

Übung 5

TR. 07

Sie hören ein Telefongespräch zwischen den Studierenden Sibel Gül und André Richter. Lesen Sie zuerst die Beispiele und Aufgaben. Ergänzen Sie dann während des Hörens die fehlenden Informationen in Stichworten.

Beispiel 1: Woran hat Sibel neulich teilgenommen? Bewerbungstraining

Beispiel 2: Inhalte und Fragen in einem Online-Vorgestellungsgespräch unterscheiden sich nicht von denen in einem klassischen Vorstellungsgespräch.

1. Die nötige ______ hat André zu Hause. ______
2. André soll die Technik in einem ______ prüfen. ______
3. Das Gesicht sollte ______ beleuchtet werden. ______
4. Man sollte Kopf und Oberkörper sehen, um ______. ______
5. Warum sollte der Hintergrund aufgeräumt und neutral sein? ______
6. Einen geeigneten Ort für das Gespräch findet André ______ ______
7. Sibel empfiehlt, während des gesamten Gesprächs ______. ______
8. Die vorbereiteten Antworten sollen nicht ______ klingen. ______
9. Die Fragen drehen sich um das Unternehmen und um Andrés ______. ______
10. Nennen Sie drei Dinge, die auf dem Schreibtisch liegen sollten. ______

Strategie: Markieren Sie beim Lesen der Aufgaben Schlüsselwörter. Das hilft Ihnen beim Hören schnell die Lösung zu finden. Es können vier Aufgabentypen vorkommen: 1. auf eine Frage oder ein Stichwort antworten, 2. einen Auftrag vom Typ „Nennen Sie drei Dinge, die …" erfüllen, 3. einen angefangenen Satz inhaltlich und grammatisch richtig vervollständigen, 4. Lücken innerhalb eines Satzes ergänzen.

Übung 6

Ergänzen Sie zu den Nomen, Verben und Adjektiven die dazugehörige Präposition bzw. das Präpositionaladverb. Hören Sie sich, wenn nötig, noch einmal das Telefongespräch (Track 7) an.

an • an • auf • auf • auf • aus • bei • dafür • danach • daran • davon • für • über • um • von

Was die Vorbereitung **1.** ________ ein Vorstellungsgespräch angeht, gibt es viele gute Ratschläge: Man kann beispielsweise **2.** ________ einem Bewerbungstraining teilnehmen. Fragen Sie einfach mal an Ihrer Universität oder an der örtlichen Volkshochschule **3.** ________.

Natürlich findet man auch im Internet Unterstützung **4.** ________ seinen Vorbereitungen. Dort geht es **5.** ________ grundsätzliche Aspekte, wie das Auftreten oder die passende Kleidung. Klar, **6.** ________ allzu legere Kleidung und ein zu selbstbewusstes Auftreten sollte man lieber verzichten, nicht nur, weil es unpassend ist, sondern auch **7.** ________ der Präsentation der eigenen Fähigkeiten ablenkt.

Abhängig **8.** ________, ob das Vorstellungsgespräch klassisch oder digital ist, muss man im zweiten Fall besonders **9.** ________ die technische Ausstattung denken und vielleicht **10.** ________, sich ein gutes Headset zu besorgen, das **11.** ________ Kopfhörer und Mikrofon besteht und sich **12.** ________ digitale Treffen eignet.

13. ________ das Unternehmen, bei dem man sich bewirbt, sollte man Bescheid wissen. Und man sollte sich auch **14.** ________ interessieren, welche Aufgaben **15.** ________ einen zukommen.

Grammatik: In den meisten Fällen benötigen Nomen, Verben und Adjektive vom selben Wortstamm die gleiche Präposition, z.B. ***die Abhängigkeit von***, ***abhängen von***, ***abhängig von***. Ausnahmen davon sind ***das Interesse für / an***, ***sich interessieren für***, ***interessiert an***.
Präpositionaladverbien mit **da(r)-** im Hauptsatz werden verwendet, wenn ein **dass**-Satz, **zu** + Infinitiv oder eine indirekte Frage folgt.

Übung 7

Präfixe beim Verb „arbeiten". Ergänzen Sie das Verb, das zu allen angegebenen Ausdrücken passt.

abarbeiten • ausarbeiten • bearbeiten • durcharbeiten • einarbeiten • (sich) erarbeiten • umarbeiten • verarbeiten

1. eine schlechte Nachricht, eine Absage, Daten ____________

2. Holz, Aufgaben zu einem Text, einen unentschlossenen Menschen ____________

3. Notizen, einen Plan, Stichpunkte ____________

4. einen Berufsanfänger, eine neue Kollegin ____________

5. durch Engagement eine höhere Position, gemeinsam ein Referat ____________

6. einen schlecht aufgebauten Text, den Lebenslauf für die nächste Bewerbung ____________

7. die To-do-Liste, einen Stapel Akten ____________

8. die ganze Nacht, ohne Pause ____________

Übung 8

Lesen Sie die Texte A-D zum Thema „Wie jungen Menschen der Berufseinstieg glückt". In welchen Texten gibt es Aussagen zu den Themenschwerpunkten 1 bis 5?

1 Gezielte Vorbereitung auf das Vorstellungsgespräch

2 Bereits beendete Ausbildung

3 Über Probearbeiten zum Job

4 Beeinflussung durch Familie und Freunde

5 Zufriedenheit im Job

Zu jedem Themenschwerpunkt sind ein, zwei oder drei Stichworte möglich, insgesamt aber nicht mehr als zehn. Schreiben Sie Ihre Antworten in die Übersicht im Anschluss an die Texte. 0 ist ein Beispiel.

	0 Beispiel Verdienstmöglichkeiten
A	–
B	*zahlt weiterhin Gehalt*
C	*Praktika schlecht bis gar nicht bezahlt*
D	–

A Cornelia

Tatsächlich musste ich nie ein Bewerbungsverfahren durchlaufen und habe einen Job gefunden, obwohl ich noch mitten im Informatik-Studium bin. Das mit dem Job war reiner Zufall: An meiner Uni finden immer mal wieder Jobmessen direkt auf dem Campus statt. Dort kann man mit Firmen verschiedener Branchen spontan in Kontakt treten und ganz zwanglos Gespräche mit ihnen führen. Na ja, und dabei habe ich bemerkt, dass an Studierenden aus dem IT-Bereich reges Interesse besteht, vor allem, wenn sie sich wie ich auf Sicherheitstechnik und -software spezialisiert haben. Bei einem dieser Gespräche ist eine Firma auf mich aufmerksam geworden und aus der anfänglichen Plauderei ergab sich eine ernst zu nehmende Einladung. Ich sollte ein paar Tage in ihrer IT-Abteilung mitarbeiten. Natürlich habe ich zugesagt und bin also ganz überraschend zu einem Job gelangt, in dem ich Respekt genieße und mich sehr wohl fühle. Im Moment arbeite ich nur stundenweise, da es für mich vorrangig ist, zuerst das Studium zu beenden, was auch der Firma am Herzen liegt. Sobald ich den Abschluss in der Tasche habe, arbeite ich Vollzeit.

B Lars

Ich bin seit meiner abgeschlossenen Berufsausbildung für eine Zeitarbeitsfirma tätig. Immer wenn ich das erwähne, stößt es auf Unverständnis. Auch meine Eltern redeten immer wieder auf mich ein, das sei doch keine richtige Arbeit, ich solle nach einer Festanstellung suchen, etwas Krisenfestem. Ich musste ihnen erst einmal erklären, dass ich bei der Zeitarbeitsfirma sehr wohl festangestellt bin und einen ganz normalen Arbeitsvertrag habe. Für mich liegen die Vorteile auf der Hand: Dadurch, dass ich an verschiedene Unternehmen verliehen werde, lerne ich sie ganz gut kennen. Also, ich meine das Betriebsklima, die Unternehmensstruktur und auch Arbeitsabläufe. Und wenn mir mal etwas nicht so liegt, weiß ich, dass die Beschäftigung nicht auf Dauer ist und meine Zeitarbeitsfirma mich mehr oder weniger bald an eine neue Stelle vermittelt. Sollte sie mal keinen neuen Auftrag haben, **zahlt** sie mir **weiterhin Gehalt**. Dieses ständige Hin und Her zwischen Arbeitsstellen, Orten und Phasen des Nichtstuns kommt sicher nicht für jemanden in Frage, der eine stabile Arbeitsumgebung bevorzugt. Doch ich bin jung und flexibel und mag die Abwechslung wirklich sehr. Später kann ich mich ja immer noch auf ein einziges Unternehmen festlegen.

C Ulrich

Tja, ich bin wohl ein typischer Vertreter der Generation Praktikum und habe bis jetzt einen Bewerbungsmarathon hinter mir. Es sind bisher um die 50 Bewerbungen. Die wenigsten davon erfolgreich, trotz meiner sehr guten Abschlusszeugnisse. Ich glaube, die Personalverantwortlichen stören sich daran, dass ich als Berufsanfänger noch wenig Praxiserfahrung habe. Immerhin wurde ich zu dem ein oder anderen Auswahlgespräch eingeladen, bei dem ich mich ganz gut schlug, denke ich. Trotzdem endete es mehrmals damit, dass man mir zwar keine Stelle, aber ein Praktikum anbot. Anfangs habe ich mir gesagt, dass so ein Praktikum doch auch eine Art Berufserfahrung darstellt, die ich auf diese Weise sammeln könnte. Schließlich lernt man Abläufe kennen, erfährt etwas über die Sonnen- und Schattenseiten eines Berufs und empfiehlt sich durch gute Arbeit für eine Festanstellung. Doch am Ende hieß es jedes Mal „Danke für Ihre gute Arbeit. Alles Gute für die Zukunft". Mein privates Umfeld begann, auf mich einzuwirken, ich könne doch kein ewiger Praktikant bleiben. Das hatte ich mir selbst auch schon gesagt, zumal die mir angebotenen **Praktika schlecht bis gar nicht bezahlt** wurden und ich ja irgendwann auf eigenen Füßen stehen will. Den Berufseinstieg muss ich also noch schaffen, ziehe aber einen anderen Weg als ein Praktikum in Betracht.

D Magdalena

Es ist ja hinreichend bekannt, dass in Deutschland einerseits ein Mangel an Fachkräften herrscht, andererseits viele Stellen unbesetzt bleiben. Meine Firma hat sich zum Ziel gesetzt, Berufsneulingen eine Chance zu geben, sie gewissenhaft einzuarbeiten und im Idealfall zu Fachkräften auszubilden. Aus den Bewerbungsunterlagen sollte hervorgehen, dass das Studium oder die Berufsausbildung vor nicht allzu langer Zeit erfolgreich absolviert wurde. Bei dem Auswahlgespräch erwarten wir von den Bewerberinnen und Bewerbern, dass sie sich über unsere Firma im Internet informiert haben und etwas zu unseren Produkten sowie unserer Firmenphilosophie sagen können, also nicht völlig unwissend auftreten. Sind diese Hürden genommen, steht einer Anstellung nichts mehr im Wege und die schon erwähnte Einarbeitung kann beginnen. Wir haben dafür ein Buddy-System, das heißt, jedem Neuzugang steht eine Begleit- und Ansprechperson zur Seite, die immer ein offenes Ohr für alle Fragen und Sorgen hat. So wird der noch unbekannte Arbeitsalltag erleichtert und eine Verbindung zur Firma aufgebaut. Das Buddy-System findet großen Anklang bei allen Beteiligten und trägt maßgeblich zum Gelingen des Berufseinstiegs bei.

	1 Gezielte Vorbereitung auf das Vorstellungsgespräch
A	
B	
C	
D	

	2 Bereits beendete Ausbildung
A	
B	
C	
D	

	3 Über Probearbeiten zum Job
A	
B	
C	
D	

	4 Beeinflussung durch Familie und Freunde
A	
B	
C	
D	

	5 Zufriedenheit im Job
A	
B	
C	
D	

Übung 9

Was bedeuten die Wörter und Ausdrücke aus Übung 8? Ordnen Sie die Erklärungen zu.

1. zwanglos	___	**A**	unabhängig sein
2. rege	___	**B**	sorgfältig
3. vorrangig	___	**C**	die erforderte Leistung bringen
4. am Herzen liegen	___	**D**	unterstützen
5. in der Tasche haben	___	**E**	locker, ohne Druck
6. sich gut schlagen	___	**F**	*hier:* ein Wunsch sein
7. krisenfest	___	**G**	wichtiger als etwas anderes
8. auf eigenen Füßen stehen	___	**H**	sicher, solide
9. gewissenhaft	___	**I**	lebhaft
10. nichts mehr im Wege stehen	___	**J**	mit großem Einfluss
11. zur Seite stehen	___	**K**	kein Hindernis mehr sein
12. maßgeblich	___	**L**	etwas sicher erreicht haben

Übung 10

In Übung 8 kommen einige Funktionsverbgefüge vor. Wie lauten sie? Schreiben Sie das Gefüge neben die passende Erklärung.

Anklang • auf der Hand • Respekt • auf Unverständnis • Gespräche • in Betracht • in Frage • in Kontakt • sich zum Ziel

finden • führen • genießen • liegen • kommen • setzen • stoßen • treten • ziehen

1. offensichtlich sein ______________________

2. kontaktieren ______________________

3. nicht verstanden werden ______________________

4. überlegen, erwägen ______________________

5. miteinander sprechen ______________________

6. erreichen wollen ______________________

7. positiv aufgenommen werden ______________________

8. geeignet sein ______________________

9. respektiert werden ______________________

Grammatik: Funktionsverbgefüge bestehen aus einem Nomen und einem Verb. Das Nomen, zu dem eine Präposition und/oder ein Artikelwort hinzutreten kann, trägt die Bedeutung. Das Verb hat nur eine grammatische Funktion und kann dem Funktionsverbgefüge eine aktivische oder passivische Bedeutung geben, vgl. ***zu Ende bringen*** *(beenden)*, ***zu einem Ende kommen*** *(beendet werden)*.
Zu den Funktionsverben mit aktivischer Bedeutung gehören u.a.: **bringen**, **führen**, **leisten**, **nehmen**, **schenken**, **setzen**, **stellen**, **treffen**, **treten**, **ziehen**.
Zu denen mit passivischer Bedeutung gehören u.a.: **finden**, **gehen**, **gelangen**, **genießen**, **geraten**, **kommen**, **stehen**, **stoßen**.

Übung 11

Ordnen Sie die Nomen dem richtigen Funktionsverb zu.

1.	einen Beitrag (zu), Gesellschaft, Hilfe	___	**A**	kommen
2.	zur Diskussion, in Kontakt, unter Stress, zur Verfügung	___	**B**	nehmen
3.	zur Diskussion, eine Frage, zur Verfügung	___	**C**	leisten
4.	Bezug (auf), Einfluss (auf), zur Kenntnis, Rücksicht (auf), Stellung	___	**D**	treffen
5.	Anerkennung, Beachtung, Zustimmung	___	**E**	geraten
6.	zum Abschluss, zum Ausdruck, ins Gespräch, zum Einsatz	___	**F**	stehen
7.	in Schwierigkeiten, in Vergessenheit	___	**G**	stellen
8.	eine Entscheidung, Vorbereitungen	___	**H**	finden

Übung 12

Konflikte am Arbeitsplatz. Formen Sie den unterstrichenen Satzteil um und verwenden Sie ein Funktionsverbgefüge aus Übung 11.

1. Stress und Überlastung tragen zur Entstehung von Konflikten bei.
Stress und Überlastung ______________________________.

2. Für Spannungen sorgt eine Leistung, die nicht genug anerkannt wird.
Für Spannungen sorgt eine Leistung, die ______________________________.

3. Bei einem Streit werden sachliche Argumente oft vergessen.
Bei einem Streit ______________________________.

4. Konfliktmanagement: Man muss die Wünsche aller berücksichtigen.
Konfliktmanagement: ______________________________.

5. In einer Mediation kann man die strittigen Themen diskutieren.
In einer Mediation ______________________________.

3 STADT UND LAND

Übung 1

Lesen Sie den Text. Entscheiden Sie, welche Aussagen richtig sind. Schreiben Sie den Buchstaben an die passende Stelle in der Tabelle. Es müssen vier Aussagen zugeordnet werden. Beachten Sie: Die Aussagen folgen nicht dem Textverlauf und beziehen sich nicht aufeinander; sie müssen nur zur Kategorie in der Tabelle passen.

Gärtnern in der Stadt

In den letzten Jahren zeichnet sich ein Trend ab: Ob Kleinstadt oder Großstadt, überall in Deutschland entdeckt man kleine grüne Oasen mit selbst angebautem Gemüse, Kräutern oder Erdbeerpflanzen.

Schon lange gibt es Kleingärten in der Stadt oder zumindest in Stadtnähe. Sie entstanden in einer Zeit, als die Versorgung der Menschen durch den Staat nicht gewährleistet werden konnte und die Menschen zu Selbstversorgerinnen und -versorgern werden mussten. Die Gärten befanden sich innerhalb einer Gartenanlage, die nicht zu weit von der Wohnung entfernt war. Sie hatten früher die vorrangige Funktion, den Hunger zu stillen.

Auch heute wird die Tradition der Kleingärten im Rahmen von Gartenvereinen gepflegt. Die größte Fläche wird nach wie vor für den Anbau von Gemüse und Früchten genutzt, doch der Zweck hat sich geändert, da es keinen Mangel an Lebensmitteln mehr gibt. Die Kleingärten sind zum Erholungsort geworden für die, die sich in der Stadtwohnung eines mehrstöckigen Wohnblocks nach Natur sehnen. Und es werden immer mehr, die Gartenarbeit als Hobby betreiben möchten. Die Wartelisten für einen der begehrten Gärten sind demnach in der Regel sehr lang.

Wer nicht warten möchte, behilft sich anders und gärtnert im Kleinen. Beispielsweise auf dem Balkon, der nicht mehr länger nur Blumen beherbergt. Vielmehr wird er, so auch bei Familie Schröder, mit Salat, Radieschen und Küchenkräutern bestückt. Zudem wird die Tochter der Schröders auch in ihrer Grundschule ans Gärtnern herangeführt. Dort kümmern sich die Schulkinder unter Anleitung um die Beete im Pausenhof, lernen Unkraut von Nutzpflanzen zu unterscheiden und freuen sich am Ende, ihr selbst gezogenes Gemüse zu essen. Schulgärten haben ebenfalls eine sehr lange Tradition, doch erst in den letzten Jahren besinnt man sich darauf und lässt sie wieder aufleben. Ansonsten hätte manch ein Stadtkind wohl kaum einen anderen Zugang zu Gemüse als im Supermarkt.

Darüber hinaus sind die Bewohnerinnen und Bewohner ganzer Straßenzüge dabei, ihre Umgebung naturnaher zu gestalten. Die Erdfläche um die Bäume, die am Gehweg entlang stehen, ist oft nur einen Quadratmeter groß. Nichtsdestotrotz wird sie genutzt, um Blumen, Kräuter oder Erdbeeren zu kultivieren. Der Aufwand ist minimal: nur etwas frische Blumenerde um die Bäume verteilen, Jungpflanzen besorgen, einpflanzen und gießen. Der Nutzen allerdings ist groß: Nicht nur, dass die Beete schön anzusehen sind, sie locken auch Insekten an und sind somit ein kleiner Beitrag zur Klimaverbesserung.

Eine andere Art des gemeinschaftlichen Gärtnerns macht sich auf verlassenen Betriebsgeländen oder nicht genutzten Parkflächen breit. Dort stehen jede Menge mit Erde gefüllter Säcke und Kisten, in denen regionales Gemüse gezogen wird. Alle, die Lust haben, können mitmachen. Gemeinsam wird entschieden, was angebaut wird und wer welche Aufgaben übernimmt. Diese Art Garten kann übrigens schnell wieder abgebaut werden, immerhin könnte die Fläche aufgekauft werden oder die Stadt möchte sie anderweitig nutzen.

A Die heutigen Kleingärten dienen der Selbstversorgung.

B Immer mehr Kinder haben Unterricht im Schulgarten.

C Kleinste Räume werden zum Anbau genutzt.

D In den letzten Jahren steigen die Preise für Mietgärten.

E Der Bedarf an Lebensmitteln für alle wird nicht gedeckt.

F Gärtnern stärkt das Zusammengehörigkeitsgefühl.

G Die städtische Bevölkerung sucht die Nähe zur Natur.

H Die Wohnflächen sind beengt und wenig attraktiv.

Gärtnern in der Stadt	
Ursachen	Folgen

Übung 2

Was bedeuten die Verben aus Übung 1? Ordnen Sie die Erklärung zu.

1. sich abzeichnen	___	**A**	sich erinnern an
2. gewährleisten	___	**B**	wieder Bedeutung bekommen
3. stillen	___	**C**	vertraut machen mit
4. sich behelfen	___	**D**	erkennbar werden
5. beherbergen	___	**E**	eine andere Lösung verwenden
6. bestücken	___	**F**	sicher stellen
7. heranführen an	___	**G**	beliebt werden
8. sich besinnen auf	___	**H**	befriedigen
9. aufleben lassen	___	**I**	unterbringen
10. sich breitmachen	___	**J**	ausstatten, versehen

Übung 3

Der Text in Übung 1 enthält die folgenden Konjunktionaladverbien. Schreiben Sie sie in die passende Gruppe. Die bereits eingetragenen Adverbien helfen Ihnen, die Bedeutung zu verstehen.

demnach • vielmehr • zudem • ansonsten • darüber hinaus • allerdings • nichtsdestotrotz • somit • immerhin

1. Reihung, Aufzählung	**2. Gegensatz, Einschränkung**	**3. Einräumung, Gegengrund**
außerdem, ferner, ______, ______	demgegenüber, jedoch, dagegen, hingegen, ______, ______	trotzdem, dennoch, gleichwohl, ______,

4. Grund	**5. Folge, logischer Schluss**	**6. negative Folge**
nämlich, schließlich, ______	deshalb, daher, also, demzufolge, folglich, infolgedessen, ______, ______	andernfalls, sonst, ______

Grammatik: Konjunktionaladverbien verbinden Hauptsätze oder Satzteile miteinander. Sie stehen in Position 1 oder im Mittelfeld. Besonderheiten: Die Adverbien **dagegen**, **hingegen** und **allerdings** können auch direkt nach dem Nomen oder Pronomen stehen, auf das sie sich beziehen: *Meine Mutter mag Blumen auf dem Balkon, mein Vater / er **hingegen** bevorzugt Gemüse.* Das Adverb **nämlich** kann nur im Mittelfeld stehen. **Immerhin** kann nicht nur einen Grund angeben, sondern auch etwas einräumen: *Gartenarbeit macht vielen Deutschen Spaß, **immerhin** ist sie anstrengend.*

Übung 4

Wählen Sie das passende Konjunktionaladverb und schreiben Sie es in die Lücke.

1. Die Verantwortlichen für Stadtplanung müssen umdenken. Die Städte können ________________ nicht CO_2-neutral werden. (deshalb | sonst | zudem)
2. Ziel ist, den Individualverkehr zu reduzieren, ________________ ist die Belastung durch Autoabgase ein Problem. (gleichwohl | hingegen | schließlich)
3. Das öffentliche Nahverkehrssystem wird ausgebaut. ________________ sind immer noch zu viele Menschen mit dem Auto unterwegs.
   (Außerdem | Allerdings | Infolgedessen)
4. In den letzten Jahren hat sich die Situation verbessert. Viele sind ________________ auf das Fahrrad umgestiegen. (nämlich | jedoch | also)
5. Der Raum für grüne Inseln in Großstädten ist knapp. ________________ ist architektonische Fantasie gefragt. (Somit | Immerhin | Vielmehr)
6. Bei Neubauten werden Dächer bepflanzt. Immer öfter sieht man ________________ auch vertikale Grünflächen an Häuserwänden.
   (demgegenüber | darüber hinaus | andernfalls)

Übung 5

telc

Lesen Sie den Text und die Aussagen 1 bis 11. Welche Aussage ist richtig (+), falsch (-) oder gar nicht im Text enthalten (x)? Wählen Sie dann noch in Aufgabe 12 eine passende Überschrift.

A Oft hat man von Menschen, die in der Stadt leben, das folgende Bild: eine kleine Wohnung, kein Auto und ein umweltverträgliches Verhalten. Doch ist ihr CO_2-Fußabdruck damit kleiner als der der Landbevölkerung?
Im Alltag hinterlassen wir alle, unabhängig davon, wo wir leben, einen CO_2-Fußabdruck. Wir müssen unsere Wohnungen beheizen und beleuchten. Wir fahren mit Autos oder öffentlichen Verkehrsmitteln zur Arbeit, zur Schule oder zum Sport. Und wir benötigen Produkte wie Lebensmittel und Kleidung. Solange für Heizung, Strom, Verkehr und Alltagswaren fossile Energien wie Kohle, Öl und Gas benutzt werden, entstehen umweltschädliche CO_2-Emissionen.

B Welcher Lebensstil verursacht mehr CO_2? Umweltbewusste Stadtbewohnerinnen und -bewohner sehen sich bei dieser Frage im Vorteil. Das öffentliche Verkehrsnetz ist besser ausgebaut als auf dem Land, weshalb der Stadtmensch eher auf das Auto verzichten kann. Wohnraum hingegen ist teuer. Wer sich ein großes Haus leisten will und es dann auch beheizen muss, zieht aufs Land, muss dafür aber häufig pendeln. Nachhaltige Modegeschäfte oder vegetarische Restaurants findet man eher in großen Städten. Das alles deutet darauf hin, dass die Menschen in der Stadt klimafreundlicher leben als auf dem Land.

C Dafür sprechen unter anderem auch die Ergebnisse der Studien des US-Ökonomen und Harvard-Professors Edward Glaeser, der die Klimabilanz von US-Bürgerinnen und -Bürgern in Großstädten und in Vororten erforschte. Glaeser zufolge verursachten die Bewohnerinnen und Bewohner der Millionenmetropole New York City 2001 sechs Tonnen weniger CO_2 als die Menschen in den Vororten. Das ist unglaublich viel, wenn man bedenkt, dass durchschnittlich pro Person in den USA zum Zeitpunkt der Datenerhebung 20 Tonnen CO_2 ausgestoßen wurden. Grund für diese Einsparung sei, so Glaeser, dass Menschen in den Vororten viel mehr Auto fahren würden und die größeren Häuser einen höheren Wärme- und Stromverbrauch hätten. In einer Metropole wie New York City hingegen seien nicht nur die Wohnungen kleiner, man benutze auch Metro und Busse doppelt so oft wie Autos. Angesichts solcher Zahlen glaubt man gerne an den klimafreundlichen Stadtmenschen.

D Doch die Verhältnisse US-amerikanischer Vororte, wo kaum jemand zu Fuß geht, lassen sich nicht einfach auf Europa übertragen. Und tatsächlich zeichnet beispielsweise eine Studie aus Deutschland ein ganz anderes Bild. 2016 befragte das Umweltbundesamt (UBA) 1000 Stadt- und Landbewohnerinnen und -bewohner zu ihrem Energieverbrauch. Die Befragten gaben nicht nur über Wohnfläche und Autokilometer Auskunft, sondern auch über die Anzahl ihrer Haushaltsgeräte, Urlaubsreisen und Restaurantbesuche sowie über den Konsum von Fleisch, Bioprodukten und Kleidung. Das erstaunliche Ergebnis: Der Energieverbrauch in der Stadt und auf dem Land unterschied sich kaum.

E Andere Ergebnisse des UBA hingegen lassen daran zweifeln, dass der Energieverbrauch nahezu gleich sein soll. Sogar bei den Autokilometern und dem Heizaufwand soll es kaum Unterschiede zwischen Stadt und Land geben. Dabei lag die zu beheizende Wohnfläche laut dem Bundesinstitut für Bau-, Stadt- und Raumforschung im Jahr 2018 in ländlichen Kreisen mit knapp 48 Quadratmetern pro Kopf deutlich über den 41 Quadratmetern in Großstädten. Und aus der Studie des Verkehrsministeriums „Mobilität in Deutschland" aus dem Jahr 2017 geht hervor, dass Menschen in der Großstadt für 38 Prozent ihrer Fahrten das Auto nutzen, Menschen auf dem Land dagegen für 71 Prozent.

F Einen Grund für die widersprüchlichen Ergebnisse sieht Peter Neitzke, Mitautor der UBA-Studie, darin, was das UBA unter „Stadt" und „Land" versteht. Tatsächlich gelten in der Studie alle Orte mit einer Einwohnerzahl unter 20.000 als „ländlich", auch wenn sie im Umland großer Städte liegen und eine gute Anbindung an diese haben.
Was aber passiert, wenn man wirklich abgelegene kleine Dörfer als Vergleich heranzieht? Schneiden dann die Großstädte besser ab? Nein, im Gegenteil. Laut der UBA-Studie verbraucht man dort sogar knapp vier Prozent mehr Energie. Eine 2013 veröffentlichte Studie aus Finnland bestätigt diese Tendenz: Der CO_2-Fußabdruck von Großstadtmenschen ist nach dieser Studie sogar 23 Prozent größer als auf dem Land. Wie ist das möglich?

G In der finnischen Studie findet sich eine interessante Erklärung dafür: Menschen in der Großstadt fahren zwar weniger Auto und verbrauchen weniger Strom bei sich zu Hause, aber sie nutzen intensiv Orte wie Kinos, Theater, Schwimmbäder, Restaurants usw. Alle diese Orte werden mit viel Energie betrieben und müssen zum CO_2-Fußabdruck der Großstadtmenschen hinzugerechnet werden, der damit sehr viel höher ausfällt.

H Zudem stellen sowohl die finnische als auch die deutsche Studie fest: Wer mehr verdient, hat eine größere Wohnung, fährt ein größeres und allgemein mehr Auto, ist häufiger im Flugzeug und in Restaurants unterwegs. Demnach schaffen es Besserverdienende mit mehr als 3000 Euro Einkommen pro Monat, fast doppelt so viel Energie zu verbrauchen wie Erwerbstätige, die mit weniger als 1000 Euro auskommen müssen – völlig unabhängig davon, ob sie in der Stadt oder auf dem Land leben. In der UBA-Studie wird vorgeschlagen, Menschen mit höheren Einkommen für ihren klimaschädlichen Lebensstil stärker zur Kasse zu bitten, indem CO_2-Produkte teurer werden. Die Mehrkosten für Geringverdienende müssten dann durch Ausgleichszahlungen kompensiert werden. Das würde überall klimafreundliches Verhalten fördern – in der Stadt wie auf dem Land.

Text nach:
Jütte, Patrick: In der Stadt leben: Ist das wirklich besser fürs Klima? 13.12.2021, https://www.quarks.de/umwelt/klimawandel/in-der-stadt-leben-ist-das-wirklich-besser-fuers-klima/, letzter Zugriff: 25.04.2023. (zu Lehrzwecken verändert und gekürzt)

Notieren Sie hinter jeder Aussage, ob sie richtig (+), falsch (-) oder gar nicht im Text enthalten (x) ist.

1. Durch unsere alltäglichen Aktivitäten setzen wir CO_2 frei. ___

2. Für das umweltfreundlichere Leben in der Stadt spricht die vorhandene Infrastruktur. ___

3. Auf dem Land hat man große Häuser, aber keine Modegeschäfte und Restaurants. ___

4. Die in New York erreichte CO_2-Menge ist erschreckend hoch. ___

5. Die US-Bürgerinnen und -Bürger wurden nicht zu ihren Essensgewohnheiten befragt. ___

6. Die Studie des UBA führte zu einem ganz anderen Ergebnis als Glaesers Studien für die USA. ___

7. Deutschlands Landbevölkerung fährt im Vergleich zur Stadtbevölkerung fast doppelt so oft mit dem Auto. ___

8. Die Ergebnisse widersprechen sich, weil die UBA nur kleine Dörfer untersucht hat. ___

9. Die finnische Studie führt den viel höheren CO_2-Fußabdruck der Stadtmenschen auf deren Nutzung von Freizeiteinrichtungen zurück. ___

10. Menschen mit einem höheren Einkommen verhalten sich um 50 Prozent umweltfreundlicher. ___

11. Die UBA fordert, dass alle für die Verwendung klimaschädlicher Produkte mehr bezahlen müssen. ___

Kreuzen Sie an, welche Überschrift am besten zum Text passt.

12. ☐ **A** Der Mythos vom umweltfreundlichen Leben in der Stadt
☐ **B** Studien zum Energieverbrauch im deutschen Alltag
☐ **C** Die Nutzung des Autos in der Stadt und auf dem Land

Strategie: In der Aufgabe geht es darum, den Text im Detail zu verstehen. Wenn eine Aussage im Text enthaltene Informationen mit anderen Worten wiedergibt bzw. paraphrasiert, ist sie **richtig**. Die Aussage ist **falsch**, wenn im Text das Gegenteil steht oder sie dem Inhalt widerspricht. Bei der dritten Möglichkeit gibt es im Text **keine Informationen**; die Aussage kann dennoch plausibel klingen. Die **Überschrift**, die Sie in der letzten Aufgabe wählen sollen, muss zum gesamten Textinhalt passen, nicht nur zu einem Aspekt.

Übung 6

DSH

Welche Zwischenüberschrift passt zu welchem Abschnitt A bis H im Text aus Übung 5? Notieren Sie den Buchstaben. Beachten Sie: Zwei Überschriften passen nicht.

___ **1** Fast gleicher Energieverbrauch überrascht

___ **2** Positives Beispiel für eine umweltfreundliche Stadt

___ **3** Definition CO_2-Fußabdruck

___ **4** Definition von Stadt und Land entscheidend

___ **5** Alternative Energiequellen gefordert

___ **6** Arm oder reich entscheidet über CO_2-Bilanz

___ **7** Widersprüchliche Ergebnisse

___ **8** Städtische Lebensweise ermöglicht weniger CO_2

___ **9** Wohnungsgröße als wichtigster Umweltfaktor

___ **10** Doppelter Konsum in der Stadt

Übung 7

Ergänzen Sie die fehlenden Informationen. Lesen Sie dazu gegebenenfalls noch einmal den Text in Übung 5. Pro Lücke fehlt genau ein Wort, das grammatisch korrekt geschrieben werden muss.

Im Text geht es um den CO_2-Fußabdruck, den Menschen in ihrem Alltag **1.** ________________. Insbesondere geht der Autor der **2.** ________________ nach, ob man in der Stadt oder auf dem Land klimafreundlicher lebt. Dazu werden die Ergebnisse **3.** ________________ Studien vorgestellt. Zunächst liegt der **4.** ________________ auf der Seite der Stadtmenschen. Am Beispiel von New York sieht man nämlich eine **5.** ________________ von 6 Tonnen CO_2. Eine **6.** ________________ dieses Ergebnisses auf Europa ist jedoch fragwürdig. Die Studie des UBA und die aus Finnland zeigen, dass man in der Stadt mehr **7.** ________________ verbraucht als auf dem Land. Denn der Stadtmensch nutzt außerhalb der Wohnung häufiger energieintensive **8.** ________________. Betont wird auch, dass die, die viel **9.** ________________, sich häufiger Flugreisen usw. leisten. So wird vorgeschlagen, dass Erwerbstätige mit einem höheren Einkommen mehr bezahlen sollen, wenn sie sich **10.** ________________ verhalten.

Übung 8

Der Text in Übung 5 enthält verschiedene Beispiele, wie man Aussagen anderer Personen wiedergeben kann. Ordnen Sie die Erklärung zu.

Beispiel		Erklärung
1. Laut der UBA-Studie verbraucht man dort sogar knapp vier Prozent mehr Energie.	___ **A**	In der Regel verwendet man in der indirekten Rede den Konjunktiv I.
2. Deshalb wird in der UBA-Studie vorgeschlagen, Menschen mit höheren Einkommen für ihren klimaschädlichen Lebensstil stärker zur Kasse zu bitten, ...	___ **B**	Wenn die Formen mit dem Indikativ identisch sind, steht als Ersatz der Konjunktiv II.
3. Sogar bei den Autokilometern und dem Heizaufwand soll es kaum Unterschiede zwischen Stadt und Land geben.	___ **C**	Quellenangabe mit einer Präposition + Dativ. Es steht der Indikativ.
4. Die Mehrkosten für Geringverdienende müssten dann durch Ausgleichszahlungen kompensiert werden.	___ **D**	Man gibt wieder, was man gelesen hat, und drückt seine Zweifel aus.
5. Man benutze auch Metro und Busse doppelt so oft wie Autos.	___ **E**	Ein Konjunktiv II wird in der indirekten Rede übernommen.
6. ... dass Menschen in den Vororten viel mehr Auto fahren würden, ...	___ **F**	Eine Infinitivkonstruktion ändert sich ebenfalls nicht.

DSH

Übung 9

Sie möchten einige Textstellen aus Übung 5 zitieren. Verwenden Sie dafür die indirekte Rede im Konjunktiv I, ersatzweise im Konjunktiv II.

1. Der Energieverbrauch in der Stadt und auf dem Land unterschied sich kaum.

Es wird berichtet, dass der Energieverbrauch in der Stadt und auf dem Land ____________

____.

2. Tatsächlich gelten in der Studie alle Orte mit einer Einwohnerzahl unter 20.000 als „ländlich", auch wenn sie im Umland großer Städte liegen und eine gute Anbindung an diese haben.

   Der Autor erklärt, dass in der Studie alle Orte mit einer Einwohnerzahl unter 20.000 als „ländlich" ______________________, auch wenn sie im Umland großer Städte ______________________ und eine gute Anbindung an diese ______________________.

3. Was aber passiert, wenn man wirklich abgelegene kleine Dörfer als Vergleich heranzieht?

   Der Autor fragt, ______________________, wenn man wirklich abgelegene kleine Dörfer als Vergleich ______________________.

4. Schneiden dann die Großstädte besser ab?

   Er fragt weiter, ______________________.

5. Alle diese Orte werden mit viel Energie betrieben und müssen zum CO_2-Fußabdruck der Großstadtmenschen hinzugerechnet werden, der damit sehr viel höher ausfällt.

   Er erklärt, dass alle diese Orte mit viel Energie ______________________ und zum CO_2-Fußabdruck der Großstadtmenschen ______________________, der damit sehr viel höher ______________________.

Grammatik: Der Konjunktiv I wird gebildet, indem man an den Verbstamm die Endungen **-e**, **-est**, **-e**, **-en**, **-et**, **-en** anhängt: ***ich fahre**, **du kommest**, **er sehe*** usw. Das Verb **sein** ist unregelmäßig: ***ich sei**, **du seiest**, **er sei*** usw.
Wenn die Formen mit dem Indikativ identisch sind, steht als Ersatz der Konjunktiv II, z.B. *ich **würde reden**, sie **müssten*** statt *ich rede, sie müssen*.
Es gibt nur eine Vergangenheitsform. Bildung: Konjunktiv I von **haben / sein** + Partizip II: *er **habe gekauft**, sie **sei gekommen***.
Indirekte Aussagen kann man mit **dass** einleiten oder uneingeleitet (ohne **dass** und mit Wortstellung wie im Hauptsatz) wiedergeben.
Indirekte Entscheidungsfragen (Ja-/Nein-Fragen) werden mit **ob** eingeleitet: *Er fragt, **ob** Stadtmenschen umweltfreundlicher seien.*

Übung 10

*Die Präpositionen **laut, nach, zufolge** und **gemäß** + Dativ dienen zur Wiedergabe von Aussagen. Stehen sie vor oder nach der Quelle? Oder ist beides möglich? Schreiben Sie die Präposition an die richtige Stelle.*

0. **gemäß:** Gemäß der neuen Verordnung / Der neuen Verordnung gemäß müssen die Städte klimaneutral werden.
1. **zufolge:** Wir nutzen ______ der Expertin / der Expertin ______ nutzen wir zu viele umweltschädliche Produkte.
2. **laut:** ______ dem Autor / Dem Autor ______ ist es eine Frage der Definition.
3. **nach:** Der CO_2-Fußabdruck der Menschen ist ______ dem Bericht / dem Bericht ______ viel zu hoch.

Übung 11

Schreiben Sie Sätze mit der angegebenen Präposition. Achten Sie auf die Wortstellung und den Gebrauch des Indikativs.

1. Glaeser stellte fest, dass die Bewohnerinnen und Bewohner von New York City sechs Tonnen weniger CO_2 verursachen würden. (laut)

   ____

   ____.

2. Die finnische Studie kam zu dem Ergebnis, dass der CO_2-Fußabdruck in der Großstadt sogar 23 Prozent größer als auf dem Land sei. (nach)

   ____

   ____.

3. Die Studie des Verkehrsministeriums besagt, dass man in der Großstadt 38 Prozent der Fahrten mit dem Auto zurücklegt. (zufolge)

   ____

   ____.

Übung 12

Sie hören ein Gespräch zwischen zwei Studierenden zum Thema „Radfahren in der Stadt". Ergänzen Sie beim Hören die fünf leeren Lücken in der Übersicht. Schreiben Sie pro Lücke maximal zwei Wörter.

Beachten Sie: Die Lücken folgen nicht dem Textverlauf.

Aktionstage „Wir werden Fahrradstadt" veranstaltet vom Verein für Radfreunde e.V.

	Vormittag	***Nachmittag***
Donnerstag	Vortrag „Autos und Räder – **1.** ________ im Straßenverkehr?" Wo? Marktplatz	Informationsstände rund ums Radfahren Wo? Marktplatz
Freitag	Podiumsdiskussion „Sicherere Radwege für alle" Mit Gästen aus dem Stadtbauamt Wo? **2.** ________, Vorplatz	Zukunftsprojekte „Vom Schließfach bis zur Mobilitätsstation" Gast: **3.** ________ Amelia Stirner Wo? Vereinshaus, Raum 5
Samstag	Gemeinsames Radeln durch die Innenstadt Start: Roter Turm	Bürgerinnen und Bürger fragen – das Bauamt antwortet Wo? Vereinshaus, Raum 7
Sonntag	**4.** ________	Programm für **5.** ________ Wo? Verkehrsübungsplatz

Strategie: In dieser Aufgabe verläuft das Gespräch ganz wie in der Realität nicht geradlinig, sondern sprunghaft. Deshalb folgen die Lücken nicht dem Gesprächsverlauf. Um die gesuchten Einzelinformationen während des Hörens zuordnen zu können, sollte man sich zuerst die Übersicht genau ansehen. Hier ist es ein Programm mit üblichen Angaben zu Zeit, Ort, Thema und Personen. Der Hörtext enthält Wörter wie ***heute***, ***Sonntag***, ***Vormittag*** usw., an denen man sich in der Übersicht gut orientieren kann.

4 UMWELT UND NACHHALTIGKEIT

Übung 1

Was schadet der Umwelt? Was trägt zu ihrem Schutz bei? Schreiben Sie die Buchstaben in die entsprechende Spalte.

1. eher umweltschädlich	**2.** eher umweltfreundlich

A Duschen statt Baden

B Abholzung des Regenwaldes

C künstliche Bewässerung

D wasserintensive Produkte

E sich immer nach der neusten Mode kleiden

F Obst und Gemüse lose kaufen

G Kaffee zum Mitnehmen im Pappbecher

H Produktion von Rindfleisch

I vegane Ernährungsweise

J Mineralwasser in Plastikflaschen

K Mischkulturen statt Monokulturen in der Landwirtschaft

L regionale und saisonale Waren

M Lärm

N Haarseife statt Shampoo

O Mehrwegverpackungen

P Import von Reis, Kaffee, Südfrüchten

Q Extremwetterereignisse (z.B. Dürre, Überflutung)

R nachwachsende Rohstoffe (z.B. Bambus, Holz)

S Gemüse mit kleinen Schönheitsfehlern nicht aussortieren

T Mülltrennung in privaten Haushalten

Übung 2

Kausale Zusammenhänge. Verbinden Sie die Satzteile.

1. Aufgrund von Treibhausgasen	___	**A**	der Grund für verunreinigte Luft.
2. Die ansteigenden Temperaturen	___	**B**	künstliche Lichtquellen, die nachts den Himmel erleuchten.
3. Ursächlich für die Lichtverschmutzung sind	___	**C**	gesundheitliche Probleme zur Folge.
4. Orientierungsprobleme von Insekten und Vögeln	___	**D**	aus dem verantwortungslosen Verhalten der Menschen.
5. Lärmverschmutzung wird durch	___	**E**	führen zu einem Treibhauseffekt.
6. Lärm hat oft	___	**F**	an der Verunreinigung der Gewässer durch Altöl.
7. Feinstaub und Abgase sind	___	**G**	kommt es zur Erwärmung der Erdoberfläche.
8. Das Fischsterben liegt	___	**H**	sind die Folge der Lichtverschmutzung.
9. Alle diese Umweltprobleme resultieren	___	**I**	andauernde laute Geräusche, die belastend sind, verursacht.

Übung 3

Ordnen Sie die folgenden Ausdrücke aus Übung 2 in die richtige Spalte.

aufgrund ... kommt es zu • führen zu • liegt an • sind der Grund für • sind die Folge ... • resultieren aus • ursächlich für ... sind • wird verursacht durch • hat ... zur Folge

1. zuerst Ursache, dann Wirkung zuerst Grund, dann Folge	**2.** zuerst Wirkung, dann Ursache zuerst Folge, dann Ursache
___	___
___	___
___	___
___	___
___	___

Grammatik: Nach der Präposition **aufgrund** folgt der Genitiv. Nur wenn kein Artikelwort oder Adjektiv vorhanden ist, benutzt man **von** + Dativ; vgl. *aufgrund des Mülls, aufgrund vielen Mülls, aufgrund von Müll.* 

Übung 4

TR. 09

Hören Sie einen Kurzvortrag zum Thema „Trinkwasser" zweimal. Bitte decken Sie beim ersten Hören die Aufgaben zu und machen Sie sich Notizen. Lesen Sie erst dann die Aufgaben, hören Sie den Text ein zweites Mal und schreiben Sie Ihre Antworten.

1. Ergänzen Sie die Tabelle mit den Zahlen und fehlenden Informationen.

Wofür deutsche Haushalte Trinkwasser verwenden	
	Trinken und Kochen
	Reinigung (Haus, Garten, Geschirr)
12 %	
	Toilettenspülung
über 33 %	

2. Nennen Sie drei Gründe, warum der Trinkwasserverbrauch laut Text insgesamt gesunken ist. Antworten Sie in Stichworten.

Grund 1: ______________________________

Grund 2: ______________________________

Grund 3: ______________________________

Übung 5

Wie kann man statt der Prozentzahl noch sagen? Ordnen Sie zu. Es gibt mehrere Möglichkeiten.

rund die Hälfte • knapp ein Drittel • gut ein Viertel • etwas weniger als zwei Drittel • fast die Hälfte • etwas über drei Viertel • etwa ein Drittel

1. 25,9 %: ______________________________

2. 32,4 %: ______________________________

3. 49,7 %: ______________________________

4. 65 %: ______________________________

5. 76,1 % ______________________________

Übung 6

Die wichtigsten Diagramme und ihre Hauptfunktion. Lesen Sie den Text und beschriften Sie die vier Grafiken mit dem passenden Namen.

Im Kreisdiagramm entspricht der Kreis meist 100 % oder der Gesamtmenge. Die Segmente zeigen die prozentualen Anteile davon.
Das Liniendiagramm (oder: Kurvendiagramm) zeigt oft eine zeitliche Entwicklung, indem die Linie oder Kurve steigt, sinkt oder auch gleich bleibt. Auch mit dem Säulendiagramm lassen sich durch die Höhe der Säulen Entwicklungen darstellen.
Das Balkendiagramm veranschaulicht in erster Linie die Rangfolge von Elementen (1., 2. ...). Wenn es zwei oder mehr Säulen, Balken oder Linien zu einem Aspekt oder zu einer Jahreszahl gibt, zeigt das entsprechende Diagramm immer auch einen Vergleich zwischen zwei oder mehr Elementen.

1. ______________________

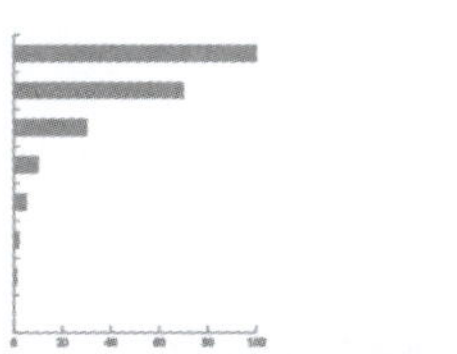

2. ______________________

3. ______________________

4. ______________________

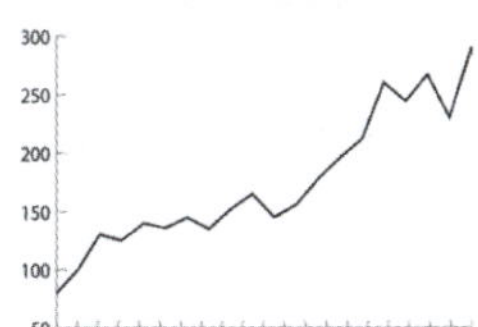

Übung 7

Welches Wort passt nicht zu den anderen? Streichen Sie es durch.

1. steigen | sich erhöhen | zunehmen | zurückgehen

2. sich verringern | senken | fallen | sinken

3. das Wachstum | die Steigerung | die Prognose | die Zunahme

4. stagnieren | sich verdoppeln | wachsen | sich verdreifachen

5. der Anteil | das Element | der Prozentsatz | die Anzahl

6. das Ergebnis | die Prozentzahl | die Summe | das Resultat

7. die Zahl | die Menge | das Segment | der Wert

8. die Quote | der Spitzenwert | der Höchststand | das Maximum

Übung 8

Schlagzeilen zum Thema „Plastikmüll". Ergänzen Sie die richtige Präposition.

an • auf (2x) • bis • gegenüber • mit • pro • um • von (2x) • zu

1. Müll an Stränden ______ 80 % Plastik
2. Export von Plastikmüll ______ 5 Prozentpunkte weniger
3. Anzahl der Plastiktüten ______ 5,6 ______ 2 Milliarden gesunken
4. ______ dem Vorjahr steigende Recyclingquote
5. Deutschland ______ 3. Stelle der Exportländer
6. Recyclingquote ______ 2012 ______ 2022 kontinuierlich gestiegen
7. Plastikmüll ______ ca. 3 Millionen Tonnen ______ dem Höchststand
8. 76 Kilo Plastikabfälle ______ Kopf in diesem Jahr

Übung 9

Sehen Sie sich die Grafik an und ergänzen Sie dann die Beschreibung mit den passenden Redemitteln aus dem Schüttelkasten.

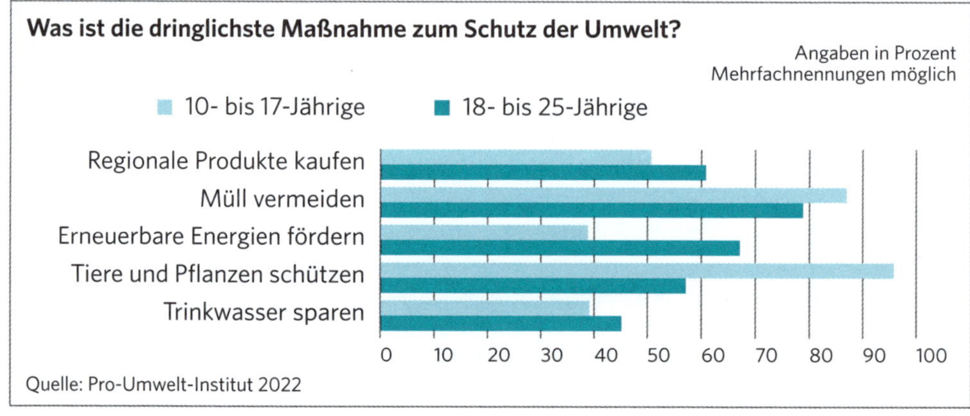

Höchstwert • wichtigste • am wichtigsten • belegt • gibt Auskunft • Platz 2 • auf dem letzten Platz • im Mittelfeld • stammen von • gefolgt von • erfolgen • aus dem Jahr • im Vergleich • vergleichsweise • verglichen damit

Einleitung mit allgemeinen Informationen

Das Balkendiagramm **1.** ______________________ darüber, welche Maßnahmen zum Schutz der Umwelt für junge Menschen in der Altersgruppe der 10- bis 17-Jährigen **2.** ______________________ zur Altersgruppe der 18- bis 25-Jährigen am dringlichsten sind. Die Angaben **3.** ______________________ in Prozent, wobei Mehrfachnennungen möglich waren. Die Daten **4.** ______________________ Pro-Umwelt-Institut **5.** ______________________ 2022.

Darstellung der Hauptpunkte

Bei den 10- bis 17-Jährigen ist mit einem **6.** ______________________ von über 95 % der Schutz von Tieren und Pflanzen **7.** ______________________, **8.** ______________________ der Müllvermeidung mit fast 90 %. Der Kauf regionaler Produkte liegt **9.** ______________________. Den sparsamen Umgang mit Trinkwasser und den Ausbau erneuerbarer Energien finden jeweils knapp 40 % der Befragten **10.** ______________________ unwichtig.

11. ______________________ halten 79 % der Altersgruppe der 18- bis 25-Jährigen die Müllvermeidung für die **12.** ______________________ Maßnahme, die Förderung erneuerbarer Energien **13.** ______________________ mit etwa zwei Dritteln **14.** ______________________. Trinkwasser zu sparen, liegt **15.** ______________________.

Übung 10

TR. 10

Sie hören eine Podiumsdiskussion zum Thema „Virtuelles Wasser". Notieren Sie auf der linken Seite für jede Person, welche Forderung diese Person stellt, und auf der rechten Seite das dazugehörige Argument in Stichpunkten.

Frau Dr. Messner

Forderung	**Argument**

Herr Windrich

Forderung	**Argument**

Strategie: In der Diskussionsrunde treten drei Personen auf, und zwar immer eine moderierende Person, eine Frau und ein Mann. Es beginnt der Moderator oder die Moderatorin, der bzw. die das Thema und die Namen sowie Berufe der Gäste vorstellt. So erhalten Sie erste Hinweise, in welche Richtung die Diskussionsbeiträge gehen werden. Beim Hören geht es darum, kausale Zusammenhänge zu verstehen. Dies wird durch Begriffspaare wie Forderung – Argument, Problem – Lösung, Maßnahme – Folge usw. deutlich. Pro Feld wird eine Antwort erwartet, also insgesamt vier, auch wenn der Text mehr als vier Möglichkeiten beinhalten sollte. Statt Stichworte dürfen Sie auch kurze Sätze schreiben.

Übung 11

Welche Bedeutung drücken die Modalverben* sollen *und* wollen *in den folgenden Sätzen aus? Eine Bedeutung kann mehrmals passen.

1. Die Konsumgesellschaft sollte mehr darauf achten, wie viel virtuelles Wasser in Lebensmitteln und Kleidung steckt.
2. Nach der Podiumsdiskussion soll das Publikum verärgert gewesen sein.
3. Schulkantinen wollten ihr Angebot an Rindfleischgerichten reduzieren.
4. Kleidung soll nicht immer so schnell weggeworfen werden.
5. Mein Nachbar will noch nie etwas von virtuellem Wasser gehört haben.
6. Haben Sie schon davon gehört? Es soll T-Shirts aus Holz geben.

___ **A** Aufforderung

___ **B** Vorhaben

___ **C** Ratschlag

___ **D** Behauptung

Grammatik: Die Modalverben **sollen** und **wollen** können in objektiver Bedeutung (Aufforderung, Ratschlag bzw. Vorhaben) und in subjektiver Bedeutung (Wiedergabe einer Aussage, deren Wahrheit der Sprecher oder die Sprecherin bezweifelt) verwendet werden. Mit **sollen** in subjektiver Bedeutung wird wiedergegeben, was der Sprecher oder die Sprecherin über eine Person oder ein Ereignis gehört oder gelesen hat, mit **wollen**, was eine Person über sich selbst sagt.

Übung 12

Ergänzen Sie mithilfe der Beispielsätze aus Übung 11 die Regeln.

haben/sein • Infinitiv • Indikativ • Partizip II • werden • verglichen damit

1. **Sollen** und **wollen** in subjektiver Bedeutung kommen nur im ___________ vor.
2. Bildung der Gegenwart (wie in objektiver Bedeutung):
   Aktiv: Präsens von **sollen/wollen** + ___________
   Passiv: Präsens von **sollen/wollen** + Partizip II + ___________
3. Bildung der Vergangenheit (anders als in objektiver Bedeutung):
   Aktiv: Präsens von **sollen/wollen** + ___________ + ___________
   Passiv: Präsens von **sollen/wollen** + Partizip II + worden sein

Übung 13

Zweifeln Sie an den folgenden Behauptungen Ihres Kollegen! Geben Sie sie mit sollen und wollen in subjektiver Bedeutung wieder.

1. Ich ernähre mich seit einem Jahr vegan.

Er ____.

2. Die Nachrichten vom Plastikmüll im Meer sind eine Übertreibung.

____.

3. In den letzten Jahren gab es weltweit weniger Mikroplastik.

____.

4. Durch meine Lebensweise verursachte ich noch nie viele Abfälle.

____.

5. Regionale Lebensmittel wurden im vergangenen Jahr weniger gekauft.

____.

6. Ich habe mich schon immer für recycelte Kleidung interessiert.

____.

Übung 14

Lesen Sie den Text und entscheiden Sie, ob die Aussagen 1 bis 7 zu Kolumbien, Malaysia/Indonesien, zu beiden oder gar nicht passen. Beachten Sie: Es gibt für jede Aussage nur eine richtige Lösung; die Aussagen folgen nicht dem Textverlauf.

Palmöl

Palmöl steckt in vielen Lebensmitteln, Kosmetika und anderen Produkten. Zudem sind Ölpalmen sehr ertragreich und Palmöl ist kostengünstig. Die Nachfrage nach dem Produkt ist entsprechend groß. Dies geht aber oft zulasten von Umwelt und Nachhaltigkeit, weil der steigende Bedarf an Palmöl nur gedeckt werden kann, wenn neue Plantagen entstehen. Dafür werden besonders in Indonesien und Malaysia große Flächen von Regenwald vernichtet. Ein Beispiel aus Südamerika zeigt, wie die Produktion von Palmöl auch nachhaltiger sein kann.

Ein Forscherteam von der Polytechnischen Hochschule in Lausanne untersucht seit einigen Jahren in Kolumbien die Auswirkung verschiedener Palmölplantagen auf den Kohlenstoffkreislauf. Die Plantagen in Südamerika unterscheiden sich dabei von den großen Plantagen in Indonesien und Malaysia, weil hier seit rund fünf Jahrzehnten neue Palmölfarmen auf Weideland, das für Tiere nicht mehr genutzt werden kann, angelegt werden. Damit konnte das Forscherteam die langfristigen Folgen dieser neuen Nutzung von Weideland auf unterschiedlich alten Plantagen analysieren.

Sie fanden heraus, dass Ölpalmen mehr Kohlenstoff binden können als altes Weideland, das aus Savanne mit einigen Büschen und kleineren Bäumen besteht. Allerdings holt die erste Generation von Ölpalmen Kohlenstoff auch aus tieferen Bodenschichten heraus. Nach der zweiten Generation, die nach 25 bis 30 Jahren gepflanzt wird, wendet sich dieser Prozess dann allmählich zum Positiven: Die Reste der alten Palmen reichern die oberen Bodenschichten neu an, und insgesamt wird so die Kohlenstoffbilanz ausgeglichen – auch weil die Blätter, Wurzeln und Stämme der hohen Pflanzen nun mehr Kohlenstoff binden als zuvor das aufgegebene Weideland. Im Vergleich zu Pflanzungen auf abgebranntem Regenwald ist die Kohlenstoffbilanz deutlich verbessert. Deshalb eignet sich altes Weideland für nachhaltige Palmölplantagen. Die Palmölindustrie muss also nicht umweltschädlich sein, so das Forscherteam. Vermieden werden müsse das Roden oder Abbrennen des Regenwaldes, weil dadurch der Kohlenstoffkreislauf aus dem Gleichgewicht gerate. Wenn man das berücksichtige, könne gerade die Ölpalme die Nachfrage nach Öl womöglich nachhaltiger und umweltschonender decken als weniger ertragreiche Alternativen.

Text nach:
Osterkamp, Jan: Palmöl: Wie nachhaltige Palmölproduktion funktionieren kann, 20.11.2019, https://www.spektrum.de/news/wie-nachhaltige-palmoelproduktion-funktionieren-kann/1687226, letzter Zugriff: 25.04.2023. (zu Lehrzwecken verändert und gekürzt)

	Kolumbien	**Malaysia/ Indonesien**	**beide**	**passt nicht**
1. Hier ist der Palmölanbau bereits nachhaltig.				
2. Waldflächen werden durch Brände zerstört.				
3. Ölpalmen binden Kohlenstoff.				
4. Der Anbau auf Weideland ist gut für die Umwelt.				
5. Die Kohlenstoffbilanz ist hier schlechter.				
6. Der Regenwald wird aufgebaut.				
7. Einige Generationen ernten das Palmöl umweltschonend.				

Übung 15

Lesen Sie den folgenden Text. Kreuzen Sie an, welche Lösung – A, B, C oder D – jeweils richtig ist.

Gegen die Lebensmittelverschwendung

Was passiert eigentlich mit Lebensmitteln, die am Ende des Tages nicht mehr gut aussehen oder __1.__ Mindesthaltbarkeitsdatum abgelaufen ist? Nicht selten landen sie __2.__ Mülltonnen der Supermärkte, Bäckereien, Restaurants oder Catering-Firmen. Das verärgert viele Verbraucherinnen und Verbraucher. Denn warum __3.__ Früchte und Gemüse mit kleinen Schönheitsfehlern nicht mehr genießbar sein? Und Produkte mit abgelaufenem Haltbarbarkeitsdatum sind durchaus __4.__ genießbar. Also liegt es nahe, in der Dunkelheit, wenn es niemand __5.__ , die Tonnen zu durchsuchen und die Lebensmittel für den eigenen Bedarf einfach mitzunehmen. Der Grund __6.__ : Man möchte umweltfreundlich sein und retten, was ansonsten vernichtet wird. Und Geld kann man auch noch __7.__ sparen. Das nächtliche Treiben hat einen Namen: Containern. Doch auch wenn die __8.__ ehrenwert und verständlich ist, steht Containern unter Strafe. Schließlich begeht man Hausfriedensbruch, __9.__ man das Gelände der Firmen betritt. Außerdem ist es __10.__ , weil die weggeworfenen Lebensmittel immer noch Eigentum der Firmen sind.

Längst haben die Betriebe reagiert. Nicht mehr gebrauchte Lebensmittel werden an gemeinnützige Organisationen __11.__ , die sie vor Ort abholen und an Bedürftige weitergeben. Ein gutes Beispiel dafür sind die „Tafeln", die es bundesweit fast in jedem größeren Ort gibt. Die „Tafeln" sind Vereine, die __12.__ von Ehrenamtlichen die Lebensmittel austeilen. Bedürftige erhalten sie dann unentgeltlich oder __13.__ eine symbolische Bezahlung von 1 Euro.

Das verstärkte __14.__ für den Wert von angeblich unverkäuflichen Lebensmitteln machen sich inzwischen auch die Betriebe __15.__ . Sie bieten kurz vor Ladenschluss Ware, die bis zum nächsten Tag verderben __16.__ , zum halben Preis an. Oder sie richten eigens Regale ein, __17.__ Produkte das Etikett „noch gut" oder „zu gut zum Wegwerfen" tragen.

Auch in der Gastronomie hat ein Umdenken stattgefunden. __18.__ eine App kann man sich informieren, wo es noch übrig gebliebene Speisen zu holen gibt oder wo ein Buffet nicht __19.__ gegessen worden ist. Per Klick reserviert man, fährt los und nimmt die Speise in Empfang. Das ist zumeist nur spät in der Nacht möglich. Doch __20.__ bekommt man ein __21.__ Essen und bezahlt nur einen Bruchteil des Originalpreises.

1. ☐ **A** das
☐ **B** dessen
☐ **C** deren
☐ **D** dem

2. ☐ **A** auf die
☐ **B** in den
☐ **C** vor die
☐ **D** zu den

3. ☐ **A** können
☐ **B** sollten
☐ **C** dürften
☐ **D** wollen

4. ☐ **A** schon
☐ **B** nicht mehr
☐ **C** bereits
☐ **D** noch

5. ☐ **A** bemerkt
☐ **B** schaut
☐ **C** hinsieht
☐ **D** betrachtet

6. ☐ **A** versteht
☐ **B** leuchtet ein
☐ **C** logisch
☐ **D** gibt an

7. ☐ **A** darunter
☐ **B** darüber
☐ **C** dabei
☐ **D** dagegen

8. ☐ **A** Gedanke
☐ **B** Ziel
☐ **C** Absicht
☐ **D** Hintergrund

9. ☐ **A** damit
☐ **B** als
☐ **C** sobald
☐ **D** denn

10. ☐ **A** Verbot
☐ **B** Gefahr
☐ **C** Egoismus
☐ **D** Diebstahl

11. ☐ **A** gesammelt
☐ **B** abgegeben
☐ **C** verwendet
☐ **D** angenommen

12. ☐ **A** unterstützt
☐ **B** unterstützen
☐ **C** geholfen
☐ **D** helfen

13. ☐ **A** durch
☐ **B** bei
☐ **C** auf
☐ **D** gegen

14. ☐ **A** Bewusstsein
☐ **B** Bewusst sein
☐ **C** bewusst sein
☐ **D** Bewustssein

15. ☐ **A** zulasten
☐ **B** zuliebe
☐ **C** zunutze
☐ **D** zugute

16. ☐ **A** war
☐ **B** würde
☐ **C** ist
☐ **D** wäre

17. ☐ **A** in dessen
☐ **B** in denen
☐ **C** in dem
☐ **D** in diese

18. ☐ **A** Mit
☐ **B** Unter
☐ **C** Über
☐ **D** Auf

19. ☐ **A** überflüssig
☐ **B** leer
☐ **C** normalerweise
☐ **D** reichlich

20. ☐ **A** eben
☐ **B** auch
☐ **C** dafür
☐ **D** während

21. ☐ **A** leckere
☐ **B** leckeren
☐ **C** leckerer
☐ **D** leckeres

Strategie: Überfliegen Sie zunächst den Text, um das Thema zu erfassen. Dann ist ein genaues Lesen der Sätze, die Lücken enthalten, erforderlich. Die Auswahlantworten können sich auf Grammatik, Wortschatz und seltener auch auf die richtige Schreibweise beziehen. Das Wort oder der Ausdruck muss inhaltlich und grammatisch in den Zusammenhang passen. Bei Lücken, die die Grammatik betreffen, sollten Sie besonders auf die Verbform, auf Präpositionen und auf die Logik der Konnektoren (und die dazugehörige Wortstellung) achten.

5 TIERE UND PFLANZEN

Übung 1

Kennen Sie sich mit Tieren und Pflanzen aus? Quizzen Sie mit und kreuzen Sie die richtige Lösung an.

1. Wie heißt die Pflanze auf dem Foto rechts?
- ☐ **A** die Orchidee
- ☐ **B** die Tulpe
- ☐ **C** die Lotusblume
- ☐ **D** die Rose

2. Wie heißt das Tier auf dem Foto links, das sich mit Hilfe von Ultraschall orientiert?
- ☐ **A** der Singvogel
- ☐ **B** die Fledermaus
- ☐ **C** der Käfer
- ☐ **D** die Spinne

3. Wenn zwei Menschen „wie die Kletten" (Foto in der Mitte) sind, bedeutet das:
- ☐ **A** Sie sind ständig zusammen.
- ☐ **B** Sie umarmen sich.
- ☐ **C** Sie reden miteinander.
- ☐ **D** Sie sind gleich alt.

4. Was beim Vogel der Flügel ist, ist beim Fisch ...
- ☐ **A** der Schwanz
- ☐ **B** das Ruder
- ☐ **C** die Flosse
- ☐ **D** der Zahn

5. Wenn man ein Geheimnis verrät, lässt man sprichwörtlich ...
- ☐ **A** das Pferd im Stall.
- ☐ **B** den Hund auf die Wiese.
- ☐ **C** den Hai ins Aquarium.
- ☐ **D** die Katze aus dem Sack.

6. Was können Vögel nicht?
- ☐ **A** segeln
- ☐ **B** schwingen
- ☐ **C** fliegen
- ☐ **D** gleiten

7. Wenn Tiere in Gruppen zusammenleben, leben sie unter ...
- ☐ **A** Artgenossen
- ☐ **B** Artenvielfalt
- ☐ **C** befreundeten Arten
- ☐ **D** Artenschutz

8. Wenn man „kein Blatt vor den Mund nimmt",
- ☐ **A** isst man gern Fleisch.
- ☐ **B** ist man ein Raubtier.
- ☐ **C** schützt man Pflanzen.
- ☐ **D** sagt man offen die eigene Meinung.

9. Wie kann man Pflanzen nicht vermehren?

- ☐ **A** durch Befruchtung
- ☐ **B** durch Ableger
- ☐ **C** durch Eier
- ☐ **D** durch Samen

10. Was benutzt ein Elefant zum Greifen oder Berühren?

- ☐ **A** die Kralle
- ☐ **B** den Rüssel
- ☐ **C** das Maul
- ☐ **D** die Pfote

Übung 2

*Eine Reihe von Tieren kann **linear polarisiertes** Licht sehen. Was bedeutet dieser physikalische Fachbegriff? Lesen Sie die Erklärung und ergänzen Sie die Wörter aus dem Schüttelkasten.*

Brille • Ebene • Fledermäuse • geblendet • glänzende • orientieren • reflektiert • wahrnehmen • zufällig

Bestimmte Tiere wie Ameisen, Bienen oder **1.** ________________ können linear polarisiertes Licht **2.** ________________ und sich an ihm **3.** ________________. Menschen können polarisiertes Licht nur unter bestimmten Bedingungen sehen, ansonsten nicht. Aber von Anfang an: Sonnenlicht ist unpolarisiert. Das bedeutet, das Licht schwingt senkrecht zu seiner Ausbreitungsrichtung **4.** ________________ nach rechts oder links, nach oben oder unten. Wenn Licht dagegen nur in einer **5.** ________________ schwingt, ist es polarisiert. Dies geschieht zum Beispiel, wenn das Sonnenlicht auf eine **6.** ________________ Oberfläche trifft und dabei gebrochen oder **7.** ________________ wird. Es schwingt dann nur noch in eine Richtung. Menschen fühlen sich dadurch **8.** ________________ und sehen nichts mehr, außer wenn sie eine **9.** ________________ mit Polarisationsfilter tragen.

Übung 3

Test DaF

Lesen Sie den Text. Beantworten Sie dann die Fragen 1–7. Für jede Frage gibt es nur eine richtige Lösung.

Fische

1. Fische werden unterschätzt. Sie können, wissen und fühlen viel mehr, als man allgemein von ihnen denkt. Und sie sind nicht stumm. Vielmehr kommunizieren Fische auf viele Arten und gehen sozial miteinander um. Die Voraussetzung dafür ist: Sie sind in der Lage zu hören. Dazu haben sie kleine, hinter den Augen liegende Röhrchen, die ähnlich wie das Innenohr bei Tieren an Land funktionieren. Aber es gibt noch weitere Kommunikationskanäle: Einige Fische nutzen die Elektrizität, andere Geruchsstoffe, die durch das Wasser übertragen werden. Sie verbreiten diese Stoffe, wenn sie Angst haben, und teilen so ihren Artgenossen mit, dass Gefahr droht. Die meisten Fischarten sind hoch entwickelt, was ihre Wahrnehmung von Geruch und Geschmack betrifft. Haie zum Beispiel können zehntausendmal besser riechen als der Mensch.

2. Zur Kommunikation nutzen Fische aber auch den Körperkontakt untereinander: Sie drücken nicht nur während der Paarungszeit ihre Körper aneinander. Der Putzerfisch, der in unmittelbarer Nähe von Raubfischen schwimmt und sie von Parasiten befreit, unterbricht manchmal die Reinigung des Raubfischs und schlägt ganz sanft mit den Flossen gegen dessen Körper. Man vermutet, dass der Putzerfisch dem Raubfisch gefallen möchte.

3. Schon seit Anfang des 20. Jahrhunderts ist bekannt, dass die meisten Fische mehr Farben unterscheiden können als Menschen. Einige Fischarten sehen und nutzen das UV-Licht, das für den Menschen außerhalb des sichtbaren Spektrums liegt. Andere Arten nehmen linear polarisiertes Licht wahr und orientieren sich daran. Dies vermögen nicht alle Tierarten und auch für Menschen ist polarisiertes Licht nicht sichtbar. So können optische Kommunikationskanäle genutzt werden, die potenziellen Feinden nicht zur Verfügung stehen.

4. Obwohl Fische erstaunliche Kommunikationsmöglichkeiten besitzen, sehen viele Menschen sie noch immer als primitiv und unterentwickelt an. Das liegt daran, dass sie sich innerhalb einer anderen Welt bewegen, die wir nicht begreifen, und vielleicht auch daran, dass wir nichts in ihrer Mimik oder in ihren Augen erkennen können. Fische haben aber viele kognitive Fähigkeiten, und sie können Schmerz empfinden, sich an ihn erinnern und sie unternehmen sogar etwas, um ihn wieder loszuwerden.

5. Fische besitzen Nervenzellen, die das Schmerzempfinden steuern. Zudem haben sie ein zentrales Nervensystem, das die Verarbeitung von Schmerzsignalen ermöglicht. Das ist eindeutig durch eine Studie mit Zebrafischen belegt: In einem Aquarium wurde ein sehr hell ausgeleuchteter Bereich geschaffen. Einen solchen Bereich meiden Fische normalerweise immer. Aber als den Tieren Säure gespritzt wurde, um ihnen bewusst Schmerzen zuzufügen, schwammen sie freiwillig dorthin. Das machten sie aber immer nur dann, wenn dort Medikamente gegen Schmerzen ins Wasser gegeben wurden. Sie wollten also ihre Schmerzen lindern und waren dafür bereit, die unangenehme Beleuchtung in Kauf zu nehmen.

6. Niemand darf einem Tier unnötig Leid, Schmerzen oder Schäden zufügen. So steht es im Tierschutzgesetz. Das Gesetz bezieht sich insbesondere auf Wirbeltiere - und damit auch auf Fische. Man hielt Fische lange für nicht leidensfähig, doch das ist inzwischen widerlegt. Fische sind, wie Jonathan Balcombe in seinem Buch „Was Fische wissen" feststellt, einzigartige Individuen, die spielen, planen, sich sozial verhalten und unseren Respekt verdienen. Deshalb dürfen Fische nicht nur als Teil von vielen Tonnen Bestand gesehen werden. Die Fischindustrie nimmt darauf keine Rücksicht und umgeht den Tierschutz regelmäßig. Meistens kommt sie damit durch.

Text nach:
Pauli, Marko; Tscharke, Georgia: Fische - die unterschätzten Lebewesen, 04.10.2019, https://www.br.de/nachrichten/wissen/zum-welttierschutztag-fische-die-unterschaetzten-lebewesen,RdeMdlx, letzter Zugriff: 25.04.2023.
(zu Lehrzwecken verändert und gekürzt)

1. In Absatz 1 geht es darum zu erklären,
   - ☐ **A** wie Fische Elektrizität zum Hören benutzen.
   - ☐ **B** wie wichtig Gerüche für Fische sind.
   - ☐ **C** wie Fische sich untereinander austauschen.
   - ☐ **D** wie sich Fische bei Angst verhalten.
2. Die Kommunikation der Fische erfolgt laut Absatz 2 durch
   - ☐ **A** Bewegung
   - ☐ **B** Reinigung
   - ☐ **C** Sensibilität
   - ☐ **D** Berührung
3. Welche Überschrift passt inhaltlich am besten zu Absatz 3?
   - ☐ **A** Bessere visuelle Wahrnehmung
   - ☐ **B** Schädliches UV-Licht
   - ☐ **C** Funktion des polarisierten Lichts
   - ☐ **D** Fische sehen Farben
4. Laut Absatz 4 hält man Fische für „primitiv und unterentwickelt", weil ...
   - ☐ **A** man ihre unglaublichen Fähigkeiten übersieht.
   - ☐ **B** man ihr Verhalten und ihre Körpersprache nicht versteht.
   - ☐ **C** sie andere kognitive Fähigkeiten als Menschen haben.
   - ☐ **D** sie schmerzempfindlich sind.
5. In Absatz 5 wird bewiesen, dass ...
   - ☐ **A** Fische Schmerzen ausweichen können.
   - ☐ **B** Säure schädlich für Fische ist.
   - ☐ **C** Fische sehr lichtempfindlich sind.
   - ☐ **D** Schmerzmittel auch Fischen helfen.
6. Welche Aussage fasst Absatz 6 am besten zusammen?
   - ☐ **A** Fische haben ihre ganz eigene Individualität.
   - ☐ **B** Man muss Fische schützen, weil sie Schmerzen empfinden können.
   - ☐ **C** Fische werden nicht wie andere Lebewesen behandelt.
   - ☐ **D** Es ist richtig, dass Fische im Tierschutzgesetz vorkommen.
7. Hauptanliegen des Textes ist es, ...
   - ☐ **A** über die Nützlichkeit von Fischen zu informieren.
   - ☐ **B** einen Vergleich zwischen Fischen und Menschen zu ziehen.
   - ☐ **C** über die unbeachteten Fähigkeiten von Fischen aufzuklären.
   - ☐ **D** Maßnahmen für den Schutz von Fischen vorzustellen.

Strategie: Der Text dieses Aufgabentyps besteht immer aus sechs Absätzen. Zu jedem gibt es eine Frage; die letzte bezieht sich auf die Hauptaussage des Gesamttextes. Die Art der Frage zeigt Ihnen, wie Sie den jeweiligen Absatz lesen müssen: 1. Sie sollen eine Detailinformationen finden, die explizit im Text mit einem Synonym oder einer Umschreibung formuliert ist. 2. Sie sollen die Hauptidee oder die zentrale Aussage eines Absatzes verstehen und dann die passende Überschrift oder Zusammenfassung ankreuzen. Falsch ist eine Antwort, wenn sie nicht dem Inhalt entspricht oder einen weniger wichtigen Aspekt betrifft. 3. Sie sollen „zwischen den Zeilen" lesen und verstehen, was der Autor oder die Autorin implizit sagen will. In diesem Fall steht die Antwort nicht direkt im Text, sondern muss erschlossen werden.

Übung 4

Ordnen Sie den Ausdrücken aus Übung 3 die Erklärungen zu.

1. unterschätzen	___	**A** sehr einfach
2. in der Lage sein	___	**B** die Menge an vorhandenen Waren
3. übertragen	___	**C** sich von etwas Unangenehmem trennen
4. ganz sanft	___	**D** abschwächen, verringern
5. das Spektrum	___	**E** falsch beurteilen
6. primitiv	___	**F** Negatives akzeptieren
7. unterentwickelt	___	**G** weitergeben
8. loswerden	___	**H** vorsichtig, zärtlich
9. meiden	___	**I** Schmerzen empfinden können
10. lindern	___	**J** geistig und körperlich zurückgeblieben
11. in Kauf nehmen	___	**K** Erfolg haben
12. leidensfähig sein	___	**L** vermögen
13. der Bestand	___	**M** keinen Kontakt haben wollen
14. durchkommen	___	**N** die Vielfalt, die Bandbreite

Übung 5

*Trennbar oder nicht? Die Präfixe **durch-**, **über-**, **um-**, **unter-** und **wider-** können beides sein. In Übung 3 kommen die folgenden Verben vor. Kreuzen Sie an, ob sie trennbar, untrennbar oder beides sind.*

	trennbar	untrennbar	beides
durchkommen			
übersehen			
übertragen			
umgehen			
unterbrechen			
unternehmen			
unterschätzen			
widerlegen			

Grammatik: Bei den trennbaren Verben ist das Präfix betont, das Partizip II wird mit **-ge-** gebildet und in Infinitivkonstruktionen steht **-zu-** zwischen dem Präfix und dem Infinitiv: *durchfallen, durchgefallen, durchzufallen*.
Bei den untrennbaren Verben liegt die Betonung auf dem Verbstamm, nicht auf dem Präfix; das Partizip II steht ohne **ge** und in Infinitivkonstruktionen steht **zu** vor dem Infinitiv: *unterrichten, unterrichtet, zu unterrichten*.

Übung 6

TR. 11

Die folgenden Verben können je nach Bedeutung trennbar und untrennbar sein. Hören Sie sich die Sätze an. Markieren Sie, ob das Präfix oder der Stamm betont wird, und kreuzen Sie die richtige Bedeutung an.

1. Ich möchte den Text „Fische" für meinen Blog umschreiben.
- ☐ **A** den Text ändern
- ☐ **B** etwas mit anderen Worten sagen

2. Man sollte mit Fischen respektvoller umgehen.
- ☐ **A** vermeiden
- ☐ **B** auf bestimmte Weise behandeln

3. Durch die Scheiben darf kein zu helles Licht durchdringen.
- ☐ **A** in Besitz nehmen
- ☐ **B** hindurchkommen

4. Ich will der Fischindustrie nichts unterstellen.
- ☐ **A** behaupten, annehmen
- ☐ **B** sich unter etwas stellen

5. Können wir bitte zu einem anderen Thema übergehen?
- ☐ **A** nicht berücksichtigen
- ☐ **B** mit etwas Neuem beginnen

Übung 7

Schreiben Sie das passende Verb in die Lücke. Achten Sie auf die richtige Form.

durchführen • durchleben • durchlesen • überdenken •
überspringen • überzeugen • umdenken • widersprechen

1. In dem Experiment haben Fische Schmerzen ______________________. Unglaublich!
2. Der Text regt mich an, ______________________ und den Umgang mit Fischen ______________________.
3. Fische haben eine Art Innenohr? Die Textstelle habe ich beim Lesen wohl ______________________.
4. Eigentlich muss der Redensart „stumm wie ein Fisch" ______________________ werden.
5. Das im Aquarium ______________________ Experiment hat mich davon ______________________, dass Fische leidensfähig sind.
6. Das Buch „Was Fische wissen" war wirklich spannend. Ich habe es in einer Nacht ______________________.

Grammatik: Wann ist ein Verb mit dem Präfix **durch-**, **über-**, **um-**, **unter-** oder **wider-** trennbar? Wann untrennbar? Es gibt keine Regeln, aber ein paar Tendenzen.

- **durch-/über-/unter-** sind in übertragener Bedeutung meist untrennbar (***durchsuchen***, ***überlegen***, ***unterrichten***). Trennbar sind sie, wenn die Bedeutung „durch"/„über"/„unter" wörtlich gemeint ist (***durchstreichen***, ***überleiten***, ***unterbringen***).
- **über-/unter-** in der Bedeutung „zu viel / zu wenig" sind immer untrennbar (***übertreiben***, ***unterschätzen***);
- **um-** in der Bedeutung „um ... herum" ist untrennbar (***umarmen***); wird ein Richtungswechsel oder eine Zustandsveränderung angezeigt, ist das Verb trennbar (***umdrehen***).
- **wider-** in der Bedeutung „gegen" ist untrennbar (***widerstehen***), in der Bedeutung „zurück" trennbar (***widerspiegeln***).

Übung 8

Sie hören einen Vortrag. Sie haben Handzettel von den Folien der Präsentation bekommen. Schreiben Sie die fehlenden Informationen stichwortartig in die freien Zeilen 1 bis 10. Die Lösung 0 ist ein Beispiel. Lesen Sie zuerst die Stichworte auf den Handzetteln.

TR. 12

Die Präsentation	Ihre Notizen
Vortrag Es spricht: Anna-Maria zum Thema **0. „…“**	**0.** Bionik
Definition und Forschungsgrund Wissenschaft zwischen **1. …** Warum von Tieren und Pflanzen lernen? **2. …**	**1.** ______ **2.** ______
Der Bottom-up-Prozess Von den Eigenschaften der Tiere und Pflanzen zur **3. …** Beispiel: die Klette Besondere Eigenschaft: **4. …** Produkt: der Klettverschluss	**3.** ______ **4.** ______

Der Top-down-Prozess

Vom technischen Problem zur Suche nach geeigneten Naturvorbildern

Beispiel:

5. ...

Vorbild: der Elefantenrüssel

Besondere Eigenschaften:

6. ... und ...

5. ______________________________

6. ______________________________

Die ersten Bioniker

Leonardo da Vinci

Otto Lilienthal

Ziel: Nachahmung des Vogelflugs

Fliegen gelingt, wenn

7. ...

7. ______________________________

Wilhelm Barthlott – der Lotuseffekt

Auffallend bei der Lotusblume:

8. ...

Besondere Eigenschaften:

9. ... und ...

Anwendungsbereiche

Sprays gegen Verschmutzungen

10. wetterbeständige ...

Stoffe mit spezieller Beschichtung

8. ______________________________

9. ______________________________

10. ______________________________

Strategie: In dieser Aufgabe sollen Sie Schlüsselinformationen erfassen. Die Handzettel helfen Ihnen, einen Überblick über die Struktur des Vortrags zu erhalten. Achten Sie beim Hören besonders auf die Vorgaben auf den Handzetteln. Unmittelbar nach diesen Vorgaben hören Sie die Informationen, die Sie ergänzen sollen. Die Informationen dürfen wörtlich übernommen werden; Stichworte genügen als Antwort.

DSH

TR. 12

Übung 9

Hören Sie den Vortrag zum Thema „Bionik" noch einmal. Sind die folgenden Aussagen im Sinn des Vortrags richtig (r) oder falsch (f)? Kreuzen Sie an.

		richtig	falsch
1.	Anna-Maria hat das Thema „Bionik" gewählt, weil sie Biologie studiert.	☐	☐
2.	Technische Lösungen sind erfolgreich, wenn Fachleute aus unterschiedlichen wissenschaftlichen Disziplinen zusammenarbeiten.	☐	☐
3.	Der Klettverschluss hat Knöpfe und Schnüre an Schuhen, Jacken und Rucksäcken ersetzt.	☐	☐
4.	Ohne das bionische Vorbild waren Roboter für bestimmte Tätigkeiten nicht sensibel genug.	☐	☐
5.	Man ist sich heute sicher, dass man mit Leonardo da Vincis Fluggeräten nicht fliegen konnte.	☐	☐
6.	Die Leichtigkeit des Fliegens hatte nach Lilienthal damit zu tun, dass Vögel wenig Kraft benötigen.	☐	☐
7.	Barthlott entdeckte nicht nur den Lotuseffekt, sondern erfand auch das Mikroskop.	☐	☐
8.	Nur sehr wenige Tiere und Pflanzen eignen sich als Vorbild für bionische Produkte.	☐	☐

Übung 10

Streichen Sie das Verb durch, das nicht zu den angegebenen Nomen passt. Achten Sie auch auf die grammatische Verbindung.

1. ein Beispiel
aufgreifen | nennen | umsetzen | anführen

2. auf ein Thema / auf einen Aspekt
zurückkommen | hinweisen | entscheiden | eingehen

3. eine Herausforderung
annehmen | hervorbringen | meistern | bewältigen

4. ein Vorbild / eine Konstruktion
übernehmen | nachahmen | imitieren | durchleben

5. einen Plan / eine Idee
entwickeln | widersprechen | entwerfen | umsetzen

6. eine Funktionsweise / einen Grund
verschließen | herausfinden | entdecken | begreifen

Übung 11

Was bedeuten die Ausdrücke aus Übung 8? Kreuzen Sie an.

1. Er brachte seinen Flugapparat zur Serienreife.
- ☐ **A** Eine große Zahl der Flugapparate konnte industriell hergestellt werden.
- ☐ **B** Der Flugapparat war so gut, dass er ihn verkauft hat.

2. Der Grundstein für die Konstruktion von ... war gelegt.
- ☐ **A** Die Fragen zur Konstruktion von ... waren beantwortet.
- ☐ **B** Mit der Konstruktion von ... konnte begonnen werden.

3. Der Lotuseffekt war eine bahnbrechende Entdeckung.
- ☐ **A** Die Entdeckung leitete ganz neue Entwicklungen ein.
- ☐ **B** Die Entdeckung zerstörte alle bisherigen Vorurteile.

4. Wenn man sich die Vielfalt an Tieren und Pflanzen vor Augen hält, ...
- ☐ **A** Wenn man sich diese Vielfalt bewusst macht, ...
- ☐ **B** Wenn man sich über diese Vielfalt informiert, ...

Übung 12

Notieren Sie zu den Adjektiven aus den vorangegangenen Übungen die entsprechenden Nomen mit Artikel.

1. hell ______________________

2. nützlich ______________________

3. stumm ______________________

4. regelmäßig ______________________

5. mobil ______________________

6. nah ______________________

7. genial ______________________

8. mühelos ______________________

Grammatik: Häufig werden Adjektive folgendermaßen nominalisiert: 1. Nomen auf **-heit**: ***klar → die Klarheit***; 2. Nomen auf **-(ig)keit**: ***wichtig → die Wichtigkeit***, ***leicht → die Leichtigkeit***; 3. Nomen auf **-tum**: ***reich → der Reichtum***; 4. Nomen auf **-e**: ***warm → die Wärme***, ***gut → das Gute***; 5. Nomen auf **-ität** bei Fremdwörtern: ***normal → die Normalität***.

Übung 13

Bringen Sie die Textabschnitte A bis E in die richtige Reihenfolge.

A Diese gebietsfremde Pflanze ist wie viele andere Arten ohne böse Absicht und durch Zufall nach Europa gekommen, etwa als Samen per Schiff oder als Ableger, die sich Pflanzenfans aus ihrem Urlaubsgebiet mitgebracht haben.

B Invasiv nennt man solche Pflanzen, wenn sie sich unkontrolliert verbreiten, ins Ökosystem eingreifen, über die heimische Natur dominieren oder sie sogar verdrängen.

C Damit künftig nicht noch größerer Schaden verursacht wird und die Vielfalt einheimischer Pflanzen verloren geht, hat die EU-Kommission eine Liste mit invasiven Arten erstellt und seit 2016 den Import streng reguliert.

D Immer wieder tauchen in Deutschland neue Pflanzenarten auf, darunter wunderschöne Zierpflanzen für den Garten, aber auch wild wachsende Arten, die sich breit machen.

E Die aus Amerika stammende und als invasiv eingestufte Lupine zum Beispiel vermehrt sich schnell, wächst ungehindert auf nährstoffarmen Böden und nimmt Orchideen und Heilkräutern, die diese Böden bevorzugen, den Lebensraum weg.

1	2	3	4	5

Strategie: Um einen kohärenten Text zu erhalten, sollten Sie sich bewusst machen, wie Texte generell aufgebaut sind: Sie beginnen in der Regel mit einer Einleitung, in der das Thema oder die Ausgangssituation vorgestellt wird. Dann wird das Thema entfaltet, z.B. vom Allgemeinen zum Besonderen, von einem Problem zu einer Lösung, von einem Einzelfall zu einer Verallgemeinerung usw. So entsteht der **logische Zusammenhang** zwischen den Abschnitten.
Die Abschnitte sind aber auch **sprachlich miteinander verbunden**. Achten Sie deshalb auf lexikalische Mittel (Synonyme oder Umschreibungen) und auf grammatische Mittel wie Konjunktionen, Pronomen, Artikelwörter (***dies-***, ***solch-***) oder Adverbien.

6 SPRACHE

Aussprache
sprechen
Grammatik
Wortstellung
Wortschatz
Gestik
verstehen
bilingual
schreiben
Satz
fragen
nonverbal
hören
Sprache
Sprechabsicht
Wortwolke
Buchstabe
Konnektor
sprachlos
Klanglüngen
Nominalisierung
Mimik
antworten
Text
Präfix
gendern
lesen
Nebensatz
Fremdsprache
Rechtschreibung

Übung 1

Suchen Sie in der Abbildung oben nach dem passenden Wort. Achten Sie bei Verben und Adjektiven auf die richtige Form.

1. Diese Art der Abbildung nennt man ______________________.
2. Ein Sprichwort sagt: Wer einmal ______________________, dem glaubt man nicht, und wenn er auch die Wahrheit spricht.
3. Das, was der Autor oder die Autorin in einem Text mitteilen möchte, ist seine oder ihre ______________________.
4. Kinder, die von Geburt an mit zwei Sprachen aufwachsen, sind ______________________.
5. Bei der Körpersprache spielen ______________________ und ______________________ eine Rolle. Sie ermöglichen die ______________________ Kommunikation.
6. Wenn man vor Freude oder Überraschung nichts mehr sagen kann, ist man ______________________.

Übung 2

Präfixe beim Verb „sprechen“. Ergänzen Sie jeweils das passende Verb aus dem Schüttelkasten. Achten Sie auch auf die richtige Form.

sich absprechen • ansprechen (auf) • aussprechen • sich aussprechen • besprechen • entsprechen • nachsprechen • versprechen • sich versprechen • vorsprechen • widersprechen

1. Ich habe es eilig, aber ich __________ dir, ich rufe dich an.
2. Du hast Probleme mit ihm? Ich würde ihn darauf __________.
3. Die Aussprache kannst du gut trainieren, indem jemand etwas __________ und du das Gehörte __________.
4. Das __________ nicht meiner Vorstellung von Teamarbeit.
5. Nach einem Streit sollte man _____ in Ruhe __________.
6. Wann wurde denn dieses Thema __________?
7. Ich schaffe es nicht, dieses lange Wort korrekt __________.
8. Du denkst, die Krise ist vorbei? Ich muss dir __________.
9. Sie war so aufgeregt, dass sie _____ oft __________.
10. Bevor wir alle informieren, sollten wir _____ noch über unser Vorgehen __________.

Übung 3

Wie lautet die korrekte Nomen-Verb-Verbindung? Kreuzen Sie an.

1. Zu Semesterbeginn ☐ gab ☐ hielt ☐ traf die Rektorin <u>eine Ansprache</u>.
2. Schon als Kind lernt man: Wenn man <u>ein Versprechen</u> ☐ steht ☐ bringt ☐ gibt, muss man <u>sein Versprechen</u> auch ☐ halten ☐ bringen ☐ stellen.
3. Im Kurs ☐ bringen ☐ kommen ☐ stehen mehrere Themen <u>zur Sprache</u>.
4. Ab wann gilt die gestern ☐ gestellte ☐ gezogene ☐ getroffene <u>Absprache</u>?
5. Seine Ansicht ☐ stößt ☐ zieht ☐ steht in der Fachwelt <u>auf Widerspruch</u>.

Übung 4

Im folgenden Text fehlen mehrere Beispiele. Ergänzen Sie sie aus dem Schüttelkasten.

die Abteilung • ärztlichen Attest • benutzerfreundlich • Empfänger • die Forschenden • Forscher • Forscher und Forscherinnen • künstlerisch • der Mensch • die Vorgesetzten

Schon vor über 30 Jahren konnte man im Vorwort akademischer Arbeiten den Hinweis finden, dass Personenbezeichnungen wie **1.** „____________________" oder „Wissenschaftler" generisch verwendet werden. Die männlichen Formen sollen also die weibliche Person einbeziehen. Das generisch gebrauchte Maskulinum reicht inzwischen nicht mehr, zumindest nicht im akademischen und journalistischen Bereich. Dort verwendet man eine geschlechtergerechte Sprache, indem man gendert. Die einfachste Art des Genderns ist die Doppelnennung. Man sagt also **2.** „____________________". Das ist jedoch manchen zu lang und zu umständlich. Außerdem ist sie auch nicht angemessen, wenn man bedenkt, dass es seit 2018 in offiziellen Dokumenten neben „männlich" und „weiblich" auch die Option „divers" gibt. Diese wählt man, wenn man sich weder dem männlichen noch dem weiblichen Geschlecht zugehörig fühlt. Hier könnten andere Genderformen Abhilfe schaffen, wie etwa eine Nominalform, die aus einem Partizip I gebildet wird, zum Beispiel **3.** „____________________", oder aus einem Partizip II, also anstelle von „Chefs und Chefinnen" **4.** „____________________". Ebenfalls geschlechtsneutral sind Ausdrücke wie „die Leute" oder **5.** „____________________" und auch Umschreibungen mit einem Relativsatz: „Personen, die an der Studie mitarbeiten" statt „Mitarbeiter an der Studie". Um korrekt zu gendern, kann man auch ganz auf Personenbezeichnungen verzichten und stattdessen andere sprachliche Mittel verwenden. Möglich sind Sachbezeichnungen wie **6.** „____________________" oder „das Kollegium". Eine andere Möglichkeit sind passivische Konstruktionen: So könnte man seinen Namen nicht hinter **7.** „____________________", sondern hinter „empfangen von" schreiben. Auch die Formulierung mit Adjektiven kann eine Lösung sein: Fragen Sie also nach einem **8.** „____________________" und nicht nach einer „Bescheinigung des Arztes". Apropos Adjektive, auch diese sind manchmal nicht gendergerecht, zum Beispiel **9.** „____________________", weil die Benutzerinnen außen vor bleiben. Der Vorschlag lautet „bedienungsfreundlich". Und wie steht es eigentlich mit dem Basisadjektiv „freundlich"? Da scheinen dem Gendern Grenzen gesetzt, will man „freundlich" oder Adjektive wie

10. „_______________" oder „feindlich" nicht völlig aus dem Wortschatz verbannen. Auch Zusammensetzungen wie „Freundeskreis" oder „Freundschaft" sind schwer zu gendern. Diese Wörter sind historisch gewachsen und aus Wörterbüchern nicht wegzudenken. Es wird sich zeigen, ob sich auch für solche Wörter kreative Lösungen finden lassen.

Joachim Vitz

Übung 5

DSH

Lesen Sie den Text in Übung 4 noch einmal und beantworten Sie die folgenden Fragen.

1. Was versteht der Autor unter „gendern"? Kreuzen Sie die richtige Lösung an.
- ☐ **A** sowohl die männliche als auch die weibliche Sprachform verwenden
- ☐ **B** eine Sprache verwenden, die allen Geschlechtern gerecht wird
- ☐ **C** Nomen und Adjektive in der richtigen Form verwenden

2. Warum ist eine Doppelnennung wie „Chefs und Chefinnen" problematisch? Antworten Sie in Stichworten.

____

3. Worauf bezieht sich der markierte Ausdruck? Unterstreichen Sie das genaue Wort bzw. die genaue Wortgruppe.

..., dass es seit 2018 in offiziellen Dokumenten neben „männlich" und „weiblich" die Option „divers" gibt. Diese wählt man, wenn man sich weder dem männlichen noch dem weiblichen Geschlecht zugehörig fühlt.

Um korrekt zu gendern, kann man auch ganz auf Personenbezeichnungen verzichten und stattdessen andere sprachliche Mittel verwenden.

4. Was bedeutet „außen vor bleiben"? Kreuzen Sie die richtige Lösung an.
- ☐ **A** keine Entsprechung finden
- ☐ **B** nicht berücksichtigt werden
- ☐ **C** außerhalb der Diskussion stehen

5. Was bedeutet „verbannen"? Kreuzen Sie die richtige Lösung an.
- ☐ **A** zerstören
- ☐ **B** entnehmen
- ☐ **C** ausschließen

6. Welche kommunikative Absicht hat der Autor im letzten Satz?
Es wird sich zeigen, ob sich auch für solche Wörter kreative Lösungen finden lassen.
- ☐ **A** Er vermutet etwas.
- ☐ **B** Er prognostiziert etwas.
- ☐ **C** Er zweifelt an etwas.

Übung 6

Oft helfen bestimmte lexikalische Mittel, um die kommunikative Absicht des Autors oder der Autorin zu erkennen. Ordnen Sie die Redemittel den Sprechabsichten zu.

Sprechabsichten	Lexikalische Mittel
1. ablehnen	___ **A** Es ist wirklich zu beklagen, dass ...
2. appellieren	___ **B** Ich schlage ... vor.
3. bedauern	___ **C** Es steht außer Frage, dass ...
4. begrüßen	___ **D** Ich halte ... für völlig undenkbar.
5. empfehlen	___ **E** Man kann davon ausgehen, dass ...
6. erklären/definieren	___ **F** Es ist dringend von ... abzuraten.
7. kritisieren	___ **G** Ich befürworte ...
8. prognostizieren	___ **H** Mir wäre es lieber, wenn ...
9. relativieren/abwägen	___ **I** Ich fordere alle zu ... auf.
10. überzeugt sein	___ **J** Es ist fraglich, ob ...
11. warnen	___ **K** ... ist zu beanstanden.
12. vermuten	___ **L** Auf lange Sicht ist zu erwarten, dass ...
13. wünschen	___ **M** Unter ... wird verstanden, dass ...
14. zweifeln	___ **N** ... ist gut, allerdings sollte man bedenken ...

Übung 7

Zu welcher Sprechabsicht aus Übung 6 passen die folgenden Adjektive und Adverbien? Notieren Sie die Sprechabsicht.

1. künftig, später, voraussichtlich, absehbar: ______________________
2. am besten, erstrebenswert, hoffentlich: ______________________
3. gefährlich, bedrohlich, riskant: ______________________
4. wahrscheinlich, eventuell, vielleicht: ______________________
5. schade, leider, unglücklicherweise: ______________________
6. misstrauisch, fragwürdig, unsicher, umstritten: ______________________
7. zweifellos, fraglos, sicher, unbestritten: ______________________

Übung 8

Test DaF

Ordnen Sie die Textstellen 1 bis 4 den Aussagen unten zu. Die Zahlen beziehen sich immer auf den nachfolgenden Satz. Für jede Textstelle gibt es genau eine richtige Lösung.

Kommentar einer Expertin zum Gendern

Die Mehrheit der Deutschen lehnt verschiedenen Umfragen zufolge das Gendern ab. Es sei zu umständlich, störend, nicht ästhetisch oder sogar überflüssig. **1** Frauen zeigten sich insgesamt offener für eine geschlechtergerechte Sprache – und das ist gut so. Schließlich besteht die Menschheit zur Hälfte aus Frauen. Eine gegenderte Sprache spiegelt genau das wider. **2** Es ist zwar verständlich, dass die Schreibweisen mit Sternchen oder Schrägstrich (Minister*innen, Ärzte/Ärztinnen) als störend empfunden werden, aber Gendern ist ja nicht allein Personenbezeichnungen vorbehalten, für die es außerdem auch gelungene Alternativen gibt. Mit nominalisierten Partizipien, Passivkonstruktionen oder Umschreibungen kann sehr wohl ästhetisch formuliert werden. An Wörtern wie „die Studierenden" ist meines Erachtens nichts auszusetzen. **3** Solche Alternativen wurden den Befragten womöglich nicht genannt, was dann zur Ablehnung des Genderns geführt haben könnte. Dabei bewirkt das Gendern eine Gleichberechtigung aller Menschen, so wie es im Grundgesetz lange schon verankert ist. Die sprachliche Gleichberechtigung hat übrigens aus psycholinguistischer Sicht den Effekt, dass Männer sich in Diskussionen weniger dominant geben, wenn auch ausdrücklich Frauen angesprochen werden. **4** Überlegen Sie es sich gut und gendern Sie, wenn Sie die traditionellen Geschlechterrollen hinter sich lassen wollen! Sie unterstützen damit zum Beispiel die Berufswahl junger Menschen, die dann auch nicht mehr ausschließen, Feuerwehrfrau und Mechatronikerin bzw. Kindergärtner zu werden.

___ **A** Die Expertin appelliert an etwas.

___ **B** Die Expertin bedauert etwas.

___ **C** Die Expertin begrüßt etwas.

___ **D** Die Expertin kritisiert etwas.

___ **E** Die Expertin prognostiziert etwas.

___ **F** Die Expertin relativiert etwas.

___ **G** Die Expertin vermutet etwas.

___ **H** Die Expertin warnt vor etwas.

Strategie: Die zuzuordnende Sprechabsicht bezieht sich zwar nur auf den Satz nach der Nummerierung, aber Sie sollten den Satz vorher und nachher im Blick haben, da er Hinweise auf die gesuchte Sprechabsicht geben kann, falls es keine explizit genannten Redemittel gibt. Markieren Sie ansonsten die Redemittel, die Ihnen helfen, die Lösung zu finden.

Übung 9

Welche Redemittel oder anderen Informationen haben Ihnen geholfen, die richtige Sprechabsicht in Übung 8 zu finden? Notieren Sie sie.

Textstelle **1**: ______________________________

Textstelle **2**: ______________________________

Textstelle **3**: ______________________________

Textstelle **4**: ______________________________

GI

Übung 10

Lesen Sie den Text und entscheiden Sie, welches Wort in die Lücken gehört. Es gibt jeweils nur eine richtige Lösung.

Bouba

Kiki

Der Bouba-Kiki-Effekt

Warum nennt man im Deutschen einen Baum „Baum“? Und warum heißt er im Italienischen „albero“ und im Englischen „tree“? Es ist einfach so festgelegt. Der Klang und die Bedeutung eines Wortes __1.__ nicht zusammenzuhängen. Doch nun kommt der Bouba-Kiki-Effekt ins Spiel.

Die Entdeckung des Effekts im letzten Jahrhundert ließ die Fachwelt aufhorchen, doch jetzt gibt es neue Erkenntnisse.

Zunächst zum klassischen Aufbau des Experiments, das zum Bouba-Kiki-Effekt führte. Die Versuchspersonen erhielten zwei Bilder. Auf dem einen war ein Farbklecks in einer runden Form zu sehen, auf dem anderen hatte der Klecks spitze Zacken. Dann hörten sie die Kunstwörter „Bouba“ und „Kiki“, zwei Wörter also, die __2.__ gebildet wurden. Die Testpersonen sollten sagen, zu welcher Form die Wörter gehörten. Die deutliche Mehrheit entschied sich dafür, „Bouba“ der runden Form zuzuordnen und „Kiki“ der gezackten. Ein ähnliches Ergebnis __3.__ der Psychologe Wolfgang Köhler schon 1929 mit seinen Kunstwörtern „maluma“ und „takete“. Bei den Vornamen „Bob und „Kirk“ gibt es diese Wirkung übrigens auch: Mit „Bob“ assoziiert man einen Mann mit einem rundlichen, weichen Gesicht, mit „Kirk“ einen Mann mit markanten Gesichtszügen.

Inzwischen gibt es neue Forschungen aus dem Jahr 2021 zum Bouba-Kiki-Effekt. Um herauszufinden, ob der Effekt nicht wegen des Klangs der Wörter __4.__ kam, sondern weil die Versuchspersonen die Wörter mit dem runden Buchstaben „B" und dem eckigen „K" __5.__ hatten, änderte eine Forschungsgruppe vom Leibniz-Zentrum für Allgemeine Sprachwissenschaft in Berlin die Auswahl der Versuchspersonen. An ihrer Studie nahmen 900 Personen teil, die mit 25 verschiedenen Muttersprachen aufgewachsen waren. Entscheidend dabei war, dass die Muttersprachen unterschiedliche Schriftsysteme hatten, so wie Hebräisch, Japanisch oder Armenisch. Es ging also um Schriftsysteme, die kein rundes bzw. eckiges __6.__ für den Laut [b] bzw. [k] verwenden.

Erneut wurde der Versuchsaufbau mit den Klecksbildern herangezogen. Dass drei Viertel der Versuchspersonen, die nach einem lateinischen Schriftsystem schrieben, „Bouba" mit dem runden und „Kiki" mit dem zackigen Klecks verbanden, war keine __7.__ für das Berliner Forschungsteam. Wohl aber, dass auch fast zwei Drittel der Personen mit anderen Schriftarten diese Zuordnung trafen. Das war zwar eine geringere Anzahl, aber immer noch so viel, dass es kein __8.__ sein konnte. Folglich fördert die lateinische Schrift den Bouba-Kiki-Effekt, doch er existiert nachweislich auch __9.__ geschriebenen Schriftzeichen. Daraus zieht die Forschungsgruppe den Schluss, dass wir den Klang eines Wortes mit unserer visuellen Sinneswahrnehmung koordinieren. Wenn das stimmt, gibt es eben doch einen Zusammenhang zwischen der Bedeutung eines Wortes und seinem Klang.

Text nach:
Gelitz, Christiane: Sprache: Die verborgene Bedeutung der Laute, 21.12.2021, https://www.spektrum.de/news/sprache-die-verborgene-bedeutung-der-laute/1958812, letzter Zugriff: 25.04.2023. (zu Lehrzwecken verändert und gekürzt)

1.
- ☐ **A** scheinen
- ☐ **B** haben
- ☐ **C** denken
- ☐ **D** bleiben

2.
- ☐ **A** künstlerisch
- ☐ **B** künstlich
- ☐ **C** kunstvoll
- ☐ **D** kunstlos

3.
- ☐ **A** entwickelte
- ☐ **B** befand
- ☐ **C** erzielte
- ☐ **D** überprüfte

4.
- ☐ **A** zur Sprache
- ☐ **B** helfend
- ☐ **C** in Bewegung
- ☐ **D** zustande

5.
- ☐ **A** bezogen
- ☐ **B** verknüpft
- ☐ **C** kommuniziert
- ☐ **D** adaptiert

6.
- ☐ **A** Zeichen
- ☐ **B** Anzeichen
- ☐ **C** Vorzeichen
- ☐ **D** Abzeichen

7.
- ☐ **A** Bedingung
- ☐ **B** Lösung
- ☐ **C** Überraschung
- ☐ **D** Vermutung

8.
- ☐ **A** Glücksfall
- ☐ **B** Schicksal
- ☐ **C** Zufall
- ☐ **D** Los

9.
- ☐ **A** sichtbar im
- ☐ **B** unabhängig vom
- ☐ **C** neben dem
- ☐ **D** auch beim

Übung 11

Verbalstil und Nominalstil. Ergänzen Sie die Lücken. Wenn Sie unsicher sind, lesen Sie bitte die Regeln in der Grammatikbox nach.

	Verbalstil	Nominalstil
1.	fragen / gefragt werden / sich fragen / eine Frage stellen	______________
	deutlich	die Deutlichkeit
2.	Der Effekt wurde entdeckt.	Die Entdeckung ______________ ...
3.	Studien werden vorgestellt.	Die Vorstellung ______________ ...
4.	Die Gruppe untersuchte mehrere Sprachen. / Mehrere Sprachen wurden von der Gruppe untersucht.	Die Untersuchung mehrerer Sprachen ______________ ...
5.	Sie forscht.	______________ Forschung ...
6.	Das Experiment war klassisch aufgebaut.	Der ______________ Aufbau des Experiments ...
7.	Die Testpersonen entscheiden sich für die runde Form.	Die Entscheidung der Testpersonen ______________ ...
8.	Ich begegnete dem Forscher.	Meine Begegnung ______________ ...

Grammatik: Die wichtigsten Regeln für die Umformung von Sätzen im Verbalstil zu solchen im Nominalstil:

1. Verben im Aktiv oder Passiv, reflexive Verben und Adjektive werden nominalisiert. Bei Nomen-Verb-Verbindungen entfällt das Verb: ***Angst haben → die Angst***.
2. Das Subjekt wird zum Genitivattribut.
3. Ein Subjekt ohne Artikelwort oder Adjektiv wird zu **von** + Dativ.
4. Enthält ein Satz eine Akkusativergänzung, wird diese zum Genitivattribut und das Subjekt zu **durch** + Akkusativ; **von** + Dativ im Passivsatz wird ebenfalls zu **durch** + Akkusativ.
5. Ein Personalpronomen wird zum Possessivartikel; **man** entfällt.
6. Ein Adverb wird zum Adjektiv (mit Endung). Manchmal muss umgeformt werden: ***heute → heutig***, ***nicht → fehlend***, ***oft → häufig***.
7. Präpositionale Ausdrücke bleiben unverändert.
8. Eine Dativergänzung wird zum Präpositionalattribut; die Wahl der Präposition hängt vom Nomen ab: ***helfen → die Hilfe für***, ***zustimmen → die Zustimmung zu***.

Übung 12

DSH

Nominalisieren Sie die folgenden Sätze.

1. Das Wort „Kiki" klingt unangenehm und hart.

   ______________________________ ...

2. Der Bouba-Kiki-Effekt wird oft von der Werbebranche verwendet.

   ______________________________ ...

3. Wir sind nicht an Beispielen fur Kunstwörter interessiert.

   ______________________________ ...

4. Das Forschungsteam aus Berlin wählte die Versuchspersonen nach deren Muttersprache aus.

   ____

   ______________________________ ...

5. Wolfgang Köhler führte im letzten Jahrhundert ein vergleichbares Experiment durch.

   ____

   ______________________________ ...

6. Die Ergebnisse unterschieden sich nur geringfügig.

   ______________________________ ...

Übung 13

Und nun umgekehrt. Verbalisieren Sie die unterstrichenen Satzteile. Achten Sie auf Verwendung von Aktiv und Passiv sowie auf die Wortstellung.

1. <u>Das zunehmende Gendern von Personenbezeichnungen</u> ist ein gutes Beispiel für den Sprachwandel.

   ____

   und das ist ein gutes Beispiel für den Sprachwandel.

2. <u>Die fehlende Berücksichtigung der Diversität bei der Doppelnennung</u> regt zu Diskussionen an.

   ______________________________,

   was zu Diskussionen anregt.

3. Die konsequente Verwendung der Gendersprache durch einige Parteien bestimmt seit 2015 deren politisches Programm.

____

und das bestimmt seit 2015 ihr politisches Programm.

4. Die positive Wirkung gegenderter Berufsbezeichnungen auf Mädchen ist unbestritten.

Dass ____

____, ist unbestritten.

5. Wenn es um Gendern geht, ist die unglaubliche Kreativität von Medien bewundernswert.

Wenn es um Gendern geht, ist es bewundernswert, dass ____________________

____.

Übung 14

In den vorherigen Übungen kamen immer wieder Fremdwörter vor. Ordnen Sie die deutschen Entsprechungen zu.

1. adaptieren	___	**A**	bestehen, vorhanden sein
2. assoziieren	___	**B**	gefährlich
3. ästhetisch	___	**C**	aufeinander abstimmen
4. existieren	___	**D**	überliefert, herkömmlich
5. konsequent	___	**E**	anpassen
6. koordinieren	___	**F**	einfallsreich
7. kreativ	___	**G**	stilvoll, geschmackvoll
8. markant	___	**H**	gedanklich verbinden
9. riskant	___	**I**	hervorstechend, scharfgeschnitten
10. traditionell	___	**J**	zielstrebig, ausnahmslos

Übung 15

TR. 13

Nummerieren Sie die Reihenfolge, in der Sie die Wörter hören. Hören Sie dann noch einmal und sprechen Sie die Wörter nach.

1. ___ werden ___ worden ___ wurden ___ würden
2. ___ beten ___ bieten ___ bitten ___ Betten
3. ___ wem ___ wenn ___ wen ___ wann ___ wer
4. ___ eine ___ einen ___ einer ___ einem ___ ein
5. ___ seit ___ Zeit ___ zieht ___ zeigt ___ sieht
6. ___ Fülle ___ Felle ___ volle ___ fühle ___ Welle
7. ___ leite ___ reite ___ reize ___ reise ___ leise

Übung 16

TR. 14

Sie hören einen Text zum Thema „Lügen", den Sie gleichzeitig mitlesen müssen. Hörtext und schriftlicher Text sind nicht identisch. Vier Wörter sind unterschiedlich. Markieren Sie beim Hören die vier Wörter, die nicht dem Hörtext entsprechen.

Wir lügen und werden belogen – sogar recht häufig. Über Gründe darf spekuliert werden. Vielleicht erhofft man sich einen Vorteil. Vielleicht ist einem die Wahrheit unangenehm oder man möchte das Gegenüber nicht kränken. Obwohl so oft gelogen wird, möchte man eigentlich von der Person, mit der man spricht, wissen, ob sie ehrlich ist. Wissenschaftliche Untersuchungen, wie man das erkennen kann, gibt es reichlich. Ausweichende Antworten wie „mag sein", „wahrscheinlich" könnten ein Hinweis auf eine Lüge sein. Ebenso, wenn eine Person vermeidet, „ich" zu sagen. Auch die Körpersprache wurde untersucht. Doch letztendlich kann nur eine Wärmebildkamera die Lüge entlarven.

Strategie: Die vier Wörter, die Sie finden sollen, sind keine Fantasiewörter, sondern existieren tatsächlich. Der Unterschied zwischen dem geschriebenen und dem gehörten Wort ist jeweils minimal. Deshalb ist es nötig, sich auf die Schreibweise und Aussprache jedes einzelnen Wortes zu konzentrieren. Um die Aufgabe zu lösen, müssen Sie den Text nicht verstehen.

7 GESELLSCHAFT

Übung 1

Tatsachen über das Ehrenamt. Verbinden Sie die Satzteile.

1. Unter Ehrenamt fasst man gemeinnützige Tätigkeiten zusammen,
2. Man spricht auch
3. Ehrenamt beruht auf
4. Es wird in der Regel nicht bezahlt und
5. Belohnt wird das Engagement dennoch. Zum einen hat man eine erfüllende Tätigkeit und das Gefühl, etwas Gutes zu tun,
6. In Deutschland sind rund 30 Millionen Menschen
7. Etwa 40 Prozent aller Frauen und Männer ab 14 Jahren
8. Ehrenamtliche sind nahezu überall zu finden: Sie arbeiten in der Bildung, im Sport und in der Kultur,
9. Die Einsatzmöglichkeiten sind vielfältig: Von Aufgaben im Sportverein, in der freiwilligen Feuerwehr oder im Kindergarten
10. Während einige Ehrenamtliche sich lieber an zeitlich begrenzten Projekten beteiligen,

___ A aber auch im sozialen Bereich.

___ B ausschließlich in der Freizeit geleistet.

___ C bevorzugen andere einen regelmäßigen und dauerhaften Einsatz.

___ D bis hin zur Flüchtlingshilfe.

___ E die dem Wohl einer Gesellschaft dienen.

___ F ehrenamtlich tätig.

___ G Freiwilligkeit und Eigeninitiative.

___ H gehen einem Ehrenamt nach.

___ I von einem „bürgerschaftlichen Engagement“.

___ J zum anderen stärkt es die sozialen Verbindungen.

GI

Übung 2

Lesen Sie die Texte A–D zum Thema „Engagieren Sie sich ehrenamtlich?". In welchen Texten gibt es Aussagen zu den Themenschwerpunkten 1 bis 5?

1 Erhaltene Anerkennung

2 Fehlendes Interesse früher

3 Entscheidender Auslöser

4 Regelmäßiges Engagement

5 Ausgeübter Druck des Umfeldes

Zu jedem Themenschwerpunkt sind ein, zwei oder drei Stichworte möglich, insgesamt aber nicht mehr als zehn. Schreiben Sie Ihre Antworten in die Übersicht im Anschluss an die Texte. Beachten Sie auch das Beispiel 0.

	0 Beispiel Freiwillige Unterstützung des Sportvereins
A	Mithilfe bei der Instandhaltung des Sportplatzes / bei der Organisation von Sportfesten
B	–
C	auf den Sportanlagen nach dem Rechten sehen
D	–

A Kilian

In einer sehr ländlichen Gemeinde wie der unsrigen ist es schon für junge Menschen selbstverständlich, ehrenamtlich tätig zu sein, auch wenn man noch zur Schule geht. Ich kenne das auch gar nicht anders, denn auch meine Eltern und älteren Geschwister sind für verschiedene Vereine tätig. Es ist auch deshalb schwierig, sich auszuklinken und nichts zu tun, weil fast alle aus meiner Klasse irgendeinem Ehrenamt nachgehen. Viele arbeiten in kirchlichen Organisationen mit, veranstalten Basare und spenden den Erlös einem guten Zweck. Doch das interessiert mich nicht, denn es hat nichts mit Sport zu tun. Ich spiele nämlich leidenschaftlich gern Fußball und genau dafür verausgabe ich mich auch gerne freiwillig. Ich **helfe bei der Instandhaltung des Sportplatzes mit** oder auch mal **bei der Organisation von Sportfesten**. Die Tätigkeit, die mir persönlich am wichtigsten ist, ist jedoch das Training des Nachwuchses. Jedes Wochenende und manchmal auch unter der Woche trainiere ich fußballbegeisterte Jungen und Mädchen. Dabei lasse ich mir immer etwas Neues einfallen, um sie bei der Stange zu halten. Ein besonderes Highlight sind natürlich die Spiele gegen Mannschaften aus den Nachbargemeinden. Dann sitzen auch die Eltern im Publikum und fiebern mit. Nach einem Sieg ist die Freude in den Gesichtern unbeschreiblich groß und für mich ein persönlicher Gewinn. Dafür opfere ich gerne meine Freizeit.

B Janina

An eine ehrenamtliche Tätigkeit dachte ich lange Zeit überhaupt nicht. Ich konnte es mir ehrlich gesagt nicht leisten, unbezahlt tätig zu sein und dafür auch noch auf meine Freizeit zu verzichten. Mein Augenmerk richtete sich zunächst auf meine Ausbildung und dann auf den Job, den ich als sehr anstrengend empfand. Deshalb war es mir wichtig, am Abend und am Wochenende Zeit für mich zu haben, mal nichts zu tun oder im Freundeskreis entspannte Stunden zu verbringen. Vor allem das Wochenende war mir heilig. Ein Dienst für das Gemeinwohl kümmerte mich nicht. Dabei blieb es auch, als ich meinen Mann kennenlernte, der ebenfalls beruflich sehr eingespannt war, und als das erste Kind unterwegs war. Meine Einstellung zum Ehrenamt änderte sich jedoch schlagartig, als unsere Tochter in den Kindergarten kam. Uns alle begeisterte das abwechslungsreiche Programm des Kindergartens, die vielen Outdoor-Aktivitäten, das gemeinsame Kochen und Essen und vieles mehr. Da wurde mir klar: Das Programm konnte nur deshalb so attraktiv sein und bleiben, weil die Eltern mit anpackten, also beim Kochen halfen oder sich für Fahrdienste bereithielten. Das Engagement der anderen Eltern ließ mir kaum eine Wahl und ich erklärte mich notgedrungen bereit, meinen Teil beizutragen. Dies mache ich nun seit einem Jahr, schließlich kommt es ja meiner Tochter, aber auch dem tollen Kindergarten zugute. Ob mein Engagement anhält, kann ich derzeit nicht mit Gewissheit sagen. Aber zumindest verstehe ich jetzt besser, warum sich so viele Menschen in Deutschland freiwillig für andere einsetzen.

C Rüdiger

Ich denke, wir alle sollten uns fragen, in was für einer Gesellschaft wir leben wollen. Oft habe ich den Eindruck, dass man sich selbst am nächsten steht. Das entspricht nicht meiner Vorstellung von Zusammenleben. Ich selbst bin in einer Familie mit vielen Geschwistern groß geworden. Da war es selbstverständlich, dass man sich gegenseitig unterstützt hat. Auch in meinem ehemaligen Betrieb war das so. Jetzt bin ich Rentner und körperlich immer noch fit. Gleichzeitig sehe ich in meinem Umfeld viele Menschen, die es nicht so gut getroffen haben. Da liegt es nahe, dass ich einspringe, wobei ich meine Aktivitäten weniger als Ehrenamt bezeichnen würde, sondern als Nachbarschaftshilfe. Ich kümmere mich zum Beispiel um einen Nachbarn, der nicht mehr so mobil ist und selten aus dem Haus kommt. Mit ihm gehe ich spazieren. Pünktlich um 9 Uhr wartet er immer schon mit seinem Rollator an der Haustür, damit wir gemeinsam eine Runde drehen. Gelegentlich fahre ich ihn auch mal zu einer ärztlichen Untersuchung oder mache Besorgungen für ihn. Da ich gelernter Handwerker bin, erledige ich auch kleinere Reparaturen, die bei ihm oder anderen Nachbarn in meinem Viertel anfallen. Meine handwerklichen Fähigkeiten haben sich herumgesprochen: Während der Sommermonate **sehe ich auf den Sportanlagen** unserer Gemeinde **nach dem Rechten**. Bei Bedarf werde ich angerufen und repariere dort mal einen Zaun, ein Schloss oder mähe den Rasen.

D Sabine

Als ich noch mitten im Studium war, gab es in Deutschland eine große Flüchtlingswelle. Und auch unter den Studierenden war die Hilfsbereitschaft groß. Wir verstanden es nicht als Pflicht, Menschen in Not zu helfen, sondern fühlten, dass wir etwas zum Wohl dieser Menschen tun mussten und vielleicht auch einen kleinen Beitrag zu ihrer Integration. Bei unserer ersten Zusammenkunft besprachen wir, was wir tun könnten. Als Erstes kontaktierten wir Flüchtlingsorganisationen, um genauer zu erfahren, welchen Bedarf es gab. Dann ging alles ganz schnell. Wir begannen mit dem Sammeln von Spenden: Kleidung, Spielsachen oder einfach nur Papier und Buntstifte. Mein Schlüsselerlebnis hatte ich bei der Abgabe der Spenden. Ich wollte mit den Geflüchteten ins Gespräch kommen, konnte mich aber nur mit Händen und Füßen verständigen. Ich hatte mein Betätigungsfeld gefunden: kostenlose Deutschstunden. Für die Möglichkeit, Deutsch zu lernen, wurde mir große Dankbarkeit entgegengebracht. Ich holte noch zwei meiner Kommilitoninnen mit ins Boot. Bald kamen neue Aufgaben hinzu, und zwar den Geflüchteten bei Behördengängen oder beim Ausfüllen von Formularen und Anträgen zu helfen.
Nachdem alles ins Rollen gekommen war, wurde an der Uni in einem kleinen Büro eine Anlaufstelle eingerichtet, die die studentischen Ehrenamtlichen koordinierte. Ich machte es mir zur Gewohnheit, dort meine Dienste anzubieten oder zu erfahren, was gerade nötig war. Inzwischen habe ich mein Studium beendet und bin ins Berufsleben eingestiegen. Auch wenn ich jetzt weniger Zeit als früher habe, bin ich in ständigem Kontakt mit einer Begegnungsstätte und engagiere ich mich auch dort nach wie vor für Geflüchtete.

	1 Erhaltene Anerkennung
A	
B	
C	
D	

	2 Fehlendes Interesse früher
A	
B	
C	
D	

	3 Entscheidender Auslöser
A	
B	
C	
D	

	4 Regelmäßiges Engagement
A	
B	
C	
D	

	5 Ausgeübter Druck des Umfeldes
A	
B	
C	
D	

Übung 3

Welche Formulierungen werden in Übung 2 für die folgenden Ausdrücke verwendet? Notieren Sie sie.

1. nicht mitmachen: ______

2. jemanden zum Weitermachen bewegen: jemanden ______

______

3. auf etwas ungern verzichten: etwas ______

4. meine Konzentration galt meiner Ausbildung: ______

______ meine Ausbildung

5. das Wochenende hatte einen sehr hohen Wert für mich: das Wochenende ______

______

6. mit vielen Aufgaben beschäftigt: sehr ______

7. nur an sich selbst denken: ______

8. weniger Glück gehabt haben: ______

9. einen kurzen Spaziergang machen: ______

10. kontrollieren, ob alles in Ordnung ist: ______

11. etwas war gestartet: etwas war ______

Übung 4

Nominalisieren Sie die folgenden temporalen Nebensätze. Achten Sie darauf, dass nach der Präposition* während *der Genitiv folgt; in allen anderen Fällen benötigen Sie den Dativ.

1. Nachdem unsere Mannschaft gesiegt hatte, war die Freude groß.

   Nach ________________________________ war die Freude groß.

2. Seitdem er umgezogen ist, sucht er nach einer neuen Beschäftigung.

   Seit ________________________________ sucht er nach ...

3. Bevor meine Tochter geboren wurde, hatte ich kein Interesse an einem Ehrenamt.

   Vor ________________________________ hatte ich kein Interesse an einem Ehrenamt.

4. Bis das Training beginnt, sind alle ganz ungeduldig.

   Bis zum ________________________________ sind alle ganz ungeduldig.

5. Wenn man Flüchtlinge regelmäßig unterrichtet, lernt man auch etwas über deren Kultur.

   Bei ________________________________ lernt man auch etwas über deren Kultur.

6. Während wir spazieren gehen, reden wir gerne über Politik.

   Während ________________________________ reden wir gerne über Politik.

7. Als ein Kommilitone bei einer Flüchtlingsorganisation anrief, erfuhr er, was benötigt wurde.

   Bei ________________________________ erfuhr er, was benötigt wurde.

Übung 5

Formulieren Sie anstatt der Nominalform einen temporalen Nebensatz. Achten Sie auf die richtige Zeit.

1. Seit der Ankunft vieler Flüchtlinge vor ein paar Jahren steigt die Hilfsbereitschaft kontinuierlich.

   ______________________________, …

2. Bei unserem ersten Treffen besprachen wir, was zu tun ist.

   ______________________________, …

3. Beim Ausfüllen von Anträgen benötigten Geflüchtete oft Hilfe.

   ______________________________, …

4. Nach dem Ende des Studiums engagierte sich Sabine weiterhin.

   ______________________________, …

5. Vor der Übernahme eines Ehrenamts kann man sich auf einschlägigen Internetseiten über den Bedarf informieren.

   ______________________________, …

6. Während einer ehrenamtlichen Tätigkeit erlebt man viel Positives.

   ______________________________, …

Grammatik: Die Zeit im Nebensatz richtet sich nach der Zeit im Hauptsatz. In den meisten Fällen verwendet man das gleiche Tempus, jedoch nicht in Satzgefügen mit **nachdem**; hier gilt Folgendes:
Hauptsatz: Präsens – Nebensatz: Perfekt;
Hauptsatz: Präteritum (oder Perfekt) – Nebensatz: Plusquamperfekt.
Diese Zeitenfolge gilt auch für Satzgefüge mit **seit/seitdem**, wenn es sich um einen Zeitpunkt handelt. Wenn die Handlung jedoch bis jetzt andauert, verwendet man die gleiche Zeit wie im Hauptsatz: *Seit er **umgezogen ist**, **arbeitet** er in einer Begegnungsstätte.* Aber: *Seit er hier **wohnt**, **arbeitet** er …*
Beachten Sie außerdem: Der Nominalform mit der Präposition **bei** entspricht ein temporaler Nebensatz mit **als** oder **wenn**. Nur bei einer einmaligen Handlung in der Vergangenheit verwendet man **als**, ansonsten **wenn**.

Übung 6

telc

TR. 15

Sie hören ein Radiointerview zum Thema „Kinderarmut in Deutschland". Lesen Sie zuerst die Aufgaben und entscheiden Sie dann beim Hören, welche Lösung – A, B oder C – richtig ist.

1. In Deutschland gilt als arm,
- ☐ **A** wer mehr als 1.000 Euro pro Monat zur Verfügung hat.
- ☐ **B** wer 50 Prozent des Durchschnittseinkommens verdient.
- ☐ **C** wer keine finanzielle Grundsicherung erhält.

2. Dr. Niehaus kritisiert,
- ☐ **A** dass die Einkommensarmut nur materielle Faktoren berücksichtigt.
- ☐ **B** dass Arme nicht am gesellschaftlichen Leben teilhaben können.
- ☐ **C** dass Geld so wichtig ist und glücklich macht.

3. Armutsgefährdet sind Kinder,
- ☐ **A** die sich nicht genug qualifizieren können.
- ☐ **B** deren Mütter nur an die Karriere denken.
- ☐ **C** die ohne Mutter oder Vater aufwachsen.

4. Dr. Niehaus
- ☐ **A** legt Wert auf die Bedürfnisse von Kindern.
- ☐ **B** macht Erziehungsprobleme für Kinderarmut verantwortlich.
- ☐ **C** stellt die Persönlichkeit der Eltern in den Vordergrund.

5. Armut
- ☐ **A** erfahren Kinder schon in der Kindheit.
- ☐ **B** behindert Kinder in ihrer Entwicklung.
- ☐ **C** wird als Gefahr für spielende Kinder gesehen.

6. Die Beispiele von Leon und Mira zeigen,
- ☐ **A** wie wichtig eine große Wohnung und Taschengeld sind.
- ☐ **B** dass sie gern auf alltägliche Dinge verzichten.
- ☐ **C** wie Armut negative Emotionen hervorrufen kann.

7. Kinder
- ☐ **A** fühlen sich nicht wohl, wenn das Geld knapp ist.
- ☐ **B** benötigen Teilhabechancen in verschiedenen Bereichen.
- ☐ **C** müssen gesund sein, sich sicher fühlen und Zugang zu Bildung haben.

8. Das Gesetz zur Stärkung von Familien
- ☐ **A** verspricht mehr Kindergeld, um Klassenfahrten usw. zu bezahlen.
- ☐ **B** wird von allen Familien mit einem geringen Einkommen genutzt.
- ☐ **C** will vor Armut und vor gesellschaftlicher Ausgrenzung schützen.

Übung 7

Was bedeuten die Ausdrücke, die im Hörtext in Übung 6 vorkommen? Kreuzen Sie an.

1. das Dilemma
- ☐ **A** eine Situation, in der man sich zwischen zwei Möglichkeiten entscheiden muss
- ☐ **B** eine Situation, in der man eine von zwei Wahlmöglichkeiten bevorzugt

2. etwas unter einen Hut bringen
- ☐ **A** so handeln, dass zwei Dinge gut zusammenpassen
- ☐ **B** eine Einheit aus zwei Dingen machen

3. auf der Strecke bleiben
- ☐ **A** nicht vorwärts gehen
- ☐ **B** keinen Erfolg haben

4. etwas in den Vordergrund stellen
- ☐ **A** etwas für notwendig halten
- ☐ **B** etwas als besonders wichtig darstellen

5. die Weichen für etwas stellen
- ☐ **A** etwas in eine Richtung lenken
- ☐ **B** von etwas träumen und es realisieren

6. unbehaglich
- ☐ **A** unfreiwillig, unvermeidlich
- ☐ **B** unwohl, unangenehm

7. der Zuschuss
- ☐ **A** Geld für einen Kredit
- ☐ **B** finanzielle Unterstützung

Übung 8

Finden Sie Adjektive und Nomen in der Wortschlange und ordnen Sie sie in die richtige Spalte. Ergänzen Sie bitte bei den Nomen den Artikel.

MANGELWOHLHABENDBEDÜRFTIGGELDSORGENMITTELLOSVERMÖGEND

EINKOMMENSSCHWACHBEGÜTERTKNAPPHEITTEILHABENOTWOHLSTAND

1. arm	**2.** reich

Übung 9

*Bestimmte Verben nehmen in Verbindung mit **zu + Infinitiv** eine modale Bedeutung an. Ordnen Sie die Bedeutungen zu, eine passt zweimal.*

1. Es **scheint** nicht möglich **zu** sein.
2. Viele Kinder **drohen** arm **zu** werden.
3. Gesetze **vermögen** die Armut **zu** lindern.
4. Die Freundinnen **brauchen nicht zu** wissen, ...
5. Schulen **wissen zu** helfen.
6. Eltern **haben** viele Probleme **zu** lösen.
7. Die meisten Eltern **gedenken** alles für ihren Nachwuchs **zu** tun.

___ A können, fähig sein
___ B müssen
___ C nicht müssen
___ D wollen
___ E den Eindruck machen/haben
___ F in Gefahr sein / es besteht die Gefahr

Grammatik: An die sogenannten Modalitätsverben wird im Unterschied zu den Modalverben ein Infinitiv mit **zu** angeschlossen: ***Sie wissen zu helfen. / Sie können helfen.*** Beachten Sie: Das Verb **brauchen** ist nur in Verbindung mit einer Negation (***nicht***, ***kein/e***) ein Modalitätsverb: ***Er braucht nicht zu helfen.*** Fehlt die Negation, ist die Infinitivkonstruktion nicht möglich.

Übung 10

Schreiben Sie die Sätze neu, indem Sie eine Konstruktion mit einem passenden Modalitätsverb aus Übung 9 verwenden.

1. Einige Eltern können die Bedürfnisse ihrer Kinder nicht einschätzen.

   ____

2. Leon macht den Eindruck, dass er sich schämt.

   ____

3. Die Gefahr besteht, dass noch mehr Kinder in die Armut abrutschen.

   ____

4. Der Staat muss reagieren. Nun will er das Kindergeld erhöhen.

   ____

5. Die meisten Eltern müssen keine Zuschüsse beantragen.

   ____

Übung 11

Lesen Sie den Text. Beachten Sie auch die Informationen in der Grafik. Rechts sehen Sie eine Zusammenfassung. Diese Zusammenfassung folgt nicht dem Textverlauf. Unterstreichen Sie in der Zusammenfassung die Sätze, die inhaltlich falsch sind. Es gibt genau drei inhaltlich falsche Sätze.

Analphabetismus

Bei Analphabetismus denken viele an Entwicklungsländer, in denen immer noch viele Menschen keinen Zugang zu Bildung haben und nicht lesen und schreiben lernen. Es handelt sich um primären Analphabetismus. Von sekundärem Analphabetismus spricht man, wenn die ehemals erworbenen Lese- und Schreibfertigkeiten wieder vergessen worden sind. Wenn diese Fertigkeiten dann unter den allgemeinen Anforderungen in der Gesellschaft, in der die Betroffenen leben, liegen, hat man es mit funktionalem Analphabetismus zu tun oder – weniger stigmatisierend – mit „gering literalisierten Erwachsenen". In Deutschland zählen etwa 6,2 Millionen Menschen dazu. Ihre schriftsprachlichen Kenntnisse reichen nicht aus, um komplexere Texte wie Bedienungsanleitungen oder Arbeitsverträge zu lesen. Sie vermeiden Situationen, in denen ihr Handicap offensichtlich wird: Die Möglichkeiten des Internets werden, gemessen an der Gesamtbevölkerung, nur halb so oft genutzt, berufliche Fortbildungsmaßnahmen werden oft abgelehnt. Daher können sie sich nur eingeschränkt am sozialen, beruflichen und gesellschaftlichen Leben beteiligen. Der Bundesverband für Alphabetisierung und Grundbildung ist längst auf die Missstände aufmerksam geworden und macht unter anderem das Bildungssystem für die hohe Zahl der gering Literalisierten verantwortlich. In der Schule gebe es zu wenig individuelle Lernangebote für diejenigen, die mehr Zeit oder andere Bedingungen für das Lernen brauchen. Aber auch das Bildungsniveau der Eltern spielt eine Rolle. In einem Elternhaus, in dem wenig Wert auf Bücher gelegt wird und die Eltern sich kaum Zeit für die Betreuung der Hausaufgaben nehmen, finden lernschwächere Kinder keine geeignete Unterstützung. All dies kann zu Leistungsproblemen in der Schule, nachlassender Motivation und im schlimmsten Fall sogar zum Abbruch der Schule führen. Auf dem Arbeitsmarkt sind gering Literalisierte klar benachteiligt. Die meisten von ihnen arbeiten im Niedriglohnsektor, etwa als Hilfskräfte in Fabriken, in der Gastronomie oder als Reinigungspersonal.

In den letzten Jahren ist es gelungen, das Thema Analphabetismus zu enttabuisieren und das Angebot an Alphabetisierungskursen für Erwachsene deutlich zu erhöhen, sodass Betroffene Unterstützung finden, ohne sich ihrer Lese- und Schreibprobleme schämen zu müssen.

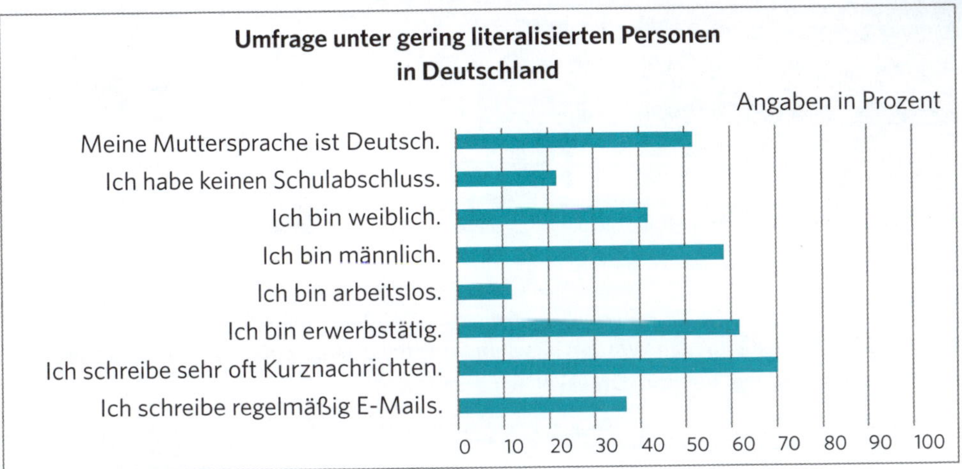

Zusammenfassung

1 6,2 Millionen Erwachsene in Deutschland können nicht ausreichend lesen und schreiben, darunter mehr Männer als Frauen. **2** Gut ein Fünftel hat die Schule ohne Abschluss verlassen. **3** Deshalb finden die meisten von ihnen finden keine Arbeit und sind arbeitslos. **4** Die Schulbildung wird als ein Faktor angesehen, der zu Lese- und Schreibschwierigkeiten führen kann. **5** Als Erwachsene haben dann gering Literalisierte ihre schriftsprachlichen Fertigkeiten endgültig vergessen. **6** Außerdem spielt es eine Rolle, ob die Eltern Deutsch als Muttersprache sprechen. **7** Von 100 Befragten hat etwas weniger als die Hälfte eine andere Muttersprache als Deutsch. **8** Aber auch diejenigen mit Deutsch als Muttersprache umgehen lieber Situationen, in denen sie anspruchsvollere Texte lesen oder schreiben müssen. **9** Daher verfassen gering Literalisierte zum Beispiel etwa 50 Prozent mehr Kurznachrichten als E-Mails.

Strategie: Bei diesem Aufgabentyp müssen Sie Informationen aus einem Lesetext, einer Grafik und einer Zusammenfassung abgleichen. Die Zusammenfassung besteht immer aus neun Sätzen, von denen drei falsch sind. Die falschen Sätze geben entweder die Aussagen im Lesetext nicht korrekt paraphrasiert wieder oder entsprechen nicht den Informationen aus der Grafik. Hierbei sollten Sie die Redemittel für Grafikbeschreibungen gut kennen (siehe Kapitel 4).

8 DIGITALE WELT

Übung 1

Ergänzen Sie die Texte mit den Wörtern aus dem Schüttelkasten. Achten Sie bei den Adjektiven auf die richtige Endung. Vorsicht: Drei Wörter passen nicht.

Digitalisierung • Empathie • Fortschritt • gesteuert • Innovation • interaktiv • künstlich • online • real • Roboter • rückständig • technologisch • Vision • Zukunft • zukunftsweisend • Zwilling

Digitale Welt – Woran denken Sie dabei?

Ji Yeon: Digitale Welt? Ich komme aus Südkorea, wo die **1.** ________________ weiter fortgeschritten ist als hier. Vor allem in der öffentlichen Verwaltung und in der Bildung ist Deutschland etwas **2.** ________________. Ich musste tatsächlich Anträge per Hand ausfüllen. Oder im Studium handschriftliche Texte abgeben. In Südkorea macht man das alles **3.** ________________.

Sven: Dabei denke ich an Avatare, also an **4.** ________________ Figuren, die aussehen und sich bewegen wie **5.** ________________ existierende Menschen. Mich begeistert der technologische **6.** ________________ bei den Avataren. Zuerst waren es nur einfache Grafikfiguren in **7.** ________________ Computerspielen, jetzt sind es perfekte Abbilder von Menschen. Wie ich erfahren habe, wird es bald noch mehr **8.** ________________ geben: Man arbeitet daran, Avatare von Menschen wie du und ich zu konstruieren, die dann als digitaler **9.** ________________ Kleidung anprobieren, einkaufen gehen, Meetings beiwohnen, während man selbst etwas anderes macht.

Emilia: Ich denke dabei in erster Linie an digital **10.** ________________ Maschinen, besonders an **11.** ________________. Ihnen fehlt zwar **12.** ________________, doch sie arbeiten schneller und zuverlässiger als Menschen. Sie werden meiner Ansicht nach in **13.** ________________ noch mehr an Bedeutung gewinnen.

Übung 2

Gesucht werden Nomen und Adjektive, die mit digitaler Welt zu tun haben. Lösen Sie das Kreuzworträtsel mithilfe der Umschreibungen.

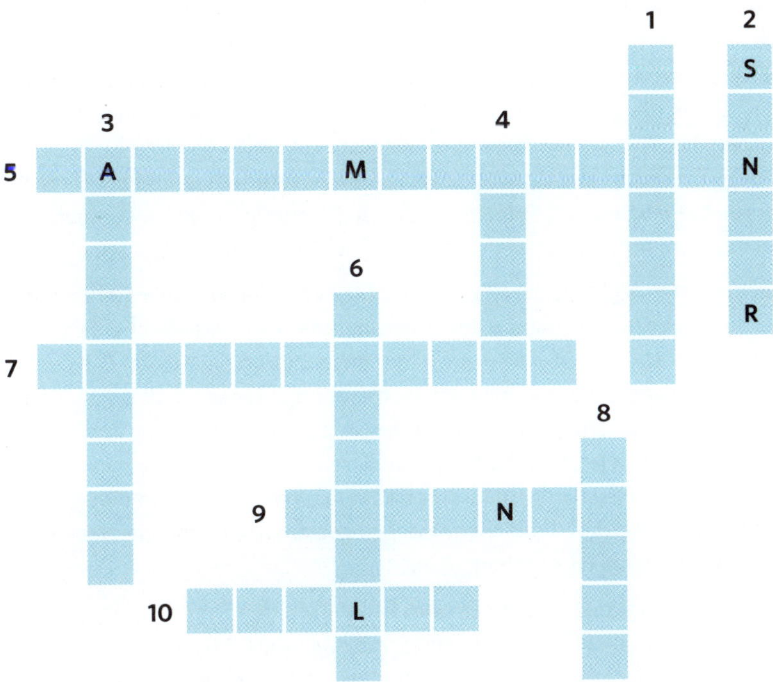

1. Er wird von Hackern unternommen und richtet Schaden auf digitalen Geräten an. Ein anderes Wort ist „Attacke".
2. Er reagiert darauf, wenn sich die Geschwindigkeit, die Wärme oder Geräusche usw. ändern.
3. Das deutsche Wort für *App* oder *Software*.
4. Sie werden in großen Mengen im Internet gesammelt.
5. Das deutsche Wort für *Fake News*.
6. Eine technologisch erzeugte Realität, die nicht echt ist, sondern …
7. Die Abkürzung KI bedeutet „künstliche …".
8. Ein internetfähiges Mobiltelefon heißt „…phone". Das gesuchte Wort ist auch ein Adjektiv mit der Bedeutung „intelligent, schlau".
9. Ein anderes Wort für „unabhängig, eigenständig".
10. Das Gegenteil von „digital".

Übung 3

Lesen Sie den Text und die Aussagen 1 bis 11. Welche Aussage ist richtig (+), falsch (-) oder gar nicht im Text enthalten (x)? Wählen Sie dann noch in Aufgabe 12 eine passende Überschrift.

Künstliche Intelligenz (KI) ist in aller Munde, doch was steckt dahinter? Unter künstlicher Intelligenz versteht man die Fähigkeit einer Maschine (eines Computers, eines Roboters), bestimmte Eigenschaften des Menschen nachzuahmen. Solche Maschinen können logisch denken, sie sind in der Lage zu lernen und zu planen und sie legen sogar eine gewisse Kreativität an den Tag. Maschinen, die mit KI ausgestattet sind, können mithilfe von Sensoren oder Kameras Daten aus der Umwelt empfangen, sie verarbeiten und auf sie reagieren. Durch die genaue Analyse der Folgen, die sich aus vorherigen Aktionen ergeben, passen sie bei Bedarf ihr Handeln an. In diesem Sinne arbeiten KI-Systeme tatsächlich autonom.

Die ersten KI-Systeme gab es bereits vor über 50 Jahren. Inzwischen stehen unfassbar große Datenmengen zur Verfügung und aufgrund immer höherer Rechenleistungen sowie verbesserter Algorithmen hat die KI einen immensen Sprung gemacht. Die Europäische Union spricht deshalb von der KI als dem Motor, der die Gesellschaft digital umformen wird. Immer neue Einsatzmöglichkeiten dürften in Zukunft ungeahnte Veränderungen zur Folge haben. Und schon jetzt ist die KI in viele Bereiche unseres Alltags vorgedrungen. Wir verwenden Suchmaschinen im Internet, kaufen online ein, erhalten personalisierte Informationen auf unserem Smartphone oder tragen smarte Uhren, die unsere Gesundheit überwachen. Und überall ist KI mit im Spiel.

Wenn wir im Internet Produkte suchen oder kaufen, werden Daten gesammelt. Auch unser sonstiges Online-Verhalten wird beobachtet und registriert. Mittels KI, die sich dieser Datensammlung bedient, werden unsere Interessen erkannt, personalisierte Empfehlungen gegeben und man versorgt uns mit passender Werbung. Das erleichtert möglicherweise unsere Suche. Den größeren Nutzen haben jedoch der Handel und das Marketing. Unsere Klicks bzw. deren Verarbeitung durch KI helfen dem Handel, Produkte und Vertriebswege zu optimieren sowie Bestände und Logistik besser zu planen. Marketingabteilungen profitieren davon, unsere Altersgruppe, unser Geschlecht und unsere Vorlieben zu kennen, und erreichen uns gezielter.

Auch auf unseren Smartphones ist KI allgegenwärtig. Wir haben virtuelle Assistenten installiert, die uns bei der Terminplanung behilflich sind, unsere Kontakte verwalten oder unsere Fragen beantworten. Wir nutzen Tools, die automatisch Übersetzungen liefern oder korrigieren. Die mündliche und schriftliche Spracherkennung basiert natürlich auf KI. Dank solcher Übersetzungstools ist die Kommunikation zwischen Personen möglich, die nicht die gleiche Muttersprache haben.

In Zeiten teurer Energie hilft KI beim Sparen. Intelligente Thermostate an Heizungen lernen aus unseren Gewohnheiten, wann sie sich einzuschalten haben oder die Temperatur drosseln sollen. Insgesamt ist unser Zuhause smarter geworden. Wir können unsere Wohnungen mit Sensoren überwachen lassen, wenn wir nicht zu Hause sind. Falls etwas nicht in Ordnung ist, erhalten wir auf dem Smartphone eine entsprechende Nachricht. Der smarte Kühlschrank meldet uns, wenn Milch fehlt, und bestellt sie ohne unser Zutun beim nächsten Lebensmittelladen.

Ein ganz anderes Einsatzgebiet der KI hat mit unserer Mobilität zu tun. Der Verkehr in Städten kann mittels KI reguliert werden. Infolge eines KI-gesteuerten Verkehrs lassen sich Staus verringern oder Anschlussverbindungen zwischen öffentlichen Verkehrsmitteln verbessern. Einige Städte haben mit der Umsetzung begonnen und verfolgen das Ziel, eine intelligente Großstadt zu werden. Hinsichtlich des Straßenverkehrs spielt auch die Sicherheit aller Verkehrsteilnehmenden eine immer größere Rolle. In vielen Fahrzeugen sind bereits Sicherheitsfunktionen eingebaut, die KI-gestützt sind. Sensoren, die gefährliche Situationen auf der Straße automatisch erkennen, befinden sich derzeit noch in der Entwicklung. Des Weiteren arbeitet man an selbstfahrenden Autos. Selbstfahrende U-Bahnen gibt es bereits in einigen Städten. Gerade im Schienenverkehr könnte KI noch viel dazu beitragen, mehr Sicherheit zu gewährleisten. Außerdem könnte die Schnelligkeit und Effizienz durch Minimierung der Reibung der Räder und Maximierung der Geschwindigkeit gesteigert werden.

Ungeachtet des unbestrittenen Nutzens der KI darf man jedoch nicht vergessen, dass KI-gesteuerte Systeme angreifbar sind, vor allem wenn sie mit dem Internet verbunden sind. Hackerangriffe können dann Unternehmen, ganze Krankenhäuser oder Flughäfen lahmlegen, was zu erheblichen Schäden führt. Spezielle IT-basierte Anwendungen können dabei helfen, solche Angriffe und andere Bedrohungen aus dem Internet zu erfassen, zurückzuverfolgen und schließlich zu bekämpfen. Nach einem ähnlichen Muster können bestimmte Anwendungen auch Falschmeldungen entlarven, die in den sozialen Medien verbreitet werden. Sie werten dafür die Inhalte aus und fahnden nach bestimmten Schlüsselbegriffen. Eine solche Software kann sogar herausfinden, welche Internetquellen als glaubwürdig einzuschätzen sind und welche nicht.

Die Möglichkeiten der KI sind bei Weitem noch nicht alle entdeckt. Man forscht nicht nur in den genannten Bereichen auf Hochtouren, sondern auch in ganz anderen Gebieten, etwa in der Medizin, in der Landwirtschaft oder im Dienstleistungssektor. Für die Europäische Union steht fest, dass KI zunehmend in unseren Alltag eingreifen und ihn weiter verändern wird.

Text nach:
Europäisches Parlament: Was ist künstliche Intelligenz und wie wird sie genutzt? 29.03.2021, https://www.europarl.europa.eu/news/de/headlines/society/20200827STO85804/was-ist-kunstliche-intelligenz-und-wie-wird-sie-genutzt, letzter Zugriff: 25.04.2023. (zu Lehrzwecken verändert und gekürzt).

Notieren Sie hinter jeder Aussage, ob sie richtig (+), falsch (-) oder gar nicht im Text enthalten (x) ist.

1. Intelligente Maschinen verhalten sich in mehreren Aspekten wie Menschen. ___
2. KI-Systeme arbeiten selbstständig, indem die Umwelt sich anpasst. ___
3. Die KI hat so große Fortschritte gemacht, dass die Gesellschaft sich grundlegend verändert hat. ___
4. Es wird empfohlen, weniger persönliche Daten im Internet zu hinterlegen. ___
5. Virtuelle Assistenten helfen uns dabei, unseren Alltag zu organisieren. ___
6. KI ermöglicht, dass wir nicht mehr selbst die Heizung regulieren oder einkaufen gehen müssen. ___
7. Intelligente Städte beabsichtigen auch, den Verkehr zu reduzieren. ___
8. Autos, die das Fahren in der Stadt weniger gefährlich machen, sind schon auf den Straßen unterwegs. ___
9. U-Bahnen könnten mithilfe von KI sicherer und schneller werden. ___
10. Vom Internet aus können KI-Systeme angegriffen werden, doch andere KI-Systeme können gegen Angriffe vorgehen. ___
11. Die sozialen Medien verwenden eine Software als zuverlässige Quelle. ___

Kreuzen Sie an, welche Überschrift am besten zum Text passt.

12. ☐ **A** Anwendungsbereiche von KI jetzt und später
    ☐ **B** Folgen der KI für unsere Sicherheit
    ☐ **C** KI erreicht ihre technischen Grenzen

Übung 4

Was bedeuten die Ausdrücke aus Übung 3? Jeweils zwei Umschreibungen passen. Kreuzen Sie sie an.

1. etwas ist in aller Munde
   - ☐ **A** über etwas wird oft gesprochen
   - ☐ **B** für etwas wird Werbung gemacht
   - ☐ **C** etwas ist in der Öffentlichkeit bekannt
2. an den Tag legen
   - ☐ **A** vermuten
   - ☐ **B** zeigen
   - ☐ **C** beweisen
3. einen immensen Sprung machen
   - ☐ **A** sich deutlich weiterentwickeln
   - ☐ **B** einen großen Fortschritt machen
   - ☐ **C** erheblich in die Höhe gehen
4. (mit) im Spiel sein
   - ☐ **A** verantwortlich sein
   - ☐ **B** beteiligt sein
   - ☐ **C** mitwirken
5. profitieren
   - ☐ **A** eine Strategie entwickeln
   - ☐ **B** einen Gewinn machen
   - ☐ **C** einen Vorteil haben
6. etwas ist allgegenwärtig
   - ☐ **A** etwas ist ständig vorhanden
   - ☐ **B** etwas kommt immer vor
   - ☐ **C** etwas funktioniert zuverlässig
7. drosseln
   - ☐ **A** verringern
   - ☐ **B** abschalten
   - ☐ **C** reduzieren
8. ohne unser Zutun
   - ☐ **A** ohne unsere Beteiligung
   - ☐ **B** ohne unsere Erlaubnis
   - ☐ **C** ohne unser aktives Eingreifen
9. lahmlegen
   - ☐ **A** Schaden zufügen
   - ☐ **B** zum Stillstand bringen
   - ☐ **C** funktionsunfähig machen
10. entlarven
    - ☐ **A** aufdecken
    - ☐ **B** enthüllen
    - ☐ **C** verhindern
11. nach etwas fahnden
    - ☐ **A** etwas ermitteln
    - ☐ **B** nach etwas systematisch suchen
    - ☐ **C** etwas sorgfältig benutzen
12. auf Hochtouren
    - ☐ **A** mit großer Anstrengung
    - ☐ **B** mit voller Kraft
    - ☐ **C** mit hoher Aktivität

Übung 5

Ergänzen Sie die fehlenden Informationen. Lesen Sie dazu gegebenenfalls noch einmal den Text in Übung 3. Pro Lücke fehlt genau ein Wort, das grammatisch korrekt geschrieben werden muss.

Der Text beschäftigt sich mit dem Thema „Künstliche Intelligenz“ (KI). Maschinen, die mit KI ausgestattet sind, können **1.** ______________ denken und planen. Sie sind in der Lage, Auswirkungen früherer Handlungen exakt zu **2.** ______________ und sich dementsprechend anzupassen. Diese Fähigkeiten zeigen sich zum Beispiel, wenn wir im Internet auf der **3.** ______________ nach Produkten oder Informationen sind: Jede unserer Bewegungen wird registriert. Das ist vor allem für den **4.** ______________ und seine Werbestrategien von Vorteil. Aber auch wir profitieren von KI-basierten Anwendungen auf unseren Smartphones oder in unseren Wohnungen. Sie helfen beim **5.** ______________ von Heizkosten oder beim Einkaufen. In intelligenten Städten können KI-Systeme den Verkehr flüssiger, schneller und **6.** ______________ machen. Denn Sensoren in Autos werden in Zukunft **7.** ______________ im Straßenverkehr erkennen können.

Systeme, die auf KI basieren, haben jedoch den Nachteil, dass sie von Hackern **8.** ______________ werden können. Angesichts solcher Bedrohungen und zur **9.** ______________ des Schadens, der dabei entsteht, könnte eine spezielle Software zum Einsatz kommen. Auch die **10.** ______________ von Inhalten im Internet könnte mittels KI besser überprüft werden. Alles in allem wird KI mehr und mehr Einfluss auf unseren Alltag haben.

Übung 6

Die Texte in den Übungen 3 und 5 enthalten mehrere Präpositionen mit Genitiv. Suchen Sie die Präpositionen und ergänzen Sie die Übersicht.

Grund und Folge:	**1.** ______________, ______________, ______________, ______________, anlässlich, mangels, wegen
Gegengrund:	**2.** ______________, trotz
Instrument:	**3.** ______________, ______________, anhand
Ziel, Zweck:	zwecks
Bezug auf etwas schon Genanntes:	**4.** ______________, bezüglich
Alternative:	anstelle, anstatt, statt
Zeit:	während

Übung 7

Kreuzen Sie die richtige Präposition an.

1. ☐ **A** Aufgrund ☐ **B** Ungeachtet ☐ **C** Infolge ihrer Vorteile haben KI-basierte Systeme auch Nachteile.
2. ☐ **A** Hinsichtlich ☐ **B** Mittels ☐ **C** Mangels Empathie können KI-Systeme nicht intuitiv reagieren.
3. ☐ **A** Anstelle ☐ **B** Angesichts ☐ **C** Trotz des zunehmenden Datenmissbrauchs sollte man vorsichtig sein.
4. ☐ **A** Mithilfe ☐ **B** Anlässlich ☐ **C** Bezüglich mehrerer Wärmebildkameras auf Flughäfen kann erkannt werden, wie viele Menschen an Fieber erkrankt sind.
5. Man sollte ☐ **A** anhand ☐ **B** zwecks ☐ **C** dank Energieeinsparung intelligente Thermostate verwenden.

Grammatik: Viele Präpositionen mit Genitiv sind von einem Nomen abgeleitet. Daher lässt sich die Bedeutung leicht erschließen, z.B.: **anlässlich (der Anlass)**, **mangels (der Mangel)** usw.
Die Präpositionen **wegen**, **trotz** und **während** werden umgangssprachlich auch mit dem Dativ verwendet.
Folgt nach den Präpositionen **anhand**, **angesichts**, **mithilfe** und **mangels** ein Nomen ohne Artikelwort oder Adjektiv, verwendet man manchmal den Dativ oder **von** + Dativ: *mangels Beweisen, anhand von Beispielen.*

Übung 8

DSH

Nominalisieren Sie die folgenden Nebensätze bzw. formulieren Sie anstelle der Nominalform einen Nebensatz.

1. Anstatt ein Übersetzungstool zu verwenden, schlägt er unbekannte Wörter im Wörterbuch nach. (statt)

   ______________________________ schlägt er unbekannte Wörter im Wörterbuch nach.
2. Weil moderne Technologien an vielen Orten fehlen, muss Deutschland noch einiges für die Digitalisierung tun. (mangels)

   ______________________________ muss Deutschland noch einiges für die Digitalisierung tun.

3. Zwecks Ermittlung von Falschmeldungen kann KI eingesetzt werden. (um ... zu)

   ______________________________, kann KI eingesetzt werden.

4. Obwohl aktuelle Sicherheitssysteme installiert waren, wurden mehrere deutsche Universitäten das Ziel von Hackerangriffen. (trotz)

   ______________________________ wurden mehrere deutsche Universitäten das Ziel von Hackerangriffen.

5. Aufgrund der schnellen Entwicklung des IT-Bereichs wird sich unser Alltag völlig verändern. (weil)

   ______________________________, wird sich unser Alltag völlig verändern.

Übung 9

Mit welchen Redemitteln stimmen Sie der Aussage Ihres Gesprächspartners oder Ihrer Gesprächspartnerin zu? Mit welchen lehnen Sie sie ab? Ordnen Sie zu.

1. Zustimmung
2. Ablehnung

___ **A** Ich teile diese Auffassung nicht.

___ **B** Diesen Fall sehe ich ganz anders.

___ **C** In diesem Punkt gebe ich Ihnen recht.

___ **D** In diesem Punkt täuschen Sie sich.

___ **E** Das ist wirklich zu begrüßen.

___ **F** Ich glaube, es verhält sich umgekehrt.

___ **G** Da bin ich ganz Ihrer Ansicht.

___ **H** Das leuchtet mir völlig ein.

___ **I** Dieses Argument kann ich so nicht gelten lassen.

Übung 10

Sie hören eine Podiumsdiskussion zum Thema „Digitalisierung in Deutschland". Kreuzen Sie an, zu wem die Aussagen 1 bis 6 passen. Für jede Aussage gibt es eine richtige Lösung.

TR. 16

	Herr Flick	Frau Zingler	beide	keiner
1. Deutschland hat die Geschwindigkeit der Digitalisierung nicht richtig erkannt.				
2. Die Vernetzung der Abteilungen untereinander ist inzwischen besser geworden.				
3. Es sollte ein Ministerium für Digitalisierung geben.				
4. Die Regierung sollte sich mehr um IT-Fachkräfte aus dem Ausland bemühen.				
5. Viele IT-Fachleute arbeiten lieber in englischsprachigen Ländern als in Deutschland.				
6. Die Digitalisierung muss bereits ab der Grundschule beginnen und Teil der Ausbildung der Lehrenden sein.				

Strategie: Lesen Sie zuerst die sechs Aussagen. So erhalten Sie einen ersten Eindruck, um welche Teilthemen es in der Diskussion gehen wird. Bei diesem Aufgabentyp müssen Sie sowohl Einzelinformationen als auch Hauptaussagen verstehen.
Während des Hörens sollten Sie besonders auf den Sprecherwechsel achten. Wie reagiert die Person? Geht sie auf die vorher gemachten Aussagen ein oder nicht? Lehnt sie die Aussagen des Vorredners oder der Vorrednerin ab oder stimmt sie ihnen zu? Achten Sie deshalb auf Redemittel wie „Da haben Sie recht!", „Ich muss Ihnen widersprechen.", siehe Übung 9. So erkennen Sie, ob eine Aussage zu beiden oder nur zu einer Person zuzuordnen ist.

Übung 11

Lesen Sie den folgenden Text. Kreuzen Sie an, welche Lösung – A, B, C oder D – jeweils richtig ist.

Wer nutzt die sozialen Medien?

In den sozialen Medien sind täglich Milliarden Menschen unterwegs. Eine Forschungsgruppe der Universität Ulm __1.__ der Frage nach, wer diese Menschen sind und ob sie bestimmte Persönlichkeitsmerkmale __2.__. Die Online-Studie befasste sich __3.__ mit den Personen, die WhatsApp, Facebook und Instagram intensiv nutzen, also regelmäßig Fotos und Videos posten, mit Freunden und Familie chatten oder von ihren Erlebnissen erzählen.

Die Fragebögen der Studie enthielten neben den üblichen Fragen __4.__ Alter, Geschlecht und Bildungsstand auch solche, die einen __5.__ auf die Persönlichkeit zuließen. Um die Persönlichkeit aussagekräftig beschreiben zu können, wurde ein standardisiertes Fünf-Faktoren-Modell __6.__, das aus der __7.__ bekannt ist. Die fünf Faktoren sind Offenheit, Gewissenhaftigkeit, Extraversion, Verträglichkeit und Neurotizismus. Die Offenheit __8.__ neuer Erfahrungen gibt an, ob ein Mensch eher experimentierfreudig ist oder das Gegenteil, also eher __9.__ ist. Die Gewissenhaftigkeit zeigt, wie hoch der __10.__ an Sorgfalt und Selbstdisziplin ist. Die Extraversion bezieht sich auf den sozialen Umgang mit anderen: Einige Menschen sind geselliger und optimistischer als andere, die lieber __11.__ sind. Der Faktor Verträglichkeit hat mit Empathie und Kooperationsfähigkeit zu tun. Unter Neurotizismus schließlich wird verstanden, wie jemand mit negativen Gefühlen umgeht: Ist man __12.__ eines negativen Gefühls ängstlich oder macht es einem nicht so viel aus?

Die __13.__ der Fragebögen ergab, dass die meisten mehr als nur eine der oben genannten Plattformen nutzt, wobei WhatsApp die größte __14.__ hat (92 %). Insgesamt sind mehr Frauen als Männer aktiv. Je __15.__ soziale Medien genutzt werden, desto jünger sind ihre Nutzerinnen und Nutzer. Wer gleichzeitig WhatsApp und Instagram benutzt, ist mit durchschnittlich 26 Jahren am jüngsten. Zum Vergleich: Wer nur WhatsApp verwendet, ist im Schnitt 42 Jahre alt.

Bei den Persönlichkeitsmerkmalen waren die Ergebnisse __16.__ Merkmal unterschiedlich. Wenig überraschend ist, dass Menschen, die viel in den sozialen Medien unterwegs sind, __17.__ und geselliger sind als die, die __18.__ gar nicht nutzen. Bei den Faktoren Offenheit und Verträglichkeit konnte das Forschungsteam überhaupt __19.__ auffallenden Übereinstimmungen finden. Die emotionale Labilität (Neurotizismus) hingegen war bei Personen, die sämtliche Plattformen nutzen, deutlich __20.__. Außerdem waren sie weniger gewissenhaft als Personen, die nur WhatsApp verwenden.

Die wichtigste Erkenntnis ist demnach, dass jüngere Nutzerinnen und Nutzer, die auf allen Plattformen zu Hause sind, besonders labil und weniger sorgfältig sind. Dadurch könnten sie besonders __21.__ für Fake News sein.

Text nach:
Universität Ulm / NPO: Wer sind die typischen Nutzer von Instagramm, Facebook und Co? 04.06.2020, https://www.wissen.de/wer-sind-die-typischen-nutzer-von-instagramm-facebook-und-co, letzter Zugriff: 25.04.2023. (zu Lehrzwecken verändert und gekürzt).

1. ☐ A stellte
☐ B beantwortete
☐ C ging
☐ D kam

2. ☐ A aufweisen
☐ B enthalten
☐ C vorgeben
☐ D bestehen

3. ☐ A damit
☐ B danach
☐ C dazu
☐ D darüber

4. ☐ A über
☐ B nach
☐ C von
☐ D für

5. ☐ A Ergebnis
☐ B Rückschluss
☐ C Fazit
☐ D Hinblick

6. ☐ A angenommen
☐ B entwickelt
☐ C erörtert
☐ D herangezogen

7. ☐ A Psishologie
☐ B Psychologie
☐ C Psicology
☐ D Physiology

8. ☐ A angesichts
☐ B mittels
☐ C gegenüber
☐ D hinsichtlich

9. ☐ A kreativ
☐ B kooperativ
☐ C konservativ
☐ D konsequent

10. ☐ A Grad
☐ B Menge
☐ C Innovation
☐ D Stand

11. ☐ A zurückgezogen
☐ B rücksichtsvoll
☐ C zurückhaltend
☐ D rückwirkend

12. ☐ A ungeachtet
☐ B aufgrund
☐ C zwecks
☐ D trotz

13. ☐ A Erkenntnis
☐ B Ergebnisse
☐ C Auswertung
☐ D Bewertung

14. ☐ A Anteil
☐ B Informationen
☐ C Anhänger
☐ D Reichweite

15. ☐ A mehr
☐ B viele
☐ C sehr
☐ D meisten

16. ☐ A für das
☐ B zum
☐ C je nach
☐ D im

17. ☐ A extrovertierter
☐ B extroverter
☐ C extrawertig
☐ D extro-verser

18. ☐ A es
☐ B ihnen
☐ C sie
☐ D das

19. ☐ A wenige
☐ B nichts
☐ C viele
☐ D keine

20. ☐ A andersartiger
☐ B spürender
☐ C verständlicher
☐ D ausgeprägter

21. ☐ A empfänglich
☐ B neugierig
☐ C angezogen
☐ D begehrt

9 HANDEL UND MARKETING

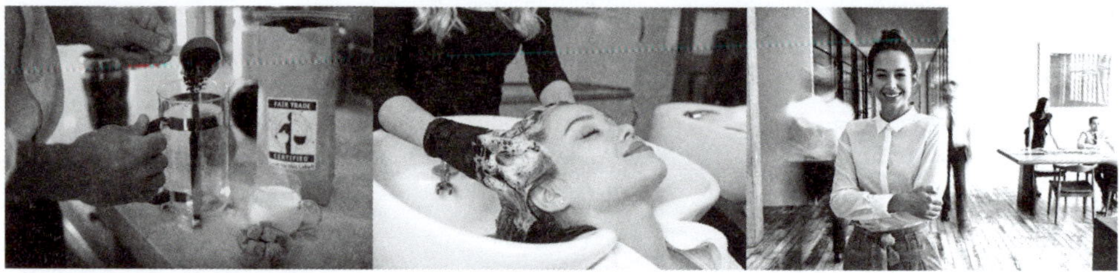

Übung 1

Ergänzen Sie das passende Verb aus dem Schüttelkasten. Achten Sie auch auf die grammatische Verbindung. Manchmal gibt es mehrere Möglichkeiten.

aufbauen • ausbeuten • basteln • einhalten • erzeugen • festlegen • gründen • tragen • treiben • versehen • vergeben • vermarkten • zurückgreifen

1. Handel ______________________
2. eine Firma ______________________
3. eine Marketingstrategie ______________________
4. einen Kredit ______________________
5. ein nachhaltiges Produkt ______________________
6. eine Ware mit einem Gütesiegel ______________________
7. die Verantwortung ______________________
8. festgelegte Standards ______________________
9. an einer Geschäftsidee ______________________
10. sich eine Existenz ______________________
11. Arbeiter und Arbeiterinnen ______________________
12. auf Erfahrungen ______________________

Übung 2

Begriffe aus der Wirtschaft. Ordnen Sie die passende Definition zu.

1. der Businessplan	___	**A** Angebot und Nachfrage bestimmen den Preis, ohne dass der Staat eingreift.
2. (das) Crowdfunding	___	**B** Alle Finanzierungsmittel, die für Investitionen zur Verfügung stehen.
3. Fairtrade / Fairer Handel	___	**C** Verbindung von verschiedenen Schritten, die ein Produkt bei seiner Herstellung durchläuft.
4. der Finanzierungsplan	___	**D** Das gesamte Geld, das eine Firma durch den Verkauf von Produkten oder durch Dienstleistungen einnimmt.
5. das Geldkapital	___	**E** Aufstellung über den nötigen Kapitalbedarf und mögliche Finanzierungsformen.
6. die Inflation	___	**F** Beschreibung der Geschäftsidee, der Marketingstrategien, des finanziellen Bedarfs und der Erfolgsaussichten.
7. Soziale Marktwirtschaft	___	**G** Handelsform, bei der den Erzeugern und Erzeugerinnen für die gehandelten Waren ein bestimmter Mindestpreis bezahlt wird.
8. das Start-up	___	**H** Finanzierungsmodell im Internet, bei dem Privatpersonen Geld für ein Projekt oder eine Firmengründung spenden.
9. der Umsatz	___	**I** Firma, die man gründet, um selbstständiger Unternehmer oder selbstständige Unternehmerin zu werden.
10. die Wertschöpfungskette	___	**J** Typisch für diese wirtschaftliche Situation sind stark steigende Preise und der sinkende Wert des Geldes.

TR. 17
TR. 18
TR. 19
TR. 20
TR. 21
TR. 22

Übung 3

Sie hören sechs Personen zum Thema „Fairer Handel". Welche Aussage A bis H passt zu welcher Person? Tragen Sie den Buchstaben in die Tabelle ein. Beachten Sie: Zwei Aussagen passen zu keiner Person.

Fairer Handel

A Kontrollierbare Standards sorgen dafür, dass Fairtrade-Produkte nachhaltig entstanden sind.

B Man sollte den Kauf von Produkten aus Entwicklungsländern vermeiden, um kein schlechtes Gewissen zu haben.

C Fairtrade-Siegel können Verbraucherinnen und Verbraucher täuschen.

D Es ist zu bezweifeln, ob die Kontrolle fair produzierter Waren wirksam ist.

E Der Kauf von Fairtrade-Produkten ermöglicht einen gerechten Lohn für die Erzeugerfamilien.

F Dem Fairtrade-Siegel auf Produkten kann man immer vertrauen.

G Für den fairen Handel spricht, dass auf Kinderarbeit verzichtet wird.

H Exportierte Produkte sollten unter gleichen Bedingungen angebaut werden wie einheimische Produkte.

Person	1	2	3	4	5	6
Aussage						

Übung 4

Streichen Sie das Verb bzw. das Nomen durch, das nicht passt. Achten Sie auch auf die grammatische Verbindung.

1. sich dem fairen Handel verschreiben | verpflichten | verlassen

2. in die richtige Richtung gehen | weisen | kommen | zeigen

3. Menschenrechte verletzen | beachten | einsetzen | schützen

4. versehen mit einem Label | Marke | Siegel | Aufdruck

5. es herrschen Bedingungen | Unterkünfte | Zustände

6. sich halten an Standards | Vorgaben | Waren | Bestimmungen

Übung 5

DSH

TR. 17
TR. 18

Hören Sie noch einmal die Tracks 17 und 18. Sind die folgenden Aussagen richtig oder falsch? Kreuzen Sie an.

		richtig	falsch
1.	Ein Aspekt des fairen Handels ist die Bezahlung eines Mindestpreises.	☐	☐
2.	In den Unterkünften der Arbeiterinnen und Arbeiter geht es wenig umweltfreundlich zu.	☐	☐
3.	Produkte aus Entwicklungsländern in deutschen Geschäften sind grundsätzlich zu billig.	☐	☐
4.	Eines der Ziele des fairen Handels ist es, Frauen gleichzustellen.	☐	☐
5.	Die Sprecherin hat Schuldgefühle, weil sie Kleidung und Lebensmittel aus ärmeren Ländern kauft.	☐	☐

Übung 6

TR. 19

Hören Sie noch einmal den Text von Track 19 zum Thema „Fairer Handel", den Sie gleichzeitig mitlesen müssen. Hörtext und schriftlicher Text sind nicht identisch. Vier Wörter sind unterschiedlich. Markieren Sie beim Hören die vier Wörter, die nicht dem Hörtext entsprechen.

Als Kaffeeliebhaber, der besonders gern Kaffee aus Guatemala und Costa Rica trinkt, interessiert mich durchaus, unter welchen Bedingungen der Kaffee dort angebaut wird. Und mal ehrlich, Kaffeeanbau ist eine arge körperliche Arbeit, ein Knochenjob. Und bis der Kaffee bei uns zu kaufen ist, verdienen viele daran – Reedereien, Transportfirmen, Geschäfte usw. – und am wenigsten die, die ihn eigentlich erzeugen. Ich halte es für richtig, dass ein Kaffeebauer so viel verdienen muss, dass er und seine Familie ein menschenwertes Leben führen und sich eine gesicherte Existenz aufbauen können. Dazu gehört für mich auch, dass genug Geld für den Schulbesuch der Kinder herausspringt, der ja in vielen Ländern nicht kostenlos ist. Ich kaufe ausschließlich Fairtrade-Kaffee, weil ich damit die Kaffeebäuerinnen und -bauern unterstützen kann.

Übung 7

Lesen Sie den folgenden Text. Welche der Sätze A bis H gehören in die Lücken 1. bis 6.? Es gibt jeweils nur eine richtige Lösung. Beachten Sie: Zwei Sätze können nicht zugeordnet werden.

Preisdifferenzierung nach Geschlecht

In Österreich und in Deutschland setzten sich mehrere Studien mit der Frage auseinander, ob es zu rechtfertigen ist, dass Frauen für Dienstleistungen wie den Friseurbesuch oder die Reinigung ihrer Kleidung und für Kosmetikprodukte häufig mehr zahlen als Männer. Der deutlich höhere Preis, den Frauen etwa für einen Kurzhaarschnitt zahlen, legt die Vermutung nahe, dass Frauen vom Handel diskriminiert werden. __1.__ Ein anderes Beispiel untermauert dies: Wenn Frauen ihre Blusen reinigen und bügeln lassen, müssen sie tiefer in die Tasche greifen als Männer für ein auf die gleiche Weise gereinigtes und gebügeltes Herrenhemd. Wie eine Studie aus Österreich berichtet, bepreisen fast alle Textilreinigungen eine Damenbluse und ein Herrenhemd unterschiedlich, wobei die Preisdifferenz bei durchschnittlich über drei Euro liegt. __2.__ Bei nur einem Drittel der Reinigungsfirmen ist die Bluse teurer als das Hemd.

Im Kosmetikbereich richtet sich der für Hautpflegeprodukte sowie für Nassrasierer und Rasierklingen aufgerufene Preis besonders häufig nach dem Geschlecht. __3.__ Doch liegt hier wirklich ein Fall von Diskriminierung vor? Die Antwort lautet Nein, solange der Preisunterschied nicht aufgrund des Geschlechts zustande kommt und es eine sachliche Begründung für die Preisunterschiede gibt. __4.__ Ein Rechtfertigungsgrund kann außerdem sein, dass eine Kosmetikfirma mehr Männer für ihre Produkte gewinnen möchte und sie mit günstigeren Preisen zum Kauf animiert. Firmen können auch Rabatte gewähren, um Waren schneller zu verkaufen, weil sie in ihren Lagern Platz für neue Ware benötigen. __5.__

Davon abgesehen leben wir in Deutschland und Österreich in einer sozialen Marktwirtschaft. Das bedeutet, dass der Handel Wettbewerbsfreiheit hat und seine Preise frei gestalten kann. Die Kundinnen und Kunden wiederum haben die Freiheit, zwischen vielen Produktvarianten wählen zu können oder ein Produkt gar nicht zu kaufen.

Es lässt sich festhalten, dass Preisunterschiede nach Geschlecht nur einen sehr geringen Anteil am gesamten Warensortiment ausmachen. Bei den Dienstleistungen sieht es anders aus. Nur etwa 10 Prozent der Frisiersalons in Deutschland bieten einen gleichartigen Kurzhaarschnitt zum gleichen Preis für Frauen und Männer an. __6.__ Die Preise könnten durch die Haarlänge oder den Zeitaufwand bestimmt werden und damit geschlechtsneutral werden.

___ **A** Und der geht erneut zulasten von Frauen, die für die „weibliche" Produktvariante mehr zahlen.

___ **B** Folglich kritisieren die Studien, dass Preise nach Geschlecht differenziert werden.

___ **C** Das gilt jedoch nicht für die Dienstleistungen im Nachbarland Österreich.

___ **D** Dabei wäre es ganz einfach, den Vorwurf der Diskriminierung zu entkräften.

___ **E** Marktforscherinnen und -forscher sorgen sich um diese steigenden Preise.

___ **F** Darunter fällt zum Beispiel der Zeitaufwand, den ein Haarschnitt oder das Bügeln eines Kleidungsstücks benötigt.

___ **G** Die Untersuchungen in Deutschland hingegen zeigen ein anderes Ergebnis:

___ **H** Dies sind legitime wirtschaftliche Ziele, aber keine Ungleichbehandlung von Frauen und Männern.

Übung 8

DSH

Lesen Sie noch einmal den Text in Übung 7. Erklären Sie mit Ihren eigenen Worten, was die im Text unterstrichenen Ausdrücke im Textzusammenhang bedeuten. Stichwörter genügen.

1. rechtfertigen: ____________________

____

2. etwa: ____________________

____

3. tiefer in die Tasche greifen müssen: ____________________

____

4. zum Kauf animieren: ____________________

____

Übung 9

Lesen Sie den Text und entscheiden Sie im Anschluss daran, in welchem Abschnitt A bis E Sie Antworten auf die Fragen 1 bis 6 finden. Beachten Sie: Jeder Abschnitt kann Antworten auf mehrere Fragen enthalten. Es ist aber auch möglich, dass ein Abschnitt zu keiner Frage passt. (Die Strategie zur Lösung dieses Aufgabentyps finden Sie in Kapitel 2.)

Ein Start-up gründen

von Carina Althoff

A Wer hat nicht schon einmal davon geträumt, mit einer genialen Idee viel Geld zu verdienen? Um die Idee umzusetzen, gründet man eine Firma, ein sogenanntes Start-up. Damit möchte man in die Selbstständigkeit als Unternehmerin oder Unternehmer starten. Als Ziel hat man vor Augen, dass man irgendwann so viel Erfolg hat, dass man davon existieren kann. Im Idealfall entwickelt sich das Start-up zu einem Unternehmen, das man am Ende mit so viel Gewinn verkauft, dass man fürs Leben ausgesorgt hat und sich zur Ruhe setzen kann. Also beginnt man euphorisch, an seiner Geschäftsidee zu basteln, besucht Kurse für Existenzgründerinnen und -gründer, erstellt Finanzierungs- und Businesspläne, arbeitet rund um die Uhr und gibt vielleicht sogar einen krisenfesten Job auf, um sich ganz der neu gegründeten Firma zu widmen. Um die Tauglichkeit der Idee zu testen, trägt man sie der Familie oder dem Bekanntenkreis vor, holt sich ein erstes Feedback ein und fühlt sich in seinem Vorhaben bestärkt.

B Schnell wird man von der Realität eingeholt, denn die Gründung eines Start-ups ist harte Arbeit und erfordert Willensstärke - und dies oft viele Jahre, bis sich erste Erfolge einstellen. Also gilt es, die Erfolgsaussichten der Gründungsidee von verschiedenen Seiten her abzusichern. Als Erstes muss man den Markt danach abklopfen, ob es diese oder eine ähnliche Idee bereits irgendwo gibt. Falls ja, muss man sich fragen, welche Besonderheit die eigene Idee hat. Warum ist meine Idee nützlicher oder nachhaltiger oder qualitativ besser als schon vorhandene Angebote? Neben der Analyse der potenziellen Konkurrenz ist es erforderlich, auf die Erfahrungen von Fachleuten zurückzugreifen. Dies kann die Steuerberatung oder ein Beratungsteam sein, die sich auf Existenzgründungen spezialisiert haben. Solche Fachleute sind auf jeden Fall weniger subjektiv als Bekannte. Sie können die Geschäftsidee professionell begutachten und auch überprüfen, ob man die Ausgaben und Einnahmen sowie den Umsatz richtig kalkuliert hat.

C Allem voran steht die Frage nach der Finanzierung. In den seltensten Fällen hat man genügend eigenes Kapital zur Verfügung und benötigt andere Geldquellen. Es gibt Banken, deren Schwerpunkt auf der Förderung zukunftsweisender Projekte liegt und die auf Start-ups abgestimmte Kredite vergeben. Das bedeutet, dass Darlehen in sechsstelliger Höhe gewährt werden können, da Start-ups in der Regel sehr viel Startkapital brauchen. Sprechen Sie am besten mit Ihrer Hausbank, um mehr über Förderkredite zu erfahren oder um einen

Förderantrag zu stellen. Voraussetzung für den Erhalt eines solchen zinsgünstigen Darlehens ist ein lückenloser Businessplan, der jeder Überprüfung standhält. Übrigens fördern auch der Bund und die Länder mit diversen Programmen Existenzgründungen. Hier lohnt sich der Besuch der entsprechenden Internetseiten, um die Fördermöglichkeiten in Erfahrung zu bringen.

D Allerdings möchten nicht alle mit einem Fremdkapital arbeiten. Aus Angst, das Darlehen und die Zinsen nicht zurückzahlen zu können und sich hoffnungslos zu verschulden, bevorzugen sie eine andere Finanzierungsmöglichkeit. Sie besteht darin, sich Personen zu suchen, die in das Start-up investieren wollen. Auch das setzt einen durch und durch überzeugenden Businessplan voraus. Die vielleicht bekannteste Art der Suche nach Investorinnen und Investoren ist das Crowdfunding. Man präsentiert seine Geschäftsidee auf einer Crowdfunding-Plattform im Internet und hofft auf Menschen, die die Idee gut finden und bereit sind, kleinere oder größere Geldbeträge zu spenden. Wenn die für die Gründung vorgesehene Summe in der vorher festgelegten Zeit erreicht wird, endet die Spendenaktion. Später, sobald das Start-up schwarze Zahlen schreibt, erhalten die Unterstützerinnen und Unterstützer eine Gegenleistung, zum Beispiel in Form einer Gewinnbeteiligung.

E Angesichts der vielen Aufgaben und Hürden, die mit der Gründung eines Start-ups vor einem liegen, stellt sich die Frage, ob man das alles wirklich allein bewältigen will oder kann. Reichen die eigenen Fähigkeiten aus? Ist man fit in kaufmännischen Fragen, weiß man genug über Marketingstrategien und Vertriebswege? Oder holt man sich lieber Leute mit ins Boot, die für die gleiche Idee brennen und das Risiko mit einem teilen? Die alleinige Verantwortung zu tragen und sich vor niemandem rechtfertigen zu müssen, mag reizvoll sein. Demgegenüber steht die Stärke eines Teams. Ein Mitglied bringt Programmierkenntnisse mit, mit denen sich der Internetauftritt professionell gestalten lässt, ein anderes hat Erfahrungen in der Akquise, also in der Anwerbung einer möglichst großen Kundschaft, ein drittes kümmert sich um die Korrespondenz usw. Dieser Synergieeffekt, bei dem unterschiedliche Kompetenzen positiv zusammenwirken, kann für den Erfolg eines Start-ups ausschlaggebend sein.

In welchem Abschnitt ...

1. wägt die Autorin zwei Alternativen ab? ___

2. empfiehlt die Autorin etwas? ___

3. erteilt die Autorin eindringliche Ratschläge? ___

4. drückt die Autorin Begeisterung für etwas aus? ___

5. bringt die Autorin Sorgen zum Ausdruck? ___

6. desillusioniert die Autorin die Leser und Leserinnen? ___

Übung 10

Ergänzen Sie die Ausdrücke aus Übung 9 mit den passenden Wörtern aus der Wortschlange.

abklopfenausgesorgtbestärktbrenneneinholen

holenschreibensetzenstandhaltenwidmen

1. sich zur Ruhe ______________
2. sich einer Sache, z.B. einer Firma, ______________
3. einer Überprüfung ______________
4. etwas, z.B. den Markt, nach etwas ______________
5. sich in etwas ______________ fühlen
6. schwarze Zahlen ______________
7. jemanden mit ins Boot ______________
8. für etwas, z.B. für eine Idee, ______________
9. fürs Leben ______________ haben
10. ein Feedback ______________

Übung 11

Ordnen Sie den Ausdrücken in Übung 10 die richtige Bedeutung zu.

___ **A** sich leidenschaftlich für etwas interessieren

___ **B** viel Zeit und Energie für etwas verwenden

___ **C** nicht mehr arbeiten müssen, weil man genug Geld verdient hat

___ **D** eine Bestätigung erfahren

___ **E** eine Zusammenarbeit mit einer Person anstreben oder beginnen

___ **F** aufhören zu arbeiten

___ **G** Gewinn machen

___ **H** etwas im Hinblick auf bestimmte Aspekte prüfen

___ **I** eine Rückmeldung erhalten

___ **J** etwas erweist sich als richtig

Übung 12

Die vorherigen Übungen enthalten Partizipialkonstruktionen mit dem Partizip I oder und II. Ergänzen Sie das passende Partizip mit der richtigen Adjektivendung.

aufrufen • bügeln • festlegen • gründen • reinigen • sinken • steigen • überzeugen • vorsehen

1. Ein Kredit für ein Start-up setzt einen durch und durch ________________ Businessplan voraus.
2. Man wollte sich ganz der neu ________________ Firma widmen.
3. Wenn die für die Gründung ________________ Summe in der vorher ________________ Zeit erreicht wird, endet die Spendenaktion.
4. Die Reinigung einer Bluse ist teurer als ein auf die gleiche Weise ________________ und ________________ Hemd.
5. Im Kosmetikbereich richtet sich der für Hautpflegeprodukte sowie für Nassrasierer und Rasierklingen ________________ Preis besonders häufig nach dem Geschlecht.
6. Typisch für eine Inflation sind stark ________________ Preise und der ________________ Wert des Geldes.

Grammatik: Das Partizip I (Partizip Präsens) wird aus dem Infinitiv und der Endung **d** gebildet: *wachsen →* ***wachsend***. Es beschreibt einen Vorgang im Aktiv, vgl.: *die* ***wachsende*** *Nachfrage = die Nachfrage, die wächst.*
Das Partizip II (Partizip Perfekt) beschreibt einen Vorgang im Passiv, vgl.: ***festgelegte*** *Standards = Standards, die* ***festgelegt worden sind.*** Bei Verben, die das Perfekt mit **sein** bilden, beschreibt das Partizip II jedoch einen aktiven Vorgang, vgl.: *die* ***gewachsene*** *Nachfrage = die Nachfrage, die gewachsen ist.* Die Partizipien können um zusätzliche Informationen erweitert werden. Diese Informationen stehen zwischen dem Artikelwort oder der Präposition und dem Partizip: *der aus Guatemala* ***stammende*** *Kaffee; von zur Schule* ***gehenden*** *Kindern.*

Übung 13

Formen Sie die Partizipialkonstruktionen der Sätze 1 bis 3 aus Übung 12 in Relativsätze um. Achten Sie auf die richtige Zeit.

1. Ein Kredit für ein Start-up setzt einen Businessplan voraus, ______________________________

____.

2. Man wollte sich ganz der Firma, ______________________________

____, widmen.

3. Wenn die Summe, ______________________________, in der Zeit, __________

______________________________, erreicht wird, endet die Spendenaktion.

Grammatik: Bei der Umformung einer Partizipialkonstruktion in einen Relativsatz ist die Zeit im Hauptsatz entscheidend.

Für die Umformung einer Konstruktion mit dem **Partizip I** gilt, dass im Relativsatz die gleiche Zeit wie im Hauptsatz steht:

Die hart arbeitenden Familien ***müssen*** *fair bezahlt werden.* → *Die Familien, die hart* ***arbeiten, müssen*** *fair bezahlt werden.*

Eine Konstruktion mit dem **Partizip II** wird zu einem Relativsatz umgeformt, der meist vorzeitig zum Hauptsatz ist:

Durch festgelegte Standards ***können*** *sich Familien eine Existenz aufbauen.* → *Durch Standards, die* ***festgelegt worden sind, können*** *sich ...* (Hauptsatz: Präsens – Relativsatz: Perfekt).

Durch festgelegte Standards ***verbesserten*** *sich die Lebensbedingungen.* → *Durch Standards, die* ***festgelegt worden waren, verbesserten*** *sich ...* (Hauptsatz: Präteritum – Relativsatz: Plusquamperfekt).

Übung 14

DSH

Formen Sie den unterstrichenen Satzteil zu einer Partizipialkonstruktion bzw. zu einem Relativsatz um.

1. Die seit Monaten anhaltende Inflation verunsichert die Bevölkerung.
   ______________________________, verunsichert die Bevölkerung.
2. Um zu sparen, werden weniger fair produzierte Waren gekauft.
   Um zu sparen, werden ______________________________
   ______________________________, gekauft.
3. Schon lange wollten mehr Menschen Kleidung, die in einem Entwicklungsland gefertigt worden war, ohne Schuldgefühle tragen.
   Schon lange wollten mehr Menschen ______________________________
   ______________________________ Kleidung ohne Schuldgefühle tragen.
4. Bei Mischprodukten, die mit einem Fairtrade-Siegel versehen worden sind, wünscht man sich mehr Klarheit.
   Bei ______________________________
   Mischprodukten wünscht man sich mehr Klarheit.
5. Der in letzter Zeit öfters in die Kritik geratene faire Handel bezog sich vor allem auf die Lage der Kleinbauern und -bäuerinnen.
   ______________________________,
   bezog sich vor allem auf die Lage der Kleinbauern und -bäuerinnen.
6. Für kleinere Höfe waren nämlich die für die Lizensierung als Fairtrade-Betrieb entstehenden Gebühren kaum zu bezahlen.
   Für kleinere Höfe waren nämlich ______________________________
   ______________________________, kaum zu bezahlen.
7. Inzwischen verhandeln dem Fairtrade verpflichtete Online-Shops ohne Zwischenhandel, der zusätzliche Kosten verursacht, direkt mit den Erzeugerfamilien.
   Inzwischen verhandeln ______________________________,
   ohne ______________________________ Zwischenhandel
   direkt mit den Erzeugerfamilien fairen Handel.

10 MEDIZIN

Übung 1

Über Beschwerden aller Art. Die Sätze enthalten Verben und Adjektive, die mit einer festen Präposition verbunden werden. Ergänzen Sie die jeweilige Präposition aus der Wortschlange.

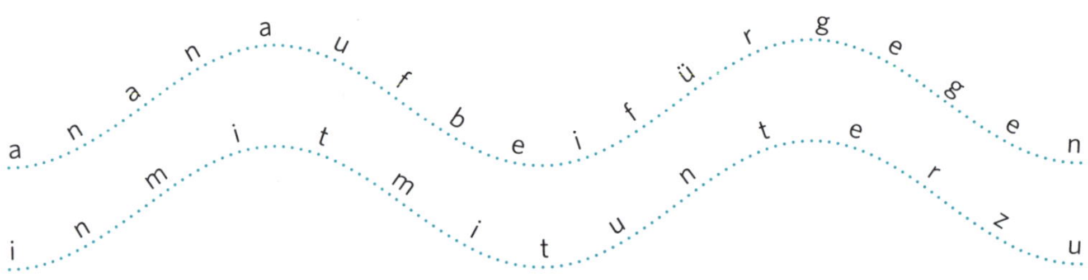

1. Viele leiden ______ der Überlastung in ihrem Job.
2. Personen mit einem geschwächten Immunsystem sind anfällig ______ Infektionen.
3. Man kann sich ______ seinen Mitmenschen leicht ______ Grippe anstecken.
4. Es wurde festgestellt, dass mehr Frauen als Männer ______ Depressionen neigen.
5. ______ eine Erkältung wird man leider nicht immun.
6. Wer ______ Asthma leidet, braucht eine medikamentöse Therapie.
7. Bei manchen Menschen reagiert der Körper ______ Stress ______ Kopfschmerzen.
8. Immer mehr Kinder erkranken ______ Diabetes.
9. Magnesium wirkt entspannend. Es steckt ______ Bananen oder Haferflocken.

Übung 2

Lesen Sie die Definitionen und Synonyme. Ergänzen Sie dann das passende Nomen aus dem Schüttelkasten.

Allergie • Befund • Biorhythmus • Diagnose • Genesung • Immunsystem • Impfung • Neuron • Prävention • Prophylaxe • Symptom • Syndrom

1. Eine Art innere Uhr des Menschen: der ________________
2. Schutzschild des menschlichen Körpers: das ________________
3. Alle Maßnahmen, die eine Erkrankung oder Verletzung verhindern können: die ________________
4. Wird zum Schutz vor bestimmten Krankheiten meist mit einer Spritze verabreicht: die ________________
5. Maßnahme zur Erhaltung der Gesundheit bzw. Vorbeugung einer Krankheit: die ________________
6. Nervenzelle mit der Aufgabe, Reize unserer Umwelt oder unseres Körpers an das Gehirn zu melden oder Befehle vom Gehirn zu empfangen: das ________________
7. Krankheitsbild: das ________________
8. Anzeichen, Vorbote einer Krankheit: das ________________
9. Stadium des Gesundwerdens: die ________________
10. Reaktion des Immunsystems auf bestimmte und eigentlich harmlose Fremdeiweiße: die ________________
11. Feststellung und Benennen einer Erkrankung: die ________________
12. Ergebnis einer ärztlichen Untersuchung: der ________________

Übung 3

Lesen Sie den Text. Entscheiden Sie, welche Aussagen richtig sind. Schreiben Sie den Buchstaben an die passende Stelle in der Tabelle. Es müssen vier Aussagen zugeordnet werden. Beachten Sie: Die Aussagen folgen nicht dem Textverlauf und beziehen sich nicht aufeinander; sie müssen nur zur Kategorie in der Tabelle passen.

Ernährung

Schon der berühmteste Arzt des Altertums, Hippokrates, erkannte den Zusammenhang zwischen Ernährung und Gesundheit bzw. Krankheit. In jüngeren Forschungsarbeiten wird hervorgehoben, dass nicht nur der Körper, sondern auch die Leistungsfähigkeit unseres Gehirns unmittelbar davon beeinflusst wird, was wir verzehren. Das Gehirn ist sogar ausgesprochen hungrig nach Nahrung, da es etwa ein Viertel der Energiezufuhr verbraucht, obwohl es, gemessen an unserer Körpermasse, sehr klein ist. Der Bedarf an Energie ist deshalb so groß, weil unser Gehirn die Schaltzentrale für das Denken, die Verdauung, den Blutkreislauf usw. ist. Anders gesagt: Es ist ständig aktiv, sogar im Schlaf. Wenn wir unserem Gehirn die richtige Nahrung zuführen, funktioniert es tagsüber reibungslos und kann sich nachts erholen. Anders ist es, wenn wir unseren Körper und unser Gehirn zu oft mit Junkfood, also mit Fertiggerichten, Fastfood und Süßigkeiten füttern. Diese stark verarbeitete Nahrung hat zu viel von dem, was uns nicht gut tut: ungesunde Fette, zu viel Salz, zu viel Zucker, fragwürdige Zusatzstoffe und zu wenige wichtige Nährstoffe. Wir reagieren darauf mit Stimmungsschwankungen oder Kopfschmerzen. Das Übermaß an Zucker ist verantwortlich dafür, dass schon so viele junge Menschen übergewichtig sind. Junkfood, alles andere als zuckerfrei hergestellt, steht außerdem in Verdacht, emotionale Störungen hervorzurufen und das Erinnerungsvermögen zu beeinträchtigen. Womöglich können auch ernsthafte Krankheiten wie Demenz oder Depressionen darauf zurückgeführt werden.

Die Verdauung steuernd, benötigt das Gehirn einen entscheidenden Mitspieler: den Darm. Die Bakterien im Darm kommunizieren nämlich mit den Neuronen des Gehirns. Die Signale, ans Gehirn gesendet, prägen unser Verhalten und Befinden. „Du bekommst jetzt gute Nährstoffe!“ Eine solche Mitteilung ans Gehirn lässt uns zufriedener und ausgeglichener sein. Die richtige Hirnnahrung dafür sind frische, hauptsächlich pflanzliche und wenig verarbeitete Lebensmittel. Dazu gehören Gemüse, Obst, Fisch, Getreide, Nüsse, bestimmte Öle und Milchprodukte sowie ab und zu etwas Fleisch, also eine eher vegetarische Kost. Was diese Nahrungsmittel so wertvoll macht, verrät der Blick auf deren Nährstoffe:

Omega-3-Fettsäuren in fettreichen Fischen, Oliven- oder Rapsöl sowie Nüssen schützen Herz und Blutgefäße. Weniger bekannt ist die Erkenntnis, dass die gesunden Fette auch für ein gut funktionierendes Gehirn unerlässlich sind. Ebenfalls wichtig ist es, Kohlenhydrate zu sich zu nehmen. Sie werden oft zu Unrecht als Dickmacher angesehen, denn besonders die komplexen Kohlenhydrate zählen zu den wichtigsten Energielieferanten des Körpers und sorgen in den Hirnzellen für einen schnellen Austausch von Informationen. Sie stecken in Kartoffeln, Bohnen, Bananen oder im Vollkornbrot. Pflanzliche und tierische Proteine schließlich bewirken, dass die verschiedenen Areale im Gehirn eine Verbindung miteinander haben. Gut miteinander verbunden, sorgen sie für einen guten Schlaf und dafür, dass wir Stress bekämpfen oder Entscheidungen treffen können. Proteine tragen auch dazu bei, mehr Serotonin – im Volksmund: Glückshormon – im Gehirn freizusetzen, ein gutes Mittel gegen schlechte Laune also. Die in Soja, Eiern, Milchprodukten usw. enthaltenen Eiweiße sind zudem grundlegende Bausteine für alle unsere Körperzellen. Durch sie bleiben die Haut elastisch sowie Haare und Nägel gesund.

A Dem Gehirn muss auch beim Schlafen Energie zugeführt werden.

B Komplexe Kohlenhydrate führen zu Übergewicht.

C Eine eiweißreiche Kost hebt die Stimmung.

D Junkfood ist kalorienreich, aber nährstoffarm.

E Eine vegetarische Ernährung ist empfehlenswert.

F Zu viel Zucker bewirkt, dass das Gedächtnis schlechter funktioniert.

G Die Darmbakterien stehen in Kontakt mit den Nervenzellen im Gehirn.

H Bestimmte fettreiche Lebensmittel sichern die Gesundheit von Organen.

Ernährung	
Probleme	Lösungen

Übung 4

Welches Wort passt nicht zum Oberbegriff? Streichen Sie es durch.

1. **Organe:** der Darm | die Haut | der Nagel | die Leber | das Herz | der Magen
2. **Im Körper:** die Zelle | Launen | das Gefäß | Bakterien | Neuronen
3. **Nährstoffe:** Proteine | Kohlenhydrate | Kalorien | Fette
4. **Eigenschaften von Lebensmitteln:** fettarm | zuckerfrei | eiweißreich | kalorienreduziert | ungesüßt | elastisch
5. **Krankheiten:** die Depression | die Stimmungsschwankung | das Übergewicht | die Demenz
6. **Synonyme für „essen“:** zu sich nehmen | verzehren | futtern | freisetzen | zuführen

Übung 5

Die folgenden Partizipialsätze aus Übung 3 lassen sich mit einem Nebensatz wiedergeben. Sätze 1 bis 3: Wählen Sie die passende Konjunktion. Sätze 4 und 5: Vervollständigen Sie die Relativsätze.

1. Die Verdauung steuernd, benötigt das Gehirn einen entscheidenden Mitspieler: den Darm.

   ______ es die Verdauung steuert, benötigt das Gehirn einen entscheidenden Mitspieler: den Darm. (Falls | Da | Nachdem)

2. Gemessen an unserer Körpermasse, ist das Gehirn sehr klein.

   ______ man es an unserer Körpermasse misst, ist das Gehirn sehr klein. (Obwohl | Sobald | Wenn)

3. Gut miteinander verbunden, sorgen die Areale im Gehirn für einen guten Schlaf.

   ______ sie gut miteinander verbunden sind, sorgen die Areale im Gehirn für einen guten Schlaf. (Als | Indem | Weil)

4. Junkfood, alles andere als zuckerfrei hergestellt, steht außerdem in Verdacht, ...

   Junkfood, ______ alles andere als zuckerfrei ______________________, steht außerdem in Verdacht, ... (*Relativsatz*)

5. Die Signale, ans Gehirn gesendet, prägen unser Verhalten und Befinden.

   Die Signale, ______ ans Gehirn ______________________, prägen unser Verhalten und Befinden. (*Relativsatz*)

Grammatik: Partizipialsätze sind verkürzte temporale, kausale, konzessive, modale oder konditionale Nebensätze oder verkürzte Relativsätze ohne eigenes Subjekt. In beiden Fällen hat das Partizip I oder II keine Endung.
Welche Bedeutung der Partizipialsatz hat bzw. welche Konjunktion (**weil**, **indem**, **wenn** usw.) bei einer Umformung in einen Nebensatz benötigt wird, geht aus dem Kontext hervor. Außerdem gilt: Das **Partizip I** wird mit einem Verb im Aktiv wiedergegeben: ***Eine Pizza essend**, dachte er an seine Ernährungsberaterin.* → ***Als er eine Pizza aß**, dachte er an ...* Bei der Umformung des **Partizip II** steht das Verb meist im Passiv: ***Von Schmerzen geplagt**, nimmt sie immer eine Tablette.* → ***Wenn sie von Schmerzen geplagt wird**, nimmt sie ...*, bei Verben, die das Perfekt mit **sein** bilden, im Aktiv: ***Auf einem Bauernhof aufgewachsen**, weiß er viel über Ernährung.* → ***Da er auf einem Bauernhof aufgewachsen ist**, weiß er ...*

Übung 6

Formen Sie die Partizipialsätze in Nebensätze um und umgekehrt. Achten Sie auf die richtige Zeit.

1. Indem sie oft zu viel Süßes essen, nehmen meine Kinder schnell zu.

   ______________________________, nehmen meine Kinder schnell zu.

2. Eine Diät beginnend, sollte man ärztlichen Rat einholen.

   ______________________________, sollte man ärztlichen Rat einholen.

3. Weil er von den Ernährungstipps überzeugt ist, befolgt er sie.

   ______________________________, befolgt er sie.

4. Zu Hause angekommen, hatte ich großen Hunger.

   ______________________________, hatte ich großen Hunger.

5. Olivenöl ist, mit anderen Ölen verglichen, sehr gesund.

   Olivenöl ist, ______________________________, sehr gesund.

Übung 7

Formen Sie die Partizipialkonstruktion in einen Relativsatz um. Achten Sie darauf, ob das Verb im Aktiv oder Passiv steht.

1. Herr Dr. Petri, nach Ernährungstipps befragt, rät dazu, Fertigprodukte zu meiden und selbst zu kochen.

   Herr Dr. Petri, ______________________________

   ______________________________, rät dazu, ...

2. Oft empfiehlt er eine mediterrane Kost, bestehend aus frischem Gemüse und Obst, Fisch usw.

   Oft empfiehlt er eine mediterrane Kost, ______________________________

   ______________________________.

3. Eiweißreiche Nahrungsmittel, empfohlen bei Depressionen, tragen dazu bei, die Symptome zu lindern.

   Eiweißreiche Nahrungsmittel, ______________________________

   ______________________________, tragen dazu bei, ...

Übung 8

TR. 23

Sie hören einen Ausschnitt aus einem Vortrag zum Thema „Das Burn-out-Syndrom". Beantworten Sie die Fragen 1 bis 5. Für jede Frage gibt es genau eine richtige Lösung. Lesen Sie zuerst die Fragen.

Das Burn-out-Syndrom

Frage 1: Burn-out ...

- ☐ **A** betrifft in erster Linie Manager und Managerinnen.
- ☐ **B** findet man bei Menschen ohne Antrieb.
- ☐ **C** kann Menschen jeden Alters treffen.
- ☐ **D** ist ein gefährlicher Gefühlszustand.

Frage 2: Viele Studierende ...

- ☐ **A** erfahren im Studium eine ständige Überlastung.
- ☐ **B** können dem Burn-out nicht vorbeugen.
- ☐ **C** haben keine hohen Erwartungen an das Studium.
- ☐ **D** leisten nicht genug für ihr Studium.

Frage 3: Erschöpfung ...

- ☐ **A** entsteht aus emotionalen Gründen.
- ☐ **B** ist immer ein Anzeichen für einen Burn-out.
- ☐ **C** kann zu körperlichen Beschwerden führen.
- ☐ **D** und andauernde Müdigkeit sind gleichbedeutend.

Frage 4: Als präventive Maßnahme ...

- ☐ **A** lehnt der Sprecher die Reflexion von Gefühlen ab.
- ☐ **B** hebt der Sprecher die Bedeutung der Erreichbarkeit hervor.
- ☐ **C** rät der Sprecher zu mehr erholsamer Entspannung.
- ☐ **D** fordert der Sprecher das Ausschalten des Smartphones.

Frage 5: Das Hauptziel des Vortrags besteht darin, ...

- ☐ **A** rechtzeitig die Symptome zu erkennen.
- ☐ **B** Studierende vor einem Burn-out zu warnen.
- ☐ **C** sich selbst diagnostizieren zu können.
- ☐ **D** über den Burn-out aufzuklären.

Strategie: In diesem Aufgabentyp sollen Sie Einzelheiten und die Hauptaussage des Textes verstehen, aber auch die Haltung oder Einstellung der sprechenden Person und die Textorganisation (Argumentationsaufbau) erkennen. Es gibt immer fünf Fragen, wobei die letzte sich auf das Hauptziel bezieht.

Bei den Einzelheiten und der Hauptaussage geht es um Informationen, die im Hörtext explizit vorkommen und in den Fragen durch Synonyme, Paraphrasierungen usw. wiedergegeben werden. Die Haltung oder Einstellung hingegen wird durch entsprechende Redemittel ausgedrückt (siehe Kapitel 6) oder ist implizit enthalten.

Übung 9

Was bedeuten die Wörter und Ausdrücke aus Übung 8? Ordnen Sie zu.

1. ausgebrannt	___	**A** andauernd (bei Krankheiten)
2. ausgesetzt	___	**B** andauernd, ständig
3. versagen	___	**C** ausgeliefert
4. fremdbestimmt	___	**D** sich Klarheit verschaffen
5. chronisch	___	**E** körperlich und seelisch am Ende
6. den Kopf verlieren	___	**F** nicht unabhängig
7. abklären	___	**G** scheitern
8. permanent	___	**H** sich etwas (Angenehmes) erlauben
9. sich etwas gönnen	___	**I** total beherrschend
10. übermächtig	___	**J** unruhig/panisch werden

Übung 10

DSH

Die markierten Wörter und Ausdrücke haben mehrere Bedeutungen. Kreuzen Sie an, welche Bedeutung das Wort oder der Ausdruck im Textzusammenhang hat.

1. Burn-out macht vor keiner Altersklasse oder sozialen Schicht halt.
   ☐ abbremsen ☐ verschonen ☐ unterbrechen ☐ eine Pause machen
2. Wenn die Überlastung anhält, reagiert unser Organismus mit körperlicher, geistiger und emotionaler Erschöpfung ...
   ☐ fortdauern ☐ stoppen ☐ sich festhalten ☐ enden
3. Die emotionale Erschöpfung drückt sich so aus, dass man sich bei den zu erledigenden Aufgaben frustriert und enttäuscht fühlt.
   ☐ melancholisch ☐ traurig ☐ depressiv ☐ entmutigt
4. Eine Maßnahme, die man sich zu Herzen nehmen sollte, ist die bewusste Entspannung und Erholung.
   ☐ Verständnis zeigen ☐ befolgen ☐ tief empfinden ☐ bedauern

Übung 11

Redemittel für Vorträge. Ordnen Sie die Satzteile zu.

1. Aber auch ... spielt	___	**A**	ich mich mit ...
2. Alles in allem lässt	___	**B**	aktuellen Anlass gewählt: ...
3. Als Nächstes komme ich	___	**C**	in drei Teile: ...
4. Besonders wichtig erscheint	___	**D**	von ... erörtern, dann ...
5. Dabei muss auch	___	**E**	sich Folgendes festhalten: ...
6. Das Thema interessiert	___	**F**	folgende Beispiel anführen: ...
7. Dazu möchte ich das	___	**G**	mich besonders, weil ...
8. Die angeführten Argumente	___	**H**	zu der Frage, ob/was ...
9. Dies wird auch daran	___	**I**	eine große Rolle, denn ...
10. Dieses Thema habe ich aus einem	___	**J**	deutlich, dass ...
11. Gegen diese Argumentation ist	___	**K**	mir das Problem, dass ...
12. Gerne beantworte ich	___	**L**	berücksichtigt werden, dass ...
13. Im Anschluss daran ziehe ich	___	**M**	einmal betonen, dass ...
14. In meinem Vortrag befasse	___	**N**	offen gebliebene Fragen.
15. Mein Vortrag gliedert sich	___	**O**	kann man sagen, dass ...
16. Zum Abschluss möchte ich noch	___	**P**	allerdings einzuwenden, dass...
17. Zunächst möchte ich die Vorteile	___	**Q**	machten deutlich, dass ...
18. Zusammenfassend	___	**R**	einen Vergleich zu meinem Heimatland.

Übung 12

Zu welchem Teil eines Vortrags gehören die Redemittel aus Übung 11? Notieren Sie die Nummern.

Einleitung: ins Thema einführen	
Hauptteil: die Gedanken strukturiert und anschaulich darstellen	
Schluss: den Vortrag abschließen	

Strategie: In der mündlichen Prüfung aller C1-Prüfungen sollen Sie einen kurzen Vortrag bzw. eine kurze Präsentation halten. Dabei sollen Sie u.a. zeigen, dass Sie ein Thema strukturiert (Einleitung, Hauptteil, Schluss) und mit einer nachvollziehbaren Argumentation vortragen können. Redemittel helfen Ihnen dabei, den Vortrag zu organisieren. Der für viele Themen geeignete Aufbau ist dabei die Einführung ins Thema, Pro- und Contra-Argumente (versehen mit Beispielen), ein Bezug zum Heimatland, die persönliche Meinung und ein paar abschließende Worte.

Übung 13

Welche Bedeutung hat das modale Partizip I in den folgenden Sätzen? Kreuzen Sie an.

1. Man sorgt sich um zu erwartende Konflikte mit der Arbeitsgruppe, für die man ständig erreichbar sein soll.
   ☐ Möglichkeit ☐ Empfehlung ☐ Notwendigkeit
2. Die emotionale Erschöpfung drückt sich so aus, dass man sich bei den zu erledigenden Aufgaben frustriert und enttäuscht fühlt
   ☐ Möglichkeit ☐ Empfehlung ☐ Notwendigkeit

Grammatik: Die Konstruktion aus **zu** + **Partizip I** (auch: modales Partizip I, Gerundiv) verwendet man, um einen Relativsatz zu verkürzen. Sie hat eine modale Bedeutung und drückt entweder eine Möglichkeit, eine Empfehlung oder eine Notwendigkeit aus. Bei der Umformung in einen Relativsatz kann man das Passiv mit den Modalverben **können**, **sollen** oder **müssen** bzw. eine entsprechende Passiversatzform (siehe Kapitel 1) verwenden.

Übung 14

Formen Sie das modale Partizip I in einen Relativsatz um. Verwenden Sie das Passiv mit Modalverb.

1. Besorgst du die noch einzukaufenden Lebensmittel?

Besorgst du die Lebensmittel, ____?

2. Burn-out ist eine nicht zu unterschätzende Erkrankung.

Burn-out ist eine Erkrankung, ____.

3. Es gibt ein leicht zu findendes Mittel gegen Stress. Nüsse!

Es gibt ein Mittel gegen Stress, ____. Nüsse!

DSH

Übung 15

Formen Sie die Sätze um, indem Sie die angegebene Konstruktion verwenden.

1. Eine Depression ist eine Krankheit, die leicht mit Burn-out verwechselt werden kann. (*modales Partizip I*)

Eine Depression ist eine ____

Krankheit.

2. Der dem Patienten schnellstens auszuhändigende Befund liegt noch auf dem Schreibtisch. (*Passiv mit Modalverb*)

Der Befund, ____,

liegt noch ...

3. Zu den unbedingt zu vermeidenden schlechten Angewohnheiten gehört der Konsum von Alkohol und Nikotin. (*Passiversatzform*)

Zu den schlechten Angewohnheiten, ____

____, gehört der Konsum von

Alkohol und Nikotin.

4. Das ist ein Signal, das gut erkannt werden kann. (*modales Partizip I*)

Das ist ein ____

Signal.

Test DaF

Übung 16

Bringen Sie die Textabschnitte A bis E in die richtige Reihenfolge.

A Als die Testpersonen kurz danach schliefen, wurde ihr Gehirn mithilfe einer Magnetresonanztomografie beobachtet, wobei ein Teil von ihnen während der Tiefschlafphase erneut von Blumenduft eingehüllt wurde, der andere nicht.

B Zuvor hatte das Forschungsteam bereits während des Schlafs bei dieser Gruppe eine erhöhte Aktivität im Hippocampus entdeckt, was die Annahme stützte, dass ein Geruch im Schlaf die gleichen Neuronen anspricht wie tagsüber und so zu einem besseren Erinnerungsvermögen führt.

C Bei der am nächsten Tag stattfindenden Überprüfung, wie viele Kartenpaare behalten wurden, hatte die Gruppe, die auch in der Nacht den Blumenduft um sich hatte, mit fast 100 Prozent ein deutlich besseres Ergebnis.

D Dazu ließen der Schlafforscher Jan Born und sein Team Versuchspersonen in einem nach Blumen duftenden Raum ein Gedächtnisspiel spielen, bei dem sie sich die Lage von 15 Kartenpaaren mit Bildmotiven merken sollten.

E Der Zusammenhang zwischen Schlaf und der Erinnerung an Gelerntes ist schon lange bekannt, doch Forschende wollten herausfinden, ob sich die Gedächtnisleistung erhöhen und das Behalten verbessern ließ.

1	2	3	4	5

Übung 17

Welche Schlussfolgerung können Sie aus der Studie in Übung 16 für das eigene Lernen ziehen? Kreuzen Sie die richtige Lösung an.

- ☐ **A** Ein Gedächtnisspiel zu spielen, verbessert die Gehirnleistung.
- ☐ **B** Am besten lernt man Wörter erst kurz vor dem Schlafengehen.
- ☐ **C** Ein bestimmter Geruch beim Lernen und Schlafen optimiert das Gedächtnis.
- ☐ **D** Blumenduft eignet sich besonders gut, um bei Spielen besser abzuschneiden.

11 PSYCHOLOGIE

Anerkennung seelisch konkurrieren Stimmung Erleben Hass
Sehnsucht Liebe
innerlich Streit
psychologisch Wut Eifersucht Zurückweisung
Entwicklung Psychologie Neid Geschwister
Beziehungen Seele fröhlich
Gleichgültigkeit Verhalten Emotionen
benachteiligen Psyche prägen
vernachlässigen psychisch verärgert Geist
Farbpsychologie

Übung 1

Kleines Quiz der Psychologie. Kreuzen Sie die richtige Lösung an. Tipp: Die Lösungen sind in der Wortwolke versteckt; bei den negativ formulierten Fragen 3 und 5 sind es die drei richtigen Antworten.

1. Die Psychologie befasst sich mit ... des Menschen.
- ☐ **A** der physischen Seite
- ☐ **B** der Macht
- ☐ **C** dem Verhalten und Erleben
- ☐ **D** dem Bewusstsein

2. Mit welchen zwei Wörtern kann man die Psyche umschreiben?
- ☐ **A** das Gemüt und das Gehirn
- ☐ **B** die Seele und der Geist
- ☐ **C** der Verstand und die Angst
- ☐ **D** die Emotion und die Lust

3. Welches Wort ist kein Synonym zu „psychologisch"?
- ☐ **A** psychisch
- ☐ **B** innerlich
- ☐ **C** seelisch
- ☐ **D** geistlich

4. Kräftige Farben wie Rot oder Gelb ...
- ☐ **A** machen uns müde
- ☐ **B** verbessern unsere Stimmung
- ☐ **C** fördern die Gesundheit
- ☐ **D** sind keine Signalfarben

5. Was ist kein Gefühl?
- ☐ **A** die Weisheit
- ☐ **B** der Neid
- ☐ **C** die Eifersucht
- ☐ **D** die Sehnsucht

6. Das jüngste Kind einer Familie ist ...
   - ☐ A der Sprössling
   - ☐ B der Nachwuchs
   - ☐ C das Sandwichkind
   - ☐ D das Nesthäkchen

7. Wenn man „Wut im Bauch" hat, ...
   - ☐ A ist man sehr verärgert.
   - ☐ B hat man Hunger.
   - ☐ C braucht man Liebe.
   - ☐ D ist man in Sorge.

8. Oft liest man: „Das Gegenteil von Liebe ist nicht Hass, sondern ..."
   - ☐ A die Lüge.
   - ☐ B Gleichgültigkeit.
   - ☐ C ein Traum.
   - ☐ D Trauer.

Übung 2

Lesen Sie den Text und die Zwischenüberschriften im Anschluss. Welche Überschrift passt zu welchem Abschnitt A bis H? Notieren Sie den Buchstaben. Beachten Sie: Zwei Überschriften passen nicht.

Geschwister – geliebte Rivalen

A In Deutschland wachsen etwa zwei Drittel aller Kinder mit Schwestern und Brüdern auf. In der Regel dauert die Verbindung zwischen Geschwistern länger als alle anderen in ihrem Leben. Die Geschwister bleiben, während die Eltern versterben, Freundschaften nicht halten oder Partnerschaften enden. Geschwister sind dabei, wenn wir zum ersten Mal Fahrrad fahren, sie spielen mit uns, sie helfen, das kaputt gegangene Geschirr zu verstecken – und verraten den Eltern am Ende doch, wer es zerbrochen hat. Wenn wir noch ein Baby sind, ist der ältere Bruder unser erster Gefährte und später unser Vertrauter. Wenn wir im Teenageralter sind, schikaniert uns die ältere Schwester, weil uns die Biologiearbeit missglückt ist. Später, wenn die Ausbildung oder das Studium beginnt, ignorieren wir unsere Geschwister oft, weil wir das eigene Leben als wichtiger erachten. Aber im Alter nähern wir uns häufig wieder an. Sie sind da, wenn wir die Partnerin oder den Partner verlieren oder krank sind.

B Unter Geschwistern besteht ein ganz eigenes Kraftfeld, dem man nur schwer entkommt. Es geht hin und her zwischen Vertrauen und Misstrauen, zwischen Liebe und Hass. Die Beziehung zu unseren Brüdern und Schwestern formt uns vielfach sogar mehr als die zu unseren Eltern. Durch die Geschwister sozialisieren wir uns. Wir erlernen mit ihrer Hilfe, wie wir damit umgehen müssen, wenn wir auf Ablehnung stoßen oder uns benachteiligt fühlen, oder was es heißt, sich zu zanken und sich wieder zu vertragen. Bereits ein einjähriges Kind verbringt trotz aller Reibereien genauso viel Zeit mit seinen Geschwistern wie mit seiner Mutter. Drei- bis Fünfjährige beschäftigen sich oft sogar mehr als doppelt so lang mit ihren Geschwistern wie mit den Eltern.

C Dass Geschwister so viel Zeit miteinander verbringen, ist erstaunlich, wenn man bedenkt, dass sie aus biologischer Sicht vor allem Rivalen sind. Im Tierreich ist zu beobachten, dass das stärkste Vogelkind seine Geschwister aus dem Nest stößt, um die Nahrung, die es von seinen Eltern bekommt, nicht teilen zu müssen. Forschende vermuten, dass ein ähnlicher Kampf im menschlichen Mutterleib stattfindet, wenn eineiige Zwillinge unterwegs sind. Ein Zwilling ist nämlich meist kleiner und schwächlicher ist als der andere. Später buhlen Geschwister - ähnlich wie im Tierreich - um knappe Ressourcen, also um die Liebe und Fürsorge der Eltern.

D Befragt man die Eltern, behaupten sie, ihre Sprösslinge ohne Unterschied zu erziehen. Doch das stimmt nicht. Geschwisterkinder halten ihre Eltern für parteiisch. Und letztendlich gestehen auch viele Eltern ein, heimlich ein Lieblingskind zu haben. Doch selbst wenn sie es wollten, ist es Eltern nicht möglich, sich immer gleich zu verhalten. Während sie beim erstgeborenen Kind unerfahren und nervös sind und ihm viel Aufmerksamkeit widmen, fällt der Umgang mit jedem weiteren Kind routinierter aus. Auch eine Erkrankung oder das Alter des Kindes erfordern ein differenziertes Handeln. Und angenommen, die Eltern würden tatsächlich die gleichen Regeln anwenden, so würde doch jedes Kind anders geprägt. Ältere Geschwister fühlen sich vernachlässigt, wenn die Fürsorge der Eltern dem Neugeborenen gilt. Als Babys haben sie zwar die gleiche Zuwendung erfahren, doch jetzt empfinden sie Eifersucht.

E Eigentlich sollte man überrascht sein, dass die Entwicklung von Geschwistern oft so unterschiedlich ist, schließlich wird unsere Persönlichkeit ja durch Gene und Umwelteinflüsse bestimmt. Geschwister teilen sich im Durchschnitt 50 Prozent der Gene, eineiige Zwillinge haben identische Gene. Auch die Umwelteinflüsse, mit denen sie aufwachsen, also Wohnung, Essen, Spielzeug, elterliche Regeln, sind fast gleich. Aber jedes Kind ist anders, jedes Kind hat andere Bedürfnisse. Forschende fanden heraus, dass sich Geschwister einander nicht mehr gleichen als Kinder, die in verschiedenen Familien groß geworden sind.

F Manche Forschende erklären die Andersartigkeit von Geschwistern damit, dass das erstgeborene Kind bestimmte Privilegien genießt, die den später Geborenen dann nicht mehr zuteilwerden. Es trägt häufig den Vornamen eines Elternteils oder ihm wird der Familienbetrieb vererbt. Dadurch wird den Erstgeborenen mehr Beachtung geschenkt. Auch übernehmen sie in vielen Familien die Verantwortung für die jüngeren Geschwister. So erwecken sie den Anschein, pflichtbewusster, gewissenhafter und ehrgeiziger als ihre Geschwister zu sein. Zudem gehen sie konform mit den Ansichten ihrer Eltern, die sie ja bevorzugt behandeln. Dem jüngeren Bruder oder der jüngeren Schwester geht das auf die Nerven und man sagt ihnen nach, dass sie rebellisch sind und mehr Risiken eingehen. Bei drei Geschwistern soll es das Sandwichkind, also das mittlere Kind, besonders schwer haben, und das Nesthäkchen gilt als labiler als die älteren. Andere Forschende hegen Zweifel daran, dass die Geschwisterposition die Persönlichkeit bestimmt, und eine neuere Studie des Max-Planck-Instituts widerlegt die Theorie endgültig - mit einer Ausnahme: Die Erstgeborenen haben tatsächlich einen etwas höheren Intelligenzquotienten.

G Die Erwartungen, die die Gesellschaft früher an ältere oder jüngere Kinder hatte, gelten inzwischen als veraltet. In der heutigen Zeit geht es um individuelle Selbstverwirklichung. Das zeigt sich darin, dass sich Geschwister bewusst voneinander unterscheiden möchten. Sie wetteifern um die Zuwendung und Anerkennung ihrer Eltern und dabei sucht jedes Kind seine persönliche Nische, aus der es nicht verdrängt wird und in der es sich entfalten kann. So verlegt sich das eine Kind auf Sport, das andere glänzt in Mathematik, um Pluspunkte bei den Eltern zu sammeln. Man möchte eine individuelle Bindung zu den Eltern aufbauen, die einem die Schwester oder der Bruder nicht streitig machen kann.

H Rivalität, Streit und Versöhnung sind im Kinderzimmer normal. Nur so entwickeln wir unsere Persönlichkeit. Und doch verfolgen uns manche Auseinandersetzungen, unter denen wir als Kind gelitten haben, ein Leben lang. Abhängig davon, was uns in unserer Kindheit vorgelebt worden ist und wie das Verhältnis zu den Geschwistern war, sehen wir sie im Erwachsenenalter als Idol, distanzieren uns von ihnen oder leugnen im schlimmsten Fall sogar die Verwandtschaft. Das zeigt sich zum Beispiel darin, wie wir unsere Berufswahl treffen: Entweder ergreift man den gleichen handwerklichen Beruf wie die ältere Schwester, die man sich zum Vorbild genommen hat, oder man wählt eben nicht die Wirtschaftsbranche des Bruders, weil man glaubt, nicht mithalten zu können, oder weil man nicht zu ihm in Konkurrenz treten möchte.

Text nach:
Eberle, Ute; Gilges, Susanne: Kindheit Geschwister: Von der Liebe unter Rivalen, GEO KOMPAKT Nr. 17 – 12/08, https://www.geo.de/magazine/geo-kompakt/6774-rtkl-kindheit-geschwister-von-der-liebe-unter-rivalen, letzter Zugriff: 25.04.2023. (zu Lehrzwecken verändert und gekürzt).

1 ___ Gegner schon vor der Geburt

2 ___ Geburtenfolge entscheidend?

3 ___ Unverständnis der Eltern

4 ___ Von der Heldenverehrung bis zur völligen Ablehnung

5 ___ Die längste aller unserer Beziehungen

6 ___ Abgrenzung als Weg, geliebt zu werden

7 ___ Abstand voneinander - die beste Wahl?

8 ___ Gleichbehandlung von Geschwistern

9 ___ Unterricht in Sozialverhalten und Denken

10 ___ Fehlende Ähnlichkeiten

Übung 3

Lesen Sie noch einmal die Abschnitte C bis H in Übung 2. Entscheiden Sie dann, ob die folgenden Aussagen richtig oder falsch sind.

		richtig	falsch
1.	Im Vergleich zu Tierkindern verhalten sich menschliche Zwillinge anders.	☐	☐
2.	Eltern wollen ihre Kinder gleich behandeln, aber können es nicht.	☐	☐
3.	Eifersucht entsteht, auch wenn den Kindern im Babyalter die gleiche Liebe zuteil geworden ist.	☐	☐
4.	Beim Vergleich von Kindern verschiedener Familien ergeben sich wegen der Gene und äußeren Einflüsse deutliche Unterschiede.	☐	☐
5.	Es ist erwiesen, dass die unterschiedliche Persönlichkeit der Kinder dadurch entsteht, dass sie das erste, zweite oder dritte Kind sind.	☐	☐
6.	Kinder suchen sich ihre eigenen Nischen, weil sie sich abgrenzen wollen.	☐	☐
7.	Wenn sie sich als Kinder oft gestritten haben, bleiben Geschwister im Erwachsenenalter Rivalen.	☐	☐

Übung 4

Welches Wort passt nicht zu den anderen? Streichen Sie es durch.

1. die Zuwendung | die Fürsorge | der Sprössling | die Liebe | die Zuneigung

2. streiten | zanken | leugnen | rivalisieren

3. sich versöhnen | sich vertragen | sich verlassen | sich verzeihen

4. die Auseinandersetzung | die Rivalität | das Kraftfeld | der Streit | der Konflikt | die Reiberei

5. das Vorbild | das Privileg | das Ideal | der Held | das Beispiel

6. zurückweisen | vorleben | ablehnen | benachteiligen | vernachlässigen

7. konkurrieren | rebellieren | buhlen | wetteifern

8. das Verhältnis | die Beziehung | die Bindung | die Prägung | die Verbindung

9. nerven | verraten | provozieren | schikanieren | ärgern

Übung 5

Der Text in Übung 2 enthält folgende Nomen-Verb-Verbindungen. Ergänzen Sie das Verb aus dem Schüttelkasten.

austragen • eingehen • erfahren • erwecken • gehen • genießen • hegen • nehmen • schenken • stoßen • treffen • treten

1. auf Ablehnung ______________
2. auf die Nerven ______________
3. sich zum Vorbild ______________
4. Beachtung ______________
5. Zweifel ______________ an (+ Dativ)
6. ein Privileg ______________
7. den Anschein ______________
8. Zuwendung ______________
9. in Konkurrenz ______________ mit
10. ein Risiko ______________
11. einen Streit ______________
12. eine Wahl ______________

Übung 6

Wählen Sie eine passende Nomen-Verb-Verbindung aus Übung 5 und ergänzen Sie den Text. Achten Sie auf die richtige Form.

Einzelkinder **1.** ______________ die ungeteilte ______________ der Eltern und müssen nicht **2.** ______________ mit Geschwistern ______________. Das **3.** ______________, dass sie sich weniger sozial verhalten. Doch Studien, die den Einzelkindern besondere **4.** ______________, fanden heraus, dass sie selbstständiger und sogar selbstbewusster als Geschwisterkinder sind.

Übung 7

Die wichtigsten Bedeutungen der untrennbaren Präfixe. Ergänzen Sie die Beispiele aus dem Schüttelkasten.

~~missglücken~~ • ~~zerbrechen~~ • veralten • entkommen • versterben • bezweifeln • erklären • entfalten • bedenken • verraten • erlernen • entmachten • vererben

Präfix	**Bedeutung**	**Beispiel**
be- + Verb	macht intransitive Verben transitiv	**1.** ______
be- + Nomen/ Adjektiv	etwas bewirken / etwas mit etwas versehen	**2.** ______
ent- + Verb	(plötzlich) beginnen	**3.** ______
ent- + Verb	weggehen	**4.** ______
ent- + Nomen	etwas wegnehmen / etwas verschwindet	**5.** ______
er- + Verb/ Nomen	ein Ziel durch eine Handlung erreichen	**6.** ______
er- + Adjektiv	Zustandsveränderung aus „Adjektiv + machen/werden"	**7.** ______
miss- + Verb	etwas falsch oder nicht machen	*missglücken*
ver- + Verb	etwas zu Ende bringen / etwas geht zu Ende	**8.** ______
ver- + Verb	etwas falsch machen	**9.** ______
ver- + Verb	das Gegenteil ausdrücken	**10.** ______
ver- + Adjektiv	Zustandsveränderung aus „Adjektiv + machen/werden"	**11.** ______
zer- + Verb	etwas kaputt machen	*zerbrechen*

Grammatik: Mithilfe der untrennbaren Präfixe **be-**, **ent-**, **er-**, **miss-**, **ver-** und **zer-** lassen sich Verben aus Nomen, Adjektiven oder Verben bilden. Dabei verleihen die Präfixe dem neuen Verb eine bestimmte Bedeutung. Beispiele: **er-** + Nomen bedeutet „durch eine Handlung etwas erreichen": *Kampf* → ***erkämpfen***; **be-** + Adjektiv „etwas bewirken": *frei* → ***befreien***; **miss-** + Verb „nicht/falsch machen": *gelingen* → ***misslingen*** (ohne „ge"). Die Präfixe **ge-** und **emp-** haben keine Bedeutung.

Beim Präfix **be-** kommt noch eine grammatische Besonderheit hinzu: Es macht aus einem intransitiven Verb (Verb ohne Akkusativergänzung) und aus einem Verb mit Präposition ein transitives Verb, vgl.: *einem Ratschlag folgen* → *einen Ratschlag* ***befolgen***; *auf eine Frage antworten* → *eine Frage* ***beantworten***.

Übung 8

Bilden Sie aus den Wörtern im Schüttelkasten acht Verben.

fliehen • harmlos • Hunger • gönnen • hoffen • Krieg • müde • platzen

be______________________ miss______________________

ent______________________ ver______________________

er______________________ ver______________________

er______________________ zer______________________

Übung 9

Welche vier Verben aus Übung 8 passen hier? Ergänzen Sie sie.

Wie soll man sich als Eltern verhalten, wenn sich die Kinder mal wieder **1.** ______________? Wartet man, bis die Kinder **2.** ______________? Oder soll man einschreiten? Der Psychologe Henri Wehner sagt dazu: Oft löst sich ein Streit von selbst. Wenn man dazwischen geht, **3.** ______________ die Kinder von den Eltern vor allem eins: Gerechtigkeit. Er warnt aber auch davor, einen Streit zu **4.** ______________, wenn dabei ein Kind das andere emotional oder körperlich unterdrückt.

Übung 10

Wie kann man anders sagen? Ergänzen Sie das entsprechende Präfix.

1. Ich habe den Namen vergessen. Er ist mir ____fallen.
2. Wenn man eine Regel verletzt, hat man sie ____achtet.
3. Sie hat einen Fehler beim Lesen gemacht. Sie hat sich ____lesen.
4. Er ist nicht erfreut über das Verhalten des Sohnes. Er ____billigt es.
5. Sie nimmt alles in Anspruch. Sie ____anspruchst alles.
6. Das Spielzeugauto besteht nur noch aus Einzelteilen. Es ist ____legt.
7. Vieles in dem Text ist neu. Man kann dem Text Neues ____nehmen.
8. Eltern möchten ihre Kinder gleich behandeln, also eine Gleichbehandlung ____zielen.

Übung 11

TR. 24

Sie hören einen Vortrag. Sie haben Handzettel von den Folien der Präsentation bekommen. Schreiben Sie die fehlenden Informationen stichwortartig in die freien Zeilen 1 bis 10. Die Lösung 0 ist ein Beispiel. Lesen Sie zuerst die Stichworte auf den Handzetteln.

Die Präsentation	Ihre Notizen
Vortragsreihe **„Psychologie im Alltag"** Dr. Rolf Bongartz **Thema** **0 „…"**	0. Farbpsychologie
Gründe für die Macht der Farben Veränderung der Wahrnehmung **1. …** Einfluss auf Kaufentscheidungen Förderung der Konzentration beim Lernen **2. …**	1. ______ 2. ______
Farben im Laufe der Kindheit Bei Babys Wahrnehmung nur von **3. …** Bei Kleinkindern Verknüpfung von **4. … und …**	3. ______ 4. ______
Forschungsfragen Farbspektrum bei Frauen größer als bei Männern? Tradition der Farbentrennung? **5. …** Welche Farbtrends für die Vermarktung?	5. ______

Die Farbe Blau

Assoziationen: rein, tief, kühl

Wirkung: 6. ... und ...

Blaue Blume in der Romantik:
Symbol für Sehnsucht und Liebe

Symbol für 7.

6. ______

7. ______

Merkmale von Gelb und Rot

mit Wärme, Licht, Feuer und Liebe assoziiert

symbolisieren auch Krankheit und

8.

z.B. Aggression

erregen Aufmerksamkeit

9.

8. ______

9. ______

Bedeutung in China

Gelb: Symbol für

10. ... und ...

Rot: Symbol für Leben und Glück

10. ______

Übung 12

Lesen Sie die folgende Zusammenfassung. Sie bezieht sich auf den ersten Teil des Vortrags zum Thema „Farbpsychologie“ aus Übung 11. Zwei Sätze enthalten falsche Informationen. Markieren Sie sie.

Zusammenfassung

1. Die Farbpsychologie befasst sich unter anderem mit der Wirkung von Farben auf das menschliche Verhalten, das durch sie beeinflusst werden kann. **2.** Es ist wie ein Wunder, dass Farben Einfluss auf Gefühle nehmen, uns ausgeglichener machen oder zu einer besseren Konzentration führen. **3.** Schon bei Babys spielen Farben eine Rolle, allerdings nur die intensiven. **4.** Ein Kleinkind assoziiert Farben mit Dingen, zum Beispiel mit Lebensmitteln. **5.** Diese frühe Prägung zeigt ihre Wirkung auch noch bei Erwachsenen, wenn sie etwas ablehnen, was die „falsche“ Farbe hat. **6.** Im Unterschied zu Männern können laut einem Forschungsteam Frauen jedoch Farben sehr viel genauer zuordnen. **7.** Ein anderes Forschungsfeld beschäftigt sich mit der traditionellen Farbentrennung, also damit, dass bestimmte Farben Mädchen und Jungen zugewiesen werden. **8.** Diese Tradition darf angezweifelt werden, da die Geschlechter nicht mehr nur auf eine Farbe beschränkt sind.

Strategie: Um die Aufgabe zu lösen, müssen Sie die Hauptinformationen einer Vorlesung oder eines Vortrags verstehen; es geht nicht um Details. In der Zusammenfassung enthalten immer genau zwei Sätze falsche Informationen.
Da in der Prüfung die Zusammenfassung erst eingeblendet wird, nachdem Sie den Hörtext gehört haben, empfiehlt es sich, während des Hörens Notizen zu machen.

Übung 13

TR. 24

Hören Sie Track 24 noch einmal und beantworten Sie die folgenden Fragen.

1. Sind die folgenden Aussagen richtig (r) oder falsch (f)? Notieren Sie r oder f.

___ Unsere Lieblingsfarbe unterstützt uns beim Lernen.

___ Kräftige Farben wirken besonders anregend.

___ Es ist fragwürdig, dass Babyspielzeug immer farbintensiv ist.

2. Warum reagieren Erwachsene oft negativ auf dunkelviolette oder schwarze Tomaten? Schreiben Sie bitte einen vollständigen Satz.

____

____

3. Warum werden die Farben Gelb, Rot und Grün im Text als ambivalent bezeichnet? Schreiben Sie bitte einen vollständigen Satz.

____

____

4. Erklären Sie die Ambivalenz von Grün. Stichworte genügen.

____

5. Erklären Sie die Aussage „Der Anlass bedingt also die Wahl einer bestimmten Farbe" aus dem Textzusammenhang. Schreiben Sie bitte einen vollständigen Satz.

____

____

Übung 14

Redewendungen mit Farben. Ordnen Sie die Bedeutung zu.

1. eine weiße Weste haben	___	**A**	pessimistisch sein
2. eine Fahrt ins Blaue	___	**B**	genehmigen / die Erlaubnis haben
3. blaumachen	___	**C**	provozieren
4. blau sein	___	**D**	unangenehm überrascht werden
5. sein blaues Wunder erleben	___	**E**	nicht erfolgreich sein
6. das Blaue vom Himmel herunter-lügen	___	**F**	eine untadelige (fehlerfreie, saubere) Vergangenheit haben
7. rotsehen	___	**G**	betrunken sein
8. ein rotes Tuch sein	___	**H**	wütend/aggressiv werden
9. auf keinen grünen Zweig kommen	___	**I**	nicht zur Arbeit oder Schule gehen
10. grünes Licht geben/haben	___	**J**	die Unwahrheit sagen oder tun
11. schwarzsehen	___	**K**	genau das Richtige sagen
12. ins Schwarze treffen	___	**L**	ein Ausflug mit ungekanntem Ziel

12 TOURISMUS

Übung 1

Tatsachen über die Urlaubsnation Deutschland. Verbinden Sie die Satzteile.

1. Wenn man mit Kind und Kegel verreist, bedeutet das, dass
2. Die meisten Deutschen verbringen ihren Urlaub im
3. Spanien, Griechenland und die Türkei
4. Nur sehr wenige (etwa 8 Prozent) zieht es in die weite Ferne, also
5. Urlaub ist auch in Deutschland ein Luxusgut, denn jeder fünfte Mensch kann es
6. Am wichtigsten ist Reisenden der Aufenthalt in der Natur. Deshalb
7. Während des Urlaubs wird das meiste Geld
8. „Flugscham" – das Wort kam 2017 auf. Es
9. Ebenfalls aus Gründen des Umweltschutzes breitet sich bei immer mehr Menschen
10. Auf einen nachhaltigen und umweltverträglichen Urlaub

___ A sich nicht leisten, einmal im Jahr eine Woche Urlaub zu machen.

___ B legen die Deutschen zunehmend mehr Wert.

___ C auch eine „Skischam" aus.

___ D eigenen Land, am liebsten an den Küsten der Ost- und Nordsee.

___ E besagt, dass man sich angesichts der Umweltbelastung durch Flugzeuge schämt zu fliegen.

___ F sind seit Jahren die Dauerbrenner unter den europäischen Zielen.

___ G für Exkursionen ausgegeben.

___ H alle Familienmitglieder samt Hund gemeinsam in den Urlaub fahren.

___ I sind Wandern und Spazierengehen die wichtigsten Urlaubsaktivitäten.

___ J an Orte außerhalb Europas.

GI

Übung 2

Lesen Sie den Text und kreuzen Sie das Wort an, das in die Lücke passt. Nur eine Antwort ist jeweils richtig.

Ab in den Urlaub

Für viele Deutsche ist es die schönste Zeit des Jahres: die Urlaubszeit. Sie wird lange __1.__ geplant: Soll die Familie wieder an den gleichen Ort wie im letzten Jahr fahren? Schließlich kennt man die dortigen __2.__ und ist vor bösen Überraschungen sicher. Oder wagt man den Schritt ins unbekannte Terrain, um mal etwas Neues zu erleben? Man befragt die Nachbarn, recherchiert im Internet oder lässt sich im Reisebüro beraten. Ein kinderfreundlicher Urlaubsort soll es sein und auch ein Ort, an dem die Wünsche aller Familienmitglieder __3.__ werden, damit sich niemand übergangen fühlt. Wichtig sind abwechslungsreiche Aktivitäten für die Kleinen, etwas __4.__ für die Großen, ein paar nette Restaurants in der Nähe der Unterkunft, vielleicht noch Sportmöglichkeiten. Auf jeden Fall soll die Unterkunft an einem __5.__ liegen, wobei Meer mit sanftem Wellengang bevorzugt wird, damit die Kinder gefahrlos am Strand spielen können. Doch auch ein See, auf dem man Boot fahren kann, kommt für viele Familien in Frage. Wegen der Kinder möchte man auch keine allzu lange und beschwerliche Anreise in Kauf nehmen, __6.__ sie nicht quengeln und einem die Vorfreude verderben. Da man im Alltag genug Stress hat, sucht man außerdem nach einem eher ruhigeren, nicht zu __7.__ Ort. Und schließlich ist zu berücksichtigen, dass im August, __8.__ die Kinder Schulferien haben, Hochsaison ist. Sind alle Entscheidungen getroffen, geht es zur Buchung. Wenn man damit früh genug dran ist, lohnt es sich, nach Frühbucherrabatten __9.__ zu halten. Dann steht dem Urlaub nichts mehr im Weg.

1.
- ☐ **A** überlegt
- ☐ **B** im Voraus
- ☐ **C** früh
- ☐ **D** mit Absicht

2.
- ☐ **A** Situation
- ☐ **B** Gegebenheiten
- ☐ **C** Vorkommnisse
- ☐ **D** Lagen

3.
- ☐ **A** genossen
- ☐ **B** nachgegangen
- ☐ **C** gewährt
- ☐ **D** erfüllt

4.
- ☐ **A** sehenswert
- ☐ **B** wandern
- ☐ **C** zum Besichtigen
- ☐ **D** Zeit vertreiben

5.
- ☐ **A** Fluss
- ☐ **B** Gewässer
- ☐ **C** Küste
- ☐ **D** Ufer

6.
- ☐ **A** damit
- ☐ **B** folglich
- ☐ **C** indem
- ☐ **D** weshalb

7.
- ☐ **A** besuchten
- ☐ **B** vollgepackten
- ☐ **C** autofreien
- ☐ **D** überlaufenen

8.
- ☐ **A** weil
- ☐ **B** wann
- ☐ **C** wenn
- ☐ **D** als

9.
- ☐ **A** Ausschau
- ☐ **B** Blick
- ☐ **C** Fokus
- ☐ **D** Übersicht

GI

Übung 3

TR. 25

Sie hören ein Telefongespräch zwischen Frau Kramer von der Beratungsstelle für Reiserechte und Herrn Petzold, der sich informieren möchte. Lesen Sie zuerst die Beispiele und Aufgaben. Ergänzen Sie dann während des Hörens die fehlenden Informationen in Stichworten.

Beispiel 1: Wo befindet sich Herr Petzold? Am Urlaubsort

Beispiel 2: Der Urlaub hält nicht, was im Reiseprospekt versprochen wurde.

1. Ein Mangel ist laut Frau Kramer eine versprochene Leistung, die ______ wird. ______
2. Welches Problem hat Herr Petzold mit der Lage des Hotelzimmers? ______
3. Laut Herrn Petzold mangelt es im Bad und Poolbereich an ______. ______
4. Herr Petzold sollte ______ informieren. ______
5. Frau Kramer empfiehlt, ______, in der die Mängel zu beheben sind. ______
6. Nennen Sie drei Möglichkeiten, die als Beweis für einen Mangel gelten. ______
7. Herr Petzold fragt, ob der Preis eventuell ______ werden kann. ______
8. Nennen Sie drei Bereiche, zu denen die Frankfurter Liste Mängel anführt. ______
9. Die Prozentangaben gelten nur, wenn die Mängel ______ vorhanden sind. ______
10. Flugverspätungen sind oft kein Reisemangel, sie sind nur ______ für die Fluggäste. ______

Übung 4

Streichen Sie das Verb bzw. das Nomen durch, das nicht passt. Achten Sie auch auf die grammatische Verbindung.

1. einen Mangel anzeigen | beweisen | beheben | anbringen | beseitigen | anführen
2. eine Leistung erfüllen | erheben | zusichern | erbringen | beschreiben
3. ein Reisemängelformular aushändigen | eintragen | unterschreiben | ausfüllen
4. eine Frist setzen | verfallen lassen | einhalten | gehen lassen | überschreiten | versäumen
5. einen Zeugen oder eine Zeugin benennen | beibringen | aussagen | anhören
6. den Gästen Verspätungen | Lärm | eine Information | einen schlechten Service zumuten
7. einen verschmutzen Pool | Anhaltspunkte | einen Preis | ein Ärgernis | Unannehmlichkeiten hinnehmen

Übung 5

Mit den folgenden Adjektiven hat man in der Regel positive Assoziationen. Ordnen Sie die Bedeutungen zu.

1. aufstrebend	___	**A**	einfach, umweltfreundlich, der Natur entsprechend
2. familiär	___	**B**	ruhig und landschaftlich schön
3. fußläufig	___	**C**	nahe an Haltestellen oder Bahnhöfen
4. idyllisch	___	**D**	freundschaftlich, kinderfreundlich
5. locker	___	**E**	praktisch, ohne besondere Extras
6. naturnah	___	**F**	nicht störend oder belästigend
7. unaufdringlich	___	**G**	unkompliziert, zwanglos
8. verkehrsgünstig	___	**H**	sich erfolgreich entwickelnd
9. zweckmäßig	___	**I**	nicht weit entfernt, ohne Verkehrsmittel erreichbar

Übung 6

Lesen Sie mehr über die wahre Bedeutung der Adjektive aus Übung 5, wenn sie in Urlaubskatalogen verwendet werden. Ergänzen Sie die Endungen der Artikelwörter und der Adjektive.

1. Manch___ neu___ Hotel liegt in einem aufstrebend___ Ort. **2.** Als Gast muss man mit mehrer___ Belästigungen durch viel___ laut___ Baustellen rechnen.

3. Für etlich___ Gäste ist Ruhe wichtig. **4.** Sie suchen deshalb eine Unterkunft in idyllisch___ Lage und stellen dann fest, dass dort nichts los ist und es kein___ fußläufig erreichbar___ Geschäfte und Restaurants gibt. **5.** Um zu irgendwelch___ attraktiv___ Orten zu gelangen, benötigen sie ein Taxi.

6. Bei all___ naturnah___ Stränden oder Naturstränden hofft manch___ ruheliebend___ Ökotourist auf weitgehend unberührt___ Natur. **7.** Er findet dann aber auch viel___ spitz___ Steine, angeschwemmt___ Müll usw., da dort niemand sauber macht.

8. Einig___ jung___ Gästen ist eine verkehrsgünstig___ Lage der Unterkunft wichtig, um schnell von A nach B zu kommen. **9.** Doch Lärmbelästigungen aufgrund viel___ herumfahrend___ Verkehrsmittel sind inbegriffen.

10. Sie bekommen kein___ weiter___ Getränke oder niemand ist da, der Ihre Fragen beantwortet? **11.** Das kann an manch___ unaufdringlich___ Service liegen. **12.** Ähnliches gilt für eine locker___ Atmosphäre.

13. In einem Zimmer mit zweckmäßig___ Einrichtung gibt es nur wenig___ einfach___ Möbel und nur die allernötigste Ausstattung. **14.** Mehr Komfort ist in geschmackvoll eingerichtet___ Zimmern zu finden.

Grammatik: Die Plural-Artikelwörter **einige**, **etliche**, **mehrere**, **viele** und **wenige** enden wie der bestimmte Artikel. Ein nachfolgendes Adjektiv hat die gleiche Endung: ***für mehrere lange Nächte.***
Die Plural-Artikelwörter **alle**, **irgendwelche** und **keine** haben ebenfalls die gleichen Endungen wie der bestimmte Artikel; die Adjektive jedoch enden immer auf **-en**: ***das Trinkgeld aller jüngeren Gäste***.
Das Artikelwort **mancher** wird im Singular und Plural wie der bestimmte Artikel dekliniert. Die Adjektivdeklination ist wie die nach dem bestimmten Artikel, im Plural ist auch die nach dem Nullartikel möglich; Singular: ***mancher laute Gast***, Plural: ***manche laute(n) Gäste***.

Übung 7

Welche Funktion hat das Wort „es" in den folgenden Sätzen? Notieren Sie den Buchstaben.

1. Nur wenige Deutsche zieht es in ferne Länder. ____

2. Es ist noch nicht sicher, ob der Flug pünktlich ist. ____

3. Das Wort Flugscham ist ein Neologismus. Es ist eine Übersetzung des schwedischen flygskam aus dem Jahr 2017. ____

4. Unser Hotel ist ausgezeichnet, die Verpflegung ist es auch. ____

5. Es wird viel Wert auf guten Service gelegt. ____

6. Es regnet hoffentlich im Urlaub nicht. ____

7. Es folgen viele Tage der Erholung in Spanien. ____

8. Ich bin auf dem Weg zum Flughafen und habe es eilig. ____

9. In der Unterkunft mangelt es an Sauberkeit. ____

10. Immer mehr Reisende interessieren sich für umweltverträgliche Ferienangebote. Ich tue es auch. ____

Funktionen von „es"

A Pronomen für ein Nomen

B Pronomen für ein Adjektiv

C Pronomen für einen Satz

D Korrelat, das auf einen Nebensatz verweist

E Platzhalter, der die Position 1 einnimmt

F formales Subjekt eines unpersönlichen Verbs oder Ausdrucks

G formales Objekt eines idiomatischen Ausdrucks

Übung 8

In welchen Sätzen aus Übung 7 fällt „es" weg, wenn Sie die Wortstellung ändern? In welchen Sätzen kann „es" nicht weggelassen werden? Notieren Sie die Satznummern.

1. Sätze, in denen „es" entfallen kann: ______________________________

2. Sätze, in denen „es" nicht weglassbar ist: ______________________________

Übung 9

Wo fehlt „es"? Markieren Sie die Textstellen wie im Beispiel.

Wer meint /es ernst mit der Flugscham? Handelt sich um ein ernst zu nehmendes Konzept? Zumindest bewirkt, dass immer mal wieder von einem Verbot von Kurzstreckenflügen die Rede ist. Dabei geht um Flüge unter 1.000 Kilometern. Dass das Flugzeug, vergleicht man mit anderen Verkehrsmitteln, die diese Strecke gut bewältigen können, die schlechteste CO_2-Bilanz aufweist, ist unbestritten. Doch sind die Langstreckenflüge, die die wahren Klimakiller sind. Deshalb fehlt nicht an Kritik an Fernreisenden und wird immer wieder vorgeschlagen, auf Flüge in ferne Länder zu verzichten. Aber ist angebracht, Menschen ihre Urlaubsziele vorzuschreiben? Die Debatte hat in sich und wird für weitere hitzige Diskussionen sorgen.

Grammatik: Als Pronomen für ein neutrales Nomen, ein Adjektiv oder einen ganzen Satz ist **es** obligatorisch. Auch als formales Subjekt oder Objekt bei unpersönlichen Verben oder Ausdrücken kann **es** nicht weggelassen werden: ***Es geht um das Fliegen. In dem Text geht es um das Fliegen.*** Als Objekt kann **es** nicht in Position 1 stehen: ***Ich bin es leid zu warten.***

Als Korrelat verweist **es** auf einen nachfolgenden Nebensatz (**dass**-Satz, indirekter Fragesatz oder Infinitiv mit **zu**): ***Es freut mich, dass dein Urlaub so schön war.*** Das Korrelat kann entfallen, wenn ein anderes Element die Position 1 einnimmt: ***Mich freut (es), dass …*** Steht der Nebensatz in Position 1, fällt **es** weg: ***Dass dein Urlaub so schön war, freut mich.***

Als Platzhalter wird **es** beim subjektlosen Passiv und zur Hervorhebung eines Satzteils verwendet. Ist die Position 1 besetzt, fällt **es** weg: ***Es wird viel gelacht. Im Urlaub wird viel gelacht. Es erwartet Sie eine Überraschung! Eine Überraschung erwartet Sie!***

Übung 10

Lesen Sie den Text. Beantworten Sie dann die Fragen 1 – 7. Für jede Frage gibt es nur eine richtige Lösung.

Skifahren in der Kritik

1. Für viele ist Skifahren ein Highlight im Winter: Spaß auf der Piste und in den Skihütten, das Panorama mit der Bergwelt der einzigartigen Alpen und das zünftige Beisammensein oder die große Après-Ski-Party am Abend. Doch längst ist das Vergnügen nicht mehr so unbeschwert. Denn niemand kann mehr die Augen davor schließen, dass der Massentourismus dem Ökosystem Alpen schadet. Naturschutzvereine sprechen von einer unvergleichlichen Umweltsünde. Gleichzeitig ist der Tourismus von großer wirtschaftlicher und finanzieller Bedeutung für die Alpenregion, da er für viele Ansässige die Haupteinnahmequelle ist. Einige Bergdörfer, die schon dem Untergang geweiht waren, konnten überhaupt nur durch den Tourismus zu neuer Blüte kommen. Ein Dilemma, in dem sich Skifans, Einheimische und Naturschutzvereine befinden. Die schlechte Nachricht für die Skifans lautet dabei: Ihr Sport ist tatsächlich alles andere als umweltfreundlich.

2. Um im Wettbewerb um zahlende Touristinnen und Touristen die Nase vorn zu haben, werden immer noch spektakulärere Skigebiete erschlossen. So wird die ohnehin nur kurze Saison so rentabel wie möglich. Die Eingriffe in die Natur sind dabei beträchtlich. Für die Erschließung neuer Skigebiete werden Wälder gerodet, Felswände gesprengt, Böden platt gewalzt. Mitunter müssen sogar Flüsse umgeleitet werden. Doch mit den Pisten allein ist es noch nicht getan. Zu den Skigebieten gehört eine riesige Infrastruktur, für die gewaltige Flächen umgebaut werden, damit neue Hotels, Parkflächen, Anfahrtsstraßen usw. entstehen können. „Ganze Regionen werden geologisch verändert, Lebensräume von Tieren und Pflanzen werden zerstört", mahnt Umweltschützer Peter Heisel. Und Hanna Rieder vom Tierschutzbund macht auf ein weiteres Problem aufmerksam. Sie sagt: „Vielerorts werden Flutlichtanlagen gebaut, damit das Skivergnügen auch in der Nacht weitergehen kann. Für wirtschaftliche Betriebe entlang der Pisten ist dies gut, da sie dann mehr Geld verdienen. Doch die damit einhergehende Lichtverschmutzung schadet nachweislich allen nachtaktiven Tieren."

3. Die Eingriffe in die Bodenbeschaffenheit sind nur ein Faktor, der sich negativ auf die Alpenwelt auswirkt. Hinzu kommt die globale Erderwärmung, die in den Alpen besonders sichtbare Spuren hinterlässt. Die Erwärmung dort ist höher als in anderen Gebieten der Welt, nämlich doppelt so hoch wie im weltweiten Durchschnitt. Mit erschreckenden Folgen: Gletscher ziehen sich zurück, der Dauerfrostboden taut auf und die Schneefallgrenze beginnt in immer höheren Lagen. All dies verringert letztendlich die Stabilität der Berge und erhöht die Lawinengefahr. Auch die Wintersportfans leiden darunter. In einst als schneesicher eingestuften Skigebieten treffen sie auf gesperrte Pisten oder Pisten mit unbefahrbaren Teilstücken, da es nicht ausreichend geschneit hat. Man behilft sich mit dem Einsatz von Schneekanonen, um mit Kunstschnee das Skifahren überall und die ganze Saison lang zu ermöglichen.

4. Künstlicher Schnee ist Umweltschützern wie Peter Heisel ein Dorn im Auge. Aus gutem Grund. Damit eine Beschneiungsanlage funktioniert, sind Schneekanonen, Wasserspeicher, Pumpen und Kompressoren sowie Zuleitungen für Wasser, Luft und Strom erforderlich. Die Lärmbelästigung ist dabei noch das geringste Problem. Es ist vielmehr der enorme Energie- und Wasserbedarf. In der Alpenregion sind etwa 80.000 Schneekanonen im Einsatz. Mit diesem Strom könnten 500.000 Haushalte ein Jahr lang versorgt werden. Da natürliche Wasserquellen wie Bäche oder kleine Alpenseen den Bedarf an Wasser nicht decken können, werden künstliche Wasserspeicher angelegt, um die Beschneiungsanlagen zuverlässig betreiben zu können. Dass während der Schneeschmelze im Frühjahr Wasser in die Natur zurückgeführt wird, mag auf den ersten Blick ein wenig trösten. Da Kunstschnee jedoch dichter als natürlicher Schnee ist, schmilzt er langsamer und blockiert damit die Sauerstoffzufuhr, die der Boden und die Vegetation bräuchten.

5. Wer sich trotz allem für einen Urlaub in den Alpen entscheidet, reist in der Regel mit dem eigenen Auto an. Bei etwa 100 Millionen Urlaubsgästen pro Saison sind Verkehrsstaus vorprogrammiert und die Emissionen summieren sich schnell. Allein die An- und Abreise verursachen drei Viertel des CO_2-Verbrauchs des gesamten Skiurlaubs. Zugegeben, es ist bequem, die oft sehr umfangreiche Skiausrüstung im Auto zu verstauen und einfach loszufahren. Doch der Komfort geht zulasten der gesunden Luft und der Stille der Natur, die man ja eigentlich so sehr an den Alpenregionen schätzt.

6. Doch es geht auch anders. Kooperationen wie die ***Alpine pearls*** machen es vor. In den ***Alpine pearls*** haben sich derzeit 19 Tourismusgebiete in den Alpen unter dem Aushängeschild „Natürlich sanfter Urlaub" zusammengeschlossen. Die Gebiete bieten klimafreundliche und naturnahe Urlaubserlebnisse ohne Auto. Die Anreise erfolgt per Bahn oder Fernbus, im Urlaubsort selbst garantieren umweltfreundliche Shuttle-Busse, E-Bikes oder die Möglichkeit, ein E-Auto zu mieten, uneingeschränkte Mobilität. Die touristischen Anlagen dieser Orte zeichnen sich durch die Verwendung natürlicher Baustoffe und erneuerbarer Energien aus. Was den Winterspaß angeht, setzen die Kooperationsmitglieder auf umweltverträglichere Sportarten wie Langlaufen, Rodeln oder Schneewandern und sie verzichten auf Massenabfertigungen auf ihren kleineren alpinen Pisten. Gastronomisch gesehen punkten sie mit regionalen Produkten. Die Perlen der Alpen versprechen also Urlaubsfreuden, bei denen die Gäste ganz ohne schlechtes Gewissen die Vorzüge der Bergwelt genießen können.

1. In Absatz 1 geht es darum zu zeigen,

☐ **A** warum sich Wintersport so großer Beliebtheit erfreut.
☐ **B** was die Bevölkerung vom Skitourismus hält.
☐ **C** wie der Skifahrspaß einen Interessenkonflikt bewirkt.
☐ **D** dass die Alpenregion ohne Tourismus nicht überlebt.

2. Welche Aussage fasst den Inhalt von Absatz 2 am besten zusammen?

☐ **A** Die massiven Eingriffe in die Natur machen das Skifahren attraktiver.
☐ **B** Für den Bau von Pisten und Infrastruktur werden Naturräume geschädigt.
☐ **C** Der Bau neuer Skigebiete mit Flutlicht bringt Wettbewerbsvorteile.
☐ **D** Aus Rücksicht auf Tiere und Pflanzen ist Skifahren nachts zu verbieten.

3. Die Alpenregion ist laut Absatz 3 ein erschreckendes Beispiel für ...

☐ **A** die Zunahme von Lawinen.
☐ **B** zu geringe Schneefälle.
☐ **C** den Klimawandel.
☐ **D** gefährliche Skigebiete.

4. Laut Absatz 4 ist Kunstschnee ...

☐ **A** eine Lösung, wenn nicht genug Schnee fällt.
☐ **B** zu vermeiden, damit die Haushalte mehr Strom zur Verfügung haben.
☐ **C** unproblematisch, weil die Natur im Frühjahr wieder Wasser erhält.
☐ **D** umweltbelastend, da zur Beschneiung viel Wasser und Strom nötig sind.

5. Welche Aussage ist in Absatz 5 impliziert?

☐ **A** Im Auto anreisende Skifans verhalten sich widersprüchlich.
☐ **B** Man soll auf den Komfort des Autos verzichten.
☐ **C** Die Menge des Gepäcks sollte verringert werden.
☐ **D** Die Alpenregionen sind auf so viele Autos nicht vorbereitet.

6. Welche Überschrift passt inhaltlich am besten zu Absatz 6?

☐ **A** Neue Sportarten in den Alpen
☐ **B** Die 19 schönsten Orte der Alpenländer
☐ **C** Ohne Auto zurück zur Natur
☐ **D** Mehr Bewegung, mehr Spaß

7. Hauptanliegen des Textes ist es, ...

☐ **A** über das Ökosystem der Alpen zu informieren.
☐ **B** das Urlaubsvergnügen Skifahren kritisch zu hinterfragen.
☐ **C** positiv über den alpinen Skisport zu berichten.
☐ **D** den Wintersportfans nützliche Ratschläge zu geben.

Übung 11

Welche Wörter oder Ausdrücke werden im Text aus Übung 10 anstelle der unterstrichenen Umschreibungen verwendet? Notieren Sie sie.

1. Doch längst ist das Vergnügen nicht mehr so problemlos. ____________________
2. Denn niemand kann mehr ignorieren, dass ... ____________________
3. Einige Bergdörfer, die schon fast untergegangen waren, konnten überhaupt nur durch den Tourismus wieder aufleben. ____________________ ____________________ ____________________
4. Um im Wettbewerb um zahlende Touristinnen und Touristen erfolgreich zu sein, ... ____________________
5. Dass während der Schneeschmelze im Frühjahr Wasser in die Natur zurückgeführt wird, muntert auf den ersten Blick vielleicht etwas auf. ____________________ ____________________
6. ... es ist bequem, die oft sehr umfangreiche Skiausrüstung im Auto unterzubringen. ____________________
7. ... haben sich derzeit 19 Tourismusgebiete unter dem Werbeslogan „Natürlich sanfter Urlaub" zusammengeschlossen. ____________________
8. ... überzeugen sie mit regionalen Produkten. ____________________

DSH

Übung 12

Vervollständigen Sie die folgenden Sätze, indem Sie die unterstrichenen Satzteile umformulieren, ohne die Textinformation zu verändern.

1. Einige Bergdörfer, die schon dem Untergang geweiht waren, konnten überhaupt nur durch den Tourismus zu neuer Blüte kommen.
   Einige ____________________ Bergdörfer konnten überhaupt nur durch den Tourismus ...
2. Für die Erschließung neuer Skigebiete werden Wälder gerodet, Felswände gesprengt, Böden platt gewalzt.
   ____________________, werden Wälder gerodet, Felswände gesprengt, Böden platt gewalzt.

3. Mitunter müssen sogar Flüsse umgeleitet werden. (*Aktiv*)

   Mitunter ______________________________.

4. Und Hanna Rieder vom Tierschutzbund macht auf ein weiteres Problem aufmerksam. Sie sagt: „Vielerorts werden Flutlichtanlagen gebaut, damit das Skivergnügen auch in der Nacht weitergehen kann. Für wirtschaftliche Betriebe entlang der Pisten ist dies gut, da sie dann mehr Geld verdienen. Doch die damit einhergehende Lichtverschmutzung schadet nachweislich allen nachtaktiven Tieren."

   Und Hanna Rieder vom Tierschutzbund macht auf ein weiteres Problem aufmerksam. Sie sagt, vielerorts ________________ Flutlichtanlagen ________________, damit das Skivergnügen auch in der Nacht ________________. Für wirtschaftliche Betriebe entlang der Pisten ________________ dies gut, da sie dann mehr Geld ________________. Doch die damit einhergehende Lichtverschmutzung ________________ nachweislich allen nachtaktiven Tieren."

5. In einst als schneesicher eingestuften Skigebieten treffen sie auf gesperrte Pisten oder …

   In Skigebieten, ______________________________, treffen sie auf gesperrte Pisten oder …

6. Mit diesem Strom könnten 500.000 Haushalte ein Jahr lang versorgt werden. (*Passiversatz*)

   Mit diesem Strom ________________ 500.00 Haushalte ein Jahr lang ________________.

7. Die touristischen Anlagen dieser Orte zeichnen sich durch die Verwendung natürlicher Baustoffe und erneuerbarer Energien aus.

   Die touristischen Anlagen dieser Orte zeichnen sich ________________ aus, ______________________________.

Modelltest

Hinweis: Der Modelltest lehnt sich an die telc-Prüfungen Deutsch C1 und Deutsch C1 Hochschule an. Um bei der Simulation des Tests ein möglichst realistisches Ergebnis zu erhalten, sollten Sie während des gesamten Modelltests keinerlei Hilfsmittel benutzen und die Zeitangaben im Blick behalten. **Leseverstehen und Sprachbausteine:** Nehmen Sie sich für die Aufgaben zu allen drei Lesetexten und für die Sprachbausteine 90 Minuten Zeit. (In der Prüfung müssen Sie innerhalb dieser Zeit auch die Lösungen auf ein Antwortblatt übertragen.)

Leseverstehen Teil 1

Lesen Sie den folgenden Text. Welche der Sätze A bis H gehören in die Lücken 1 bis 6? Es gibt jeweils nur eine richtige Lösung. Zwei Sätze können nicht zugeordnet werden. Lücke 0 ist ein Beispiel.

Sie lesen in einer Fachzeitschrift den folgenden Artikel:

Wandel der Arbeitswelt

Im Laufe des 20. Jahrhunderts haben sich die Arbeitswelt und die Vorstellung davon, was Arbeit ist, stark verändert. Zeitlicher Ausgangspunkt für die folgenden Betrachtungen ist das späte deutsche Kaiserreich. __0.__ Grund dafür war die Industrialisierung und die Entwicklung Deutschlands zu einer der führenden Industrienationen. Die Zahlen sprechen für sich: Um 1907 gab es 17,8 Millionen Arbeiter in der Landwirtschaft, Industrie sowie im Handel und Verkehr. Davon waren allein 10,6 Millionen in der Industrie beschäftigt. __1.__ Diese Arbeit war schmutzig und schweißtreibend und eine Domäne der Männer.

Arbeitende Frauen wurde Anfang des 20. Jahrhunderts nur in Ausnahmefällen akzeptiert. __2.__ Beispielsweise der Tod des Ehemanns. Arbeitende Frauen wurden allerdings im Bereich der Landwirtschaft akzeptiert, da hier schon immer alle Familienmitglieder mitarbeiten mussten. Reine Hausfrauentätigkeiten hingegen waren keine Arbeit. Auch die Tätigkeiten von Krankenschwestern, Soldaten und Beamten oder wurden damals nicht als Arbeit verstanden, sondern als Dienst.

__3.__ Doch neue Technologien und kostengünstigere Produktionsmöglichkeiten im Ausland führten dazu, dass in Deutschland immer weniger Industriearbeiter benötigt wurden.

Das letzte Viertel des 20. Jahrhunderts brachte endgültig einen Wandel zu ganz neuen Formen der Arbeit, die sich unter dem Begriff „Dienstleistungsarbeit" zusammenfassen lassen. Das Wachstum der Bevölkerung und die gleichzeitige Zunahme von Aufgaben des Staates verlangten nach modernen Bürokratien, für die Personal erforderlich wurde. Die Beschäftigung im öffentlichen Dienst nahm ebenso rasant zu wie die in privaten Dienstleistungsunternehmen wie Banken und Versicherungen. __4.__ So wurde das Büro zum meist verbreiteten Arbeitsplatz. Dienstleistungsarbeit wurde genau wie die Handelsarbeit überwiegend von Frauen verrichtet. Nimmt man den großen Bereich der Dienstarbeit in Kommunikation und Verkehr hinzu, wird deutlich, in welch hohem Maß Dienstleistungen Arbeit für die Gesellschaft umfassen.

Der Übergang von der industriell dominierten zur dienstleistenden Arbeitsgesellschaft hat eine unglaubliche berufliche Vielfalt hervorgebracht. Aber auch die Arbeit selbst hat sich stark verändert und mit ihr ihre gesellschaftliche Bedeutung. Man arbeitet deutlich weniger: Um 1910 verbrachte ein Arbeiter in seinem Leben 120.000 Stunden mit Arbeit. In den heutigen Zeiten moderner Industriearbeit oder Dienstleistungen sind es im Durchschnitt 70.000 Stunden. Auch die einst physischen Belastungen durch körperliche Arbeit gingen enorm zurück. __5.__ Sie beugen einer Vielzahl von Unfallgefahren und Berufskrankheiten vor, die früher an der Tagesordnung waren. Man war auch darauf angewiesen, so früh wie möglich Geld zu verdienen, lange Zeit zu arbeiten und dabei noch gesund zu bleiben. Diese Art der Abhängigkeit von Arbeit existiert heute dank des Sozialstaates, der sich ab 1950 herausgebildet hat, nicht mehr in diesem Maß.

Die Menschen im 20. Jahrhundert sind unabhängiger von der Arbeit geworden. Die Verringerung der zeitlichen, gesundheitlichen und sozialen Abhängigkeiten von Arbeit brachte einen unvergleichlichen individuellen Freiheitsgewinn mit sich. __6.__ Die Abhängigkeit von Arbeit ist natürlich immer noch vorhanden, tritt aber in Konkurrenz zu anderen alltäglichen Unternehmungen in Familie und Freizeit.

Text nach:
Tenfelde, Klaus: Von der Industrie zur Dienstleistung - Strukturwandel der Arbeit im 20. Jahrhundert, in: Haus der Geschichte der Bundesrepublik Deutschland (Hrsg.), Hauptsache Arbeit. Wandel der Arbeitswelt seit 1945, Bonn; Bielefeld 2009, S. 16-29. (zu Lehrzwecken verändert und gekürzt)

Beispiel:

In jener Zeit erreichten die Veränderungen der Arbeit einen Höhepunkt.

A Der Vorrang der Industriearbeit galt in den westlichen Industrienationen bis um 1960.

B Dieser wird heute in vielfältigen Aktivitäten außerhalb von Arbeitsverhältnissen ausgelebt.

C Der Grund war die zunehmend bessere berufliche Ausbildung von Frauen.

D Deshalb bezog sich der Begriff „Arbeit" damals in erster Linie auf die Industriearbeit.

E Das zog einen großen Bedarf an kaufmännisch, administrativ und technisch geschultem Personal nach sich.

F Die Arbeitslosenversicherung, das Streikrecht oder das Rentensystem sind gute Beispiele dafür.

G Das ist auf die modernen Arbeitsschutzmaßnahmen zurückzuführen.

H Sie verrichteten die harte Industriearbeit nur dann, wenn die Lebensumstände sie dazu zwangen.

Leseverstehen Teil 2

Lesen Sie den folgenden Text. In welchem Textabsatz A bis E finden Sie Antworten auf die Fragen 1 bis 6? Jeder Absatz kann Antworten auf mehrere Fragen enthalten.

Beispiel:

In welchem Abschnitt ...
0 gibt die Autorin Anlass zur Hoffnung? – **Lösung:** A

Die Rettung der Dörfer

A Gehört das deutsche Dorf der Vergangenheit an? Oder kann es wiederbelebt werden? Diese Fragen scheinen nicht ganz unberechtigt zu sein, wenn man die Dörfer im Osten und Westen Deutschlands betrachtet. Erste Dörfer wurden schon aufgegeben und stehen leer, der Verfall scheint unausweichlich. Oder aber die Dorfbevölkerung ist überaltert, da es junge Menschen in die Städte zieht, in denen sie Ausbildungs- und Arbeitsmöglichkeiten finden. Wer bleibt, sind die Älteren, die schon immer da gelebt haben und sich keinen Ortswechsel vorstellen können. Kleinere landwirtschaftliche Betriebe können sich kaum noch halten. Aufgrund der EU-Vorschriften und der Konkurrenz von städtischen Großbetrieben lohnt es sich finanziell letztendlich oft nicht mehr, einen Kleinbetrieb zu führen. Es ist einfacher, sein Land zu verpachten, damit Windkrafträder oder Solaranlagen darauf gebaut werden. Doch es rührt sich etwas: Immer mehr Dörfer wollen sich nicht einfach ihrem Schicksal ergeben und beginnen für ihr Dorf zu kämpfen.

B Wer die Dorfbevölkerung halten will, darf die Infrastruktur eines Dorfes nicht weiter verfallen lassen. Einige Kommunalpolitikerinnen und -politiker haben dies erkannt und setzen alles daran, ihr Dorf wieder so attraktiv zu machen, dass es sogar Interessierte von außerhalb anzieht. Das Augenmerk liegt dabei auf Familien. Da werden Kinderspielplätze saniert, Mountainbike-Parks aufgebaut und Waldkindergärten ins Leben gerufen. Es wird auch dafür gesorgt, dass Schulkinder, zumindest bis zum Übergang in eine höhere Schule, eine Grundschule vor Ort haben. Dafür schließen sich auch manche Nachbardörfer zusammen, sodass gesichert ist, dass die ersten Schuljahre in unmittelbarer Nähe verbracht werden können. Man muss sich aber auch darum kümmern, dass es nicht nur den Schulbus, sondern einen regelmäßigen Betrieb öffentlicher Verkehrsmittel gibt, etwa einmal pro Stunde. Attraktiv wird ein Dorf für Menschen von außerhalb auch dadurch, dass Grundstücke günstig erworben werden können, denn vor allem Familien träumen von einem bezahlbaren Eigenheim.

C Der Dorfmittelpunkt war einst der Marktplatz, um den sich ein Gasthaus, eine Bäckerei oder Metzgerei befanden. Seinerzeit gab es da – man kann es sich heute kaum noch vorstellen – ein kleines Kino mit Kindervorstellungen am Nachmittag. Heute ist in vielen Dörfern das „Herzstück" nicht mehr zu finden. Eine lebendige Ortsmitte so wie damals wird es wohl leider nicht mehr geben, doch es gibt eine Lösung, mit der sich bereits einige Dörfer behelfen: eine Art Dienstleistungsladen, der Paketdienste, Brötchen, Schreibwaren, ein paar Lebensmittel und Getränke anbietet. Ein paar Sitzgelegenheiten davor, und es ist fast wie damals. Und wenn sich niemand findet, der einen solchen Laden betreiben möchte, dann geht es vielleicht auch anders: Nach dem Motto „Wir helfen uns selbst" haben schon mehrere Dorfgemeinschaften beschlossen, dass sie zusammen einen kleinen Supermarkt eröffnen, an dem sich jeder nach seinen Fähigkeiten beteiligt.

D Eine große Sorge der ländlichen Bevölkerung ist die medizinische Versorgung. Es ist hinreichend bekannt, dass Praxen, sobald die Ärztin oder der Arzt in den Ruhestand geht, nicht nachbesetzt werden. Kleinere Krankenhäuser in der nächstgelegenen größeren Kreisstadt drohen geschlossen zu werden. Viele, die ihr Medizinstudium gerade beendet haben, scheuen das finanzielle Risiko einer eigenen Praxis oder befürchten eine hohe Arbeitsbelastung auf dem Land, da sie jederzeit abrufbar sein müssen und auch des Nachts zu entfernt wohnenden Patientinnen und Patienten gerufen werden. Hier wird zum Glück seit Jahren gegengesteuert: Die Kassenärztlichen Vereinigungen einiger Bundesländer geben Umsatzgarantien und locken auf diese Weise niederlassungswillige Ärztinnen und Ärzte an. Und Medizinstudierenden wird ein Teil des Studiums finanziert, wenn sie sich verpflichten, nach dem Studium für eine bestimmte Zeit eine ärztliche Praxis auf dem Land zu übernehmen. Diese Maßnahmen stimmen einen optimistisch.

E Ein bewährtes Mittel, mit dem sich Dörfer erfolgreich retten, ist die Vermarktung einer individuellen Besonderheit. So gibt es Dörfer, die Wein-, Kraut- oder Bratwurstspezialitäten und die dazu passenden Feste anbieten und sich dadurch einen Namen gemacht haben. Wenn es dann noch Übernachtungsmöglichkeiten gibt, ist der Zulauf von Gästen sicher. Ebenso erfolgreich lassen sich Ferien auf dem Bauernhof vermarkten. Andere Gemeinden konzentrieren sich darauf, Radlerinnen und Radler zu sich zu locken. Sie bauen das Radfahrnetz aus und punkten mit fahrradfreundlichen Lokalen. Die positiven Effekte: Es werden Jobs in ganz unterschiedlichen Bereichen geschaffen und es herrscht wieder Leben im Dorf. Und das lockt vielleicht auch neue Bewohnerinnen und Bewohner an.

Text nach:
Frietsch, Martina: Perspektiven für das Dorf von morgen, https://www.planet-wissen.de/gesellschaft/landwirtschaft/landleben_die_neue_lust_aufs_leben/pwieperspektivenfuerdasdorfvonmorgen100.html, letzter Zugriff: 25.04.2023. (zu Lehrzwecken verändert und gekürzt).

In welchem Abschnitt ...

1. erinnert die Autorin an schöne frühere Zeiten? ___

2. stellt die Autorin wirtschaftlich rentable Konzepte vor? ___

3. zeichnet die Autorin das Bild von Dörfern ohne Zukunft? ___

4. gibt die Autorin Beispiele für touristisch aktive Dörfer? ___

5. fordert die Autorin weitere Maßnahmen? ___

6. begrüßt die Autorin die von offizieller Seite bereits unternommenen Schritte? ___

Leseverstehen Teil 3

Lesen Sie den folgenden Text und die Aussagen 1 bis 12. Welche der Aussagen sind richtig (+), falsch (-) oder gar nicht im Text enthalten (x)? Es gibt jeweils nur eine richtige Lösung.

Wir alle kennen sie: brennende, stechende oder pochende Schmerzen. Es gibt viele Beschreibungen, doch Schmerzen tun vor allem eins: Sie quälen uns. Nichts ist uns wichtiger, als sie möglichst schnell wieder loszuwerden. Doch so einfach ist es nicht.

Zuallererst sind Schmerzen ein wichtiges Alarmsignal unseres Körpers, das uns sagt, dass etwas nicht stimmt und dass unserem Körper Schaden droht. Diese Funktion haben Schmerzen unabhängig davon, ob sie durch äußere Einflüsse, zum Beispiel eine Verletzung beim Sport, oder durch eine Erkrankung entstehen. Dass die Alarmfunktion so wichtig ist, zeigt sich bei Menschen, deren Schmerzwahrnehmung gestört ist. Besonders erschreckend sind die Folgen bei Menschen, die unter Diabetes leiden. Wenn die Krankheit fortgeschritten ist, versagen die Nerven in den Füßen und man empfindet keinerlei Schmerz mehr. Die Füße können sich verformen oder Wunden heilen nicht mehr richtig.

Schmerzen beginnen auf der Haut oder in den inneren Organen. Dort sitzen Nozizeptoren, spezielle Sinnesfühler, die auf Schmerzen spezialisiert sind. Sie senden elektrische Impulse aus, wenn sie einen starken Druck, Kälte, Hitze oder gewisse chemische Stoffe spüren. Bei Verletzungen leiten spezielle Schmerzfasern die Signale der Nozizeptoren über das Rückenmark weiter ans Gehirn, wo sie verarbeitet werden. Wenn das passiert, empfinden wir Schmerzen. Nicht alle Signale werden sofort ins Gehirn geschickt. Die Nervenzellen im Rückenmark können nämlich bewirken, dass wir mit einem Reflex reagieren und dann keinen bewussten Schmerz verspüren. Dies ist der Fall, wenn wir reflexartig unsere Hand zurückziehen, nachdem sie einen zu heißen Gegenstand berührt hat.

Wie stark wir Schmerzen empfinden, wird von vielen verschiedenen Faktoren beeinflusst. Beispielsweise von unserer momentanen Gefühlslage. Aber auch unsere bisherigen Schmerzerfahrungen spielen eine große Rolle. Beide Faktoren verändern genau die Nervenzellen im Rückenmark und Gehirn, die die ankommenden Impulse unterdrücken oder verstärken können. Dementsprechend unterschiedlich fällt unser Schmerzempfinden aus. Die am Schmerz beteiligten Mitspieler sind überaus mächtig, was immer wieder Beispiele aus dem Leistungssport zeigen. Während der Olympiade in Rio de Janeiro hatte sich ein deutscher Turner schwer verletzt: Das Kreuzband am rechten Knie war gerissen. Trotzdem turnte er weiter - zum Entsetzen des Publikums, das den Sturz miterlebt hatte. Erst nachdem die Übung zu Ende geturnt war, also nach der Belastung, schien sich der Schmerz bemerkbar zu machen und der Turner ließ eine Behandlung zu.

Wenn der Schmerz akut ist, sollte sofort gehandelt werden. Eine Wunde etwa ist zu desinfizieren und mit einem Pflaster oder Verband zu schützen. Bei einer Bänderverletzung wie der des Turners oder anderen Sportverletzungen an den Gliedmaßen gilt die PECH-Regel. Das P steht für Pause, das E für Eis, das C für Compression und das H für Hochlagern. Man sollte also die betroffene Körperregion nicht länger belasten, sondern kühlen, mit einem Druckverband versorgen und den Fuß oder das Bein hochlegen bzw. den Arm oder die Hand hochhalten. So verringert man den Blutfluss und vermeidet stärkere Schmerzen.

Werden starke Schmerzen nicht ausreichend behandelt, hinterlassen sie Spuren im Nervensystem. In verschiedenen Untersuchungen konnten solche Veränderungen im Rückenmark eindeutig nachgewiesen werden. Ähnliche Schmerzspuren entstehen sehr wahrscheinlich aber auch im Gehirn. Als sicher gilt, dass derartige Veränderungen oder Schmerzspuren die nozizeptiven Nervenzellen empfindlicher für Schmerzreize machen. So können eigentlich harmlose, nicht schmerzhafte Reize als spontane Schmerzen empfunden werden.

Nicht alle Schmerzen verschwinden irgendwann. Sie halten über einen langen Zeitraum an oder sind in regelmäßigen Abständen immer wieder da. Die Ursachen solcher chronischer Schmerzen sind vielfältig. Manchmal sind die Nozizeptoren dauerhaft gereizt. Dies trifft auf chronische Erkrankungen wie Wundschmerzen oder Bauchkrämpfe zu. Manchmal sind die Nervenfasern, die die Schmerzsignale weitergeben, schuld an Dauerschmerzen. Denn wenn die Fasern beschädigt sind, funktionieren sie nicht mehr, wie sie sollen, sondern senden pausenlos Signale. Schmerzen, die auf diese Weise entstehen, können oft nicht genau lokalisiert werden, weil die beschädigten Nerven auch noch falsche Informationen geben. Sie können Patientinnen und Patienten sogar so sehr täuschen, dass diese an den betroffenen Stellen keine Schmerzen empfinden, sondern Schmerzen an Stellen fühlen, die gar nicht erkrankt sind. Im Extremfall ist der vermeintlich schmerzende Körperteil gar nicht mehr existent, zum Beispiel nach einer Amputation. Dennoch schmerzt er. Es handelt es sich dabei um Phantomschmerzen, medizinisch ausgedrückt: um neuropathische Schmerzen. Auch bei einem Schlaganfall, einer Nervenentzündung oder dem eingangs erwähnten Diabetesfuß geht es um neuropathische Schmerzen. Bei Tumorerkrankungen hingegen wirken nozizeptorische und neuropathische Schmerzen zusammen.

Eine weitere Ursache chronischer Schmerzen können Fehlsteuerungen sein. Rückenschmerzen werden oft dadurch verursacht, dass ein Muskel verspannt ist, was dann zu Funktionsstörungen weiterer Muskeln führt. Auch bei Migräne und Kopfschmerzen wird eine Fehlsteuerung vermutet. Man nimmt an, dass bei einer Migräne der Blutfluss im Gehirn gestört ist und bei Spannungskopfschmerzen die Muskulatur im Nacken nicht einwandfrei funktioniert.

In der Regel wird alles daran gesetzt, Schmerzpatientinnen und -patienten zu helfen, indem man sie Tests unterzieht und sie gründlich untersucht. Trotzdem findet sich oft keine medizinische Erklärung für die chronischen Schmerzen, unter denen sie leiden. Hier sollte man in Erwägung ziehen, dass irgendeine seelische Belastung, Überlastung im Beruf oder Stress im Privatleben die Schmerzen mitverursachen könnten.

Chronische Schmerzen dürfen nicht mit einer Chronifizierung verwechselt werden, im Volksmund eher als Schmerzgedächtnis bekannt. Dabei kommt es zu biochemischen und physiologischen Veränderungen an den Rezeptoren im Gehirn und im Rückenmark. Diese Veränderungen lösen Dauerschmerzen aus. Viele Patientinnen und Patienten gehen davon, dass eine Schmerztherapie dann erfolgreich ist, wenn die Veränderungen medikamentös beseitigt werden, denn so könne das Schmerzgedächtnis gelöscht werden. Bislang ist jedoch kein Medikament bekannt, das die Schmerzspuren im Gehirn rückgängig machen kann. Richtig ist aber, dass Patientinnen und Patienten lernen müssen, die Angst vor den Schmerzen zu beherrschen und mit den Schmerzen so gut wie möglich zu leben.

Als effektiv haben sich Therapien erwiesen, die verschiedene Ansätze vereinen und individuell auf die Betroffenen abgestimmt werden. Neben schmerzstillenden Medikamenten kommen verschiedene Verfahren aus der Psychotherapie, Physiotherapie sowie der Sport- und Ergotherapie in Frage. In psychotherapeutischen Verfahren lernt man einzeln oder in Gruppen zum Beispiel Entspannungstechniken, die einem helfen, mit Schmerzen umzugehen. In der Physiotherapie kommen unter anderem Wärme- oder Kältebehandlungen, Massagen und Krankengymnastik zum Einsatz, die gezielt die Schmerzen des betroffenen Körperteils lindern sollen. Die Sport- und Ergotherapie schließlich fördert die Beweglichkeit, verbessert die Kraft und Belastung des Körpers insgesamt. Außerdem setzt man bei Schmerztherapien auch auf die heilende Wirkung von Pflanzen und Heilkräutern und auf Akupunktur.

Text nach:
Müller-Gesser, Ralph: Krank vor Schmerz, 02.06.2016, https://www.apotheken-umschau.de/krankheiten-symptome/symptome/krank-vor-schmerz-708191.html, letzter Zugriff: 25.04.2023. (zu Lehrzwecken verändert und gekürzt).

Welche der Aussagen sind richtig (+), falsch (-) oder nicht im Text enthalten (x)?

1. Schmerzen signalisieren normalerweise, dass wir verletzt oder krank sind. ___

2. Unser Gehirn entscheidet, ob wir mit Schmerzen oder mit Reflexen reagieren. ___

3. Wenn wir gute Laune haben, lassen sich Schmerzen abschwächen. ___

4. Ein Turner konnte trotz einer Knieverletzung weiterturnen, weil die körperliche Belastung Leistungssportlern nichts ausmacht. ___

5. Die PECH-Regel gibt das Vorgehen bei blutenden Wunden vor. ___

6. Ungenügend behandelte Schmerzen beeinflussen die Nozizeptoren, die dann sogar ungefährliche Reize erkennen können. ___

7. Ständig entzündete Sinnesfühler und nicht intakte Nervenfasern sind zwei der Ursachen für chronische Schmerzen. ___

8. Phantomschmerzen entstehen, weil die Signale der Nervenfasern gestört sind. ___

9. Rücken- und Kopfschmerzen sind darauf zurückzuführen, dass man sich nicht genug oder falsch bewegt hat. ___

10. Es ist möglich, das Schmerzgedächtnis mit Erfolg zu heilen. ___

11. Schmerzpatientinnen und -patienten werden durch das Zusammenspiel verschiedener therapeutischer Verfahren wieder schmerzfrei. ___

Welche der Überschriften A, B oder C passt am besten zum Text? Markieren Sie die Lösung.

12. ☐ A Maßnahmen und Therapien bei Verletzungen
☐ B Unser Schmerzgedächtnis
☐ C Zum richtigen Umgang mit Schmerzen

Sprachbausteine

Lesen Sie den folgenden Text. Welche Lösung (A, B, C oder D) ist jeweils richtig? Markieren Sie die Lösungen. Lücke 0 ist ein Beispiel.

Kreuzfahrten

Seit Jahren stehen Kreuzfahrtschiffe in der Kritik. Zugegeben, eine Kreuzfahrt hat viele ___0.___: Als Gast gelangt man in einem einzigen Urlaub an zahlreiche Traumorte, ___1.___ man an Bord jeden nur erdenklichen Komfort genießt. Wie ___2.___ könnte man fast mühelos und in relativ kurzer Zeit so viele attraktive Orte im Mittelmeer oder in der Karibik erreichen und muss ___3.___ nicht ständig die Koffer ein- und auspacken oder das Tagesprogramm planen? Einmal ___4.___, muss man sich um nichts mehr kümmern. Unterbringung, Verpflegung, Ausflüge, auf denen die Passagiere die Umgebung ___5.___ können, abwechslungsreiche Unterhaltung an Bord – für alles ist ___6.___ gesorgt und das ist bequem. Außerdem stimmt das Preis-Leistungs-Verhältnis. ___7.___ erklärt sich, warum Kreuzfahrten so beliebt sind.

Die schwimmenden Städte machen wirklich ___8.___, was ihre Ausmaße, ihre Ausstattung und die eingebaute Technik angeht. 4.000 bis 6.000 Passagiere finden Platz, im Jahr 2019 waren fast 28 Millionen Menschen auf den Kolossen unterwegs und die Kreuzfahrt-Branche jubelt über Umsätze in ___9.___. Doch das alles hat eine ___10.___, denn die Umweltschäden sind immens. ___11.___ muss man wissen, dass Kreuzfahrtschiffe bislang mit Schweröl betrieben werden, also ___12.___ Kraftstoff, der für Fahrzeuge an Land verboten ist. Die Luftverschmutzung ___13.___ Kreuzfahrtschiffe wird insbesondere zum Problem, wenn sie vor Anker liegen und die Motoren nicht ausgeschaltet werden, damit der Bordbetrieb ___14.___ gehalten werden kann. Die ___15.___ sieht man beispielhaft in einer kleinen idyllischen Bucht an der kroatischen Küste, die regelmäßig von den Ozeanriesen ___16.___ wird. Mehrere Pflanzen- und Tierarten sind verschwunden. ___17.___ sich die angefahrenen Orte über den Zustrom so vieler Touristinnen und Touristen freuen sollten, haben sie letztendlich keinen Nutzen ___18.___. Ausflüge sind bereits organisiert, ___19.___ eine einheimische Reiseleitung überflüssig macht. Da man rund um die Uhr an Bord verköstigt wird, geht man an den Lokalen vor Ort einfach vorbei. ___20.___ werden nur Müllberge hinterlassen, bevor es zurück aufs Schiff geht.

___21.___ ihres schlechten Rufs besinnen sich die Kreuzfahrtunternehmen darauf, ökologisch verträglicher zu werden, ___22.___ sie beispielweise Flüssiggas statt Schweröl, Abwasserfilter und Landstrom verwenden. Wirklich nachhaltig wird ein Urlaub auf einem Kreuzfahrtschiff trotzdem nicht.

Beispiel **Lösung: B**

0. ☐ A Probleme
☐ B Vorteile
☐ C Hindernisse
☐ D Meinungen

1. ☐ A weil
☐ B wenn
☐ C während
☐ D weshalb

2. ☐ A viel
☐ B sonst
☐ C sehr
☐ D gut

3. ☐ A dafür
☐ B schon
☐ C vielleicht
☐ D deshalb

4. ☐ A buchen
☐ B buchend
☐ C gebucht
☐ D bucht

5. ☐ A unternehmen
☐ B ausprobieren
☐ C Spaß haben
☐ D erkunden

6. ☐ A bestens
☐ B am besten
☐ C bestenfalls
☐ D bestmöglichst

7. ☐ A Davon
☐ B Dabei
☐ C Dafür
☐ D Dadurch

8. ☐ A Aufsehen
☐ B Interesse
☐ C Eindruck
☐ D Dimension

9. ☐ A milliarden Höhe
☐ B Milliarden hoch
☐ C Milliardenhöhe
☐ D milliardenhoch

10. ☐ A Vorwurf
☐ B Schattenseite
☐ C Nachteil
☐ D Sorge

11. ☐ A Demgegenüber
☐ B Für das
☐ C Zudem
☐ D Dazu

12. ☐ A ein
☐ B eine
☐ C einen
☐ D einem

13. ☐ A wegen
☐ B durch
☐ C von
☐ D mittels

14. ☐ A in Bewegung
☐ B am Gehen
☐ C am Laufen
☐ D in Funktion

15. ☐ A Ursachen
☐ B Auswirkungen
☐ C Ergebnisse
☐ D Folgerungen

16. ☐ A angelaufen
☐ B besuchen
☐ C besichtigen
☐ D gefahren

17. ☐ A Wenn
☐ B Da
☐ C Obwohl
☐ D Nichtsdestotrotz

18. ☐ A damit
☐ B davon
☐ C dafür
☐ D darum

19. ☐ A dies
☐ B was
☐ C die
☐ D wodurch

20. ☐ A Es
☐ B Sie
☐ C Danach
☐ D Statt

21. ☐ A Zwecks
☐ B Entsprechend
☐ C Ungeachtet
☐ D Angesichts

22. ☐ A darum
☐ B indem
☐ C dadurch
☐ D anstatt

Hörverstehen

Hinweis: In der Prüfung hören Sie die drei Hörtexte ohne Unterbrechung hintereinander. Alle Angaben - das sind jeweils Aufgabenstellung, Lesezeit und der Hörtext - erfolgen von einer Audio-Datei. Am Ende der Datei erhalten Sie den Hinweis, dass Sie fünf Minuten Zeit haben, um die Antworten auf ein Antwortblatt zu übertragen.
Hörverstehen im Modelltest: Damit Sie ein realistisches Ergebnis erhalten, empfehlen wir das folgende Vorgehen: Lesen Sie die Aufgabenstellung, nehmen Sie sich dann die angegebenen Minuten Zeit, um die Aussagen bzw. Folien zu lesen und um gegebenenfalls Markierungen oder Notizen zu machen. Starten Sie erst danach den Hörtext.

TR. 26

Hörverstehen, Teil 1

Sie hören die Meinungen von acht Personen. Sie hören die Meinung nur einmal. Entscheiden Sie beim Hören, welche Aussage A bis J zu welcher Person passt. Zwei Aussagen passen nicht. Lesen Sie jetzt die Aussagen A bis J. Sie haben dazu eine Minute Zeit.

Frühes Fremdsprachenlernen

A Jedes Kind ist anders und sollte frei entscheiden, ob es eine Fremdsprache oder etwas anderes lernen will.

B Mehrsprachigkeit gelingt nur, wenn die erste und die zweite Sprache mit dem gleichen Aufwand gelernt werden.

C Wirklich bilingual werden Kinder nur bis zu einem bestimmten Alter.

D Erst ab der 5. Klasse sollten Fremdsprachen gelehrt werden und bis dahin die Muttersprache.

E Nur wenn die familiären Umstände es erfordern, ist das Erlernen weiterer Sprachen sinnvoll.

F Es ist Unsinn zu glauben, das kindliche Gehirn sei mit dem Fremdsprachenlernen überfordert.

G Das frühe Fremdsprachenlernen verbessert die späteren beruflichen Möglichkeiten.

H Für eine zweisprachige Erziehung spricht, dass die Kinder aufmerksamer und konzentrierter sind.

I Da es Kindern leichtfällt, mit zwei Sprachen aufzuwachsen, spricht nichts dagegen.

J Sprachenlernen erweitert den kindlichen Horizont und hilft, andere Welten besser zu verstehen.

Person	1	2	3	4	5	6	7	8
Aussage								

Hörverstehen, Teil 2

TR. 27

Sie hören eine Radiosendung. Sie hören die Sendung nur einmal. Entscheiden Sie beim Hören, welche Aussage (A, B oder C) am besten passt. Markieren Sie Ihre Lösungen.
Lesen Sie jetzt die Aufgaben 1 bis 10. Sie haben dazu drei Minuten Zeit.

1. Herr Dr. Becker
- ☐ **A** ist Schlafforscher und arbeitet schon seit vielen Jahren als Chronobiologe.
- ☐ **B** ist vor allem an dem Zusammenhang zwischen Biorhythmus und Arbeitswelt interessiert.
- ☐ **C** untersucht die negativen Auswirkungen von Schichtarbeit auf Lkw-Fahrer.

2. Viele Menschen
- ☐ **A** sind zu unnatürlichen Zeiten wach oder müde.
- ☐ **B** werden vor allem in Pausenzeiten schnell müde.
- ☐ **C** leben gegen ihre innere Uhr und sind dabei chancenlos.

3. Die Nacht
- ☐ **A** wird vom Menschen genutzt, um nichts zu verpassen.
- ☐ **B** zum Tag zu machen, kann auf Dauer krank machen.
- ☐ **C** ist die Zeit, in der gefeiert und gearbeitet wird.

4. Verkehrsunfälle
- ☐ **A** ereignen sich zu bestimmten Zeiten auffällig oft.
- ☐ **B** sind auf Autobahnen häufiger anzutreffen als auf anderen Straßen.
- ☐ **C** geschehen zu 66 Prozent in der Nacht, wenn man sehr müde ist.

5. In einem Experiment
   - ☐ **A** durften die Versuchspersonen schlafen, wann immer sie wollten.
   - ☐ **B** zeigte sich, dass sich nur mit dem Nachtschlaf kein konstanter Zyklus entwickelte.
   - ☐ **C** verlängerten sich die Schlafzeiten immer mehr, weil es kein Licht im Keller gab.

6. Wir Menschen haben
   - ☐ **A** genau 90 Minuten für den Besuch einer Hochschulveranstaltung.
   - ☐ **B** keine Konzentration, wenn wir 60 Stunden nur im Bett liegen.
   - ☐ **C** regelmäßig und mehrmals am Tag ein Leistungstief.

7. Der schwankende Biorhythmus
   - ☐ **A** hat Einfluss darauf, wann wir eine Infektion bekommen.
   - ☐ **B** entscheidet, ob wir vormittags einen Herzinfarkt oder Fieber haben.
   - ☐ **C** sorgt dafür, dass wir morgens Schmerzen stärker wahrnehmen.

8. Wenn unsere Körpertemperatur sinkt,
   - ☐ **A** ist die beste Zeit, um Arbeiten zu verrichten.
   - ☐ **B** erholen wir uns während des Schlafs auffallend gut.
   - ☐ **C** fühlen wir einen Anstieg der Leistungsfähigkeit.

9. Unser subjektives Zeitgefühl
   - ☐ **A** hängt mit der wechselnden Körpertemperatur zusammen.
   - ☐ **B** können wir mit unserer Vorstellungskraft beeinflussen.
   - ☐ **C** funktioniert besser, wenn wir etwas Spannendes machen.

10. Herr Dr. Becker
    - ☐ **A** erklärt, wie man mit weniger Schlaf zurechtkommen kann.
    - ☐ **B** gibt Beispiele dafür, was die Folgen von zu wenig Schlaf sind.
    - ☐ **C** bedauert, dass in der heutigen Gesellschaft niemand richtig wach ist.

Hörverstehen, Teil 3

TR. 28

Sie hören einen Vortrag. Sie hören den Vortrag nur einmal. Sie haben Handzettel mit den Folien der Präsentation erhalten. Schreiben Sie die fehlenden Informationen stichwortartig in die freien Zeilen in der rechten Spalte. Die Lösung 0 ist ein Beispiel.
Lesen Sie jetzt die Stichworte. Sie haben dazu eine Minute Zeit.

Die Präsentation	Ihre Notizen
Vortragsreihe **„Informationen zum Studium"** Dr. Nora Ahrens **Thema** **0. „…"**	**0.** Frauenstudiengänge
Ausgangslage Herausforderungen in Deutschland: erneuerbare Energien, künstliche Intelligenz, Klimaneutralität Situation an den Hochschulen: zu wenige Frauen **1. …** Ziel der Frauenstudiengänge: **2. …**	**1.** ______ **2.** ______
Warum Frauenstudiengänge? Dominanz der Männer in bestimmten Fächern Reaktion der Frauen: **3. … und …** Gesellschaftlicher Druck durch alte Rollenbilder Reaktion der Frauen: **4. …**	**3.** ______ **4.** ______

Fächer und Aufbau der meisten Frauenstudiengänge

Fächer: aus dem MINT-Bereich

Aufbau: meist zuerst vier Semester monoedukativ,

5. dann ...

5. ______

Vorteile von Frauenstudiengängen

- entspanntere Lernatmosphäre
- Beginn bei Null
- **6. ...**
- intensivere Kommunikation
- mehr Team- und Projektarbeit
- **7. ... und ...**
- Kontakt zu Unternehmen

6. ______

7. ______

Drei Kritikpunkte und Gegenargumente

„Niveau und Anforderungen geringer"

Gegenargumente:

- gleicher Stoff, nur andere Methodik
- gleiche Prüfungen

8. „..."

Gegenargument: Gleichstellung im MINT-Bereich gefordert

9. „..."

Gegenargumente:

- gestärktes Selbstbewusstsein
- **10. ...**
- erfolgreiche Bewerbungen

8. ______

9. ______

10. ______

Schriftlicher Ausdruck

Wählen Sie eines der folgenden Themen. Schreiben Sie einen Text, in dem Sie Ihren eigenen Standpunkt dazu erarbeiten und argumentativ darlegen. Ihr Text soll mindestens 350 Wörter umfassen.
Sie haben 70 Minuten Zeit.

Thema 1

In einem sozialwissenschaftlichen Seminar sollen Sie Ihre Haltung zum Thema **„Anwesenheitspflicht“** reflektieren.

Greifen Sie die unten genannten Zitate auf, berücksichtigen Sie auch Ihre eigenen Erfahrungen und legen Sie Vor- und Nachteile verschiedener Positionen dar. Fassen Sie Ihre Ergebnisse zusammen.

„Die Anwesenheitspflicht in universitären Veranstaltungen verhindert ein individuelles und selbstbestimmtes Studium.“

„Man kann sich nicht alles allein beibringen und das führt auch zu schlechteren Prüfungsergebnissen.“

oder:

Thema 2

In einem wirtschaftswissenschaftlichen Seminar sollen Sie Ihre Haltung zum Thema **„4-Tage-Woche“** reflektieren.

Greifen Sie die unten genannten Zitate auf, berücksichtigen Sie auch Ihre eigenen Erfahrungen und legen Sie Vor- und Nachteile verschiedener Positionen dar. Fassen Sie Ihre Ergebnisse zusammen.

„Die 40-Stunden-Woche von fünf auf vier Tage zu ändern, führt zu mehr Freiheit und Motivation der Angestellten.“

„Ein Arbeitszeitmodell mit zehn Arbeitsstunden pro Tag überfordert Beschäftigte und Unternehmen gleichermaßen.“

Mündlicher Ausdruck

Hinweise: Die mündliche Prüfung ist eine Paarprüfung, das heißt, Sie kommunizieren vorwiegend mit der/dem anderen Prüfungsteilnehmenden. Die Prüfung dauert insgesamt 16 Minuten und besteht aus mehreren Teilen.
In **Teil 1A**, der **Präsentation**, geht es darum, ein Thema strukturiert, flüssig und sprachlich angemessen darzustellen. Sie wählen zwischen zwei Themen und haben eine Vorbereitungszeit von 20 Minuten, in der Sie sich Stichworte zum Aufbau, zu Beispielen usw. machen können.
Teil 1B, Zusammenfassung und Anschlussfragen: Während Ihrer Präsentation macht sich die/der andere Teilnehmende Notizen, um danach das Gehörte kurz zusammenzufassen. Sie/Er stellt Ihnen Anschlussfragen, die Sie kurz beantworten sollen.
Dann erfolgt die Präsentation der/des anderen Prüfungsteilnehmenden. Jetzt machen Sie sich Notizen, fassen das Gehörte zusammen und stellen Anschlussfragen.
Im Anschluss daran wird Ihnen in **Teil 2**, der **Diskussion**, von den Prüfenden ein Zitat vorgelegt, über das Sie nach einer kurzen Bedenkzeit zusammen mit der/dem anderen Prüfungsteilnehmenden diskutieren sollen. Dabei ist es wichtig, miteinander sprachlich zu interagieren. Ihre Meinung sollten Sie begründen und mit Beispielen belegen können.

Teil 1A: Präsentation (3 Minuten)

In einer Veranstaltung sollen Sie ein Kurzreferat (ca. 3 Minuten) halten. Wählen Sie eines der Themen aus. Sie können sich Notizen machen (Stichworte, keinen zusammenhängenden Text). Denken Sie auch an eine Einleitung und einen Schluss bzw. ein Fazit. Ihr Referat soll gut gegliedert sein und das Thema verständlich und ausführlich darstellen. Im Anschluss werden Ihnen Fragen gestellt.

Themen

- Immer wieder wird vorgeschlagen, Hausaufgaben in der Schule abschaffen, um mehr Gleichheit unter den Schülerinnen und Schülern herzustellen, denn nicht alle Eltern sind in der Lage, ihre Kinder bei den Hausaufgaben zu unterstützen. Sind Sie der Meinung, dass dieser Vorschlag sinnvoll ist? Begründen Sie Ihren Standpunkt.
- Welchen Stellenwert sollte das Erlernen von Fremdsprachen Ihrer Meinung nach in der Schule und im Studium haben? Begründen Sie Ihre Haltung. Berichten Sie auch, wie wichtig Fremdsprachen in Ihrem Heimatland (oder einem Land Ihrer Wahl) sind.

Teil 1B: Zusammenfassung und Anschlussfragen (2 Minuten)

- Machen Sie sich Notizen, während Ihre Partnerin / Ihr Partner ihre/seine Präsentation hält. Im Anschluss fassen Sie die Präsentation Ihrer Partnerin / Ihres Partners zusammen.
- Stellen Sie dann Ihrer Partnerin / Ihrem Partner Anschlussfragen.

Teil 2: Diskussion (6 Minuten)

Diskutieren Sie mit Ihrer Partnerin oder Ihrem Partner:

Wer fremde Sprachen nicht kennt, weiß nichts von seiner eigenen.

Johann Wolfgang von Goethe, deutscher Dichter, 1749–1832

Aufgabe

- Wie verstehen Sie diese Aussage?
- Inwiefern teilen Sie diese Ansicht?
- Geben Sie dazu Gründe und Beispiele an.
- Gehen Sie auch auf die Argumente Ihrer Partnerin oder Ihres Partners ein.

LÖSUNGEN

Wenn es verschiedene Varianten zu einer Lösung gibt, sind sie durch einen Schrägstrich voneinander getrennt. Für weitere Lösungen, die in die gleiche Richtung gehen, aber nicht aufgeführt sind, steht „o.Ä." (oder Ähnliches). In Klammern gesetzte Wörter sind nicht für eine korrekte Lösung erforderlich.

KAPITEL 1

1.
1. F; **2.** M; **3.** D; **4.** G; **5.** L; **6.** B; **7.** E; **8.** K; **9.** C; **10.** I; **11.** H; **12.** J; **13.** A

2.
1. C; **2.** A; **3.** D; **4.** B; **5.** B; **6.** C; **7.** D; **8.** B; **9.** A

3.
1. durchfallen; **2.** teilnehmen; **3.** notieren; **4.** gewöhnen; **5.** sammeln; **6.** gelangen

4.
1. die Recherche; **2.** die Erweiterung; **3.** das Belegen (eines Kurses), der Beleg (= Beweis); **4.** die Anwendung; **5.** die Teilnahme; **6.** das Hören; **7.** die Investition; **8.** der Eintrag, die Eintragung; **9.** der Erwerb; **10.** der Verlust

5.
1. C; **2.** A: **3.** B; **4.** B; **5.** A; **6.** C; **7.** B; **8.** B

6.
1. A; **2.** A; **3.** B; **4.** B; **5.** B; **6.** A; **7.** B

7.
1. C; **2.** G; **3.** A; **4.** F; **5.** J; **6.** B; **7.** E; **8.** I

8.
1. einhergehen; **2.** mitbringen; **3.** einteilen; **4.** ausüben; **5.** verfügen; **6.** schaffen; **7.** setzen; **8.** erweitern; **9.** einschränken; **10.** zusammenstellen

9.
A **7.**; B **6.**; C **9.**; D **5.**; E **2.**

10.
1. wird ... angeboten; **2.** können ... verlangt werden; **3.** werden ... ausgetragen; **4.** eingeladen worden ist; **5.** wird ... erteilt; **6.** ist ... abgesagt worden; **7.** müssen ... erledigt werden; **8.** ist ... vermittelt worden

11.
1. kann ... finanziert werden; **2.** fördert der Staat Studierende; **3.** Von ihnen kann ein Antrag ... gestellt werden / Ein Antrag ... kann von ihnen gestellt werden; **4.** es muss berücksichtigt werden; den man ... zurückzahlen muss; **5.** werden von den Banken zusätzlich noch Zinsen genommen; **6.** Viele Studierende bevorzugten; **7.** Von Alina wurde ein Tutorium übernommen, ... vorangebracht werden sollte

12.
1. muss festgehalten werden; **2.** kann ... nicht verzichtet werden; **3.** muss (sollte) überlegt werden; **4.** müssen bedacht werden; **5.** kann ... gestritten werden; **6.** kann ... gefunden werden

13.

Person	1	2	3	4	5
Aussage	D	G	A	C	E

KAPITEL 2

1.
1. die Jobmesse; **2.** der Ausbildungsplatz; **3.** das Bewerbungsschreiben; **4.** die Gehaltsvorstellung; **5.** die Berufserfahrung; **6.** die Zeitarbeitsfirma; **7.** das Konfliktmanagement; **8.** das Stellenangebot; **9.** die Personalabteilung; **10.** das Bewerberprofil

2.
1. Lebenslauf; **2.** Deckblatt; **3.** Foto; **4.** Zeugnisse; **5.** Anschreiben; **6.** Unterschrift; **7.** Betreff; **8.** Empfehlung; **9.** Unterlage

3.
1. A; **2.** E; **3.** C; **4.** A; **5.** C; **6.** B

4.
1. D; **2.** E; **3.** F; **4.** B; **5.** A; **6.** C

5.
1. technische Ausrüstung; **2.** Testmodus / Testlauf; **3.** nicht zu hell / von der Seite; **4.** die Körpersprache zu erkennen; **5.** lenkt nicht (vom Gesprächsinhalt) ab; **6.** in der Wohnung seiner Eltern / bei seinen Eltern; **7.** das Handy auszuschalten; **8.** auswendig gelernt; **9.** berufliche Ziele; **10.** Lebenslauf / Anschreiben / Stellenanzeige / Stifte / Papier für Notizen

6.
1. auf; **2.** an; **3.** danach; **4.** bei; **5.** um; **6.** auf; **7.** von; **8.** davon; **9.** an; **10.** daran; **11.** aus; **12.** für; **13.** Über; **14.** dafür; **15.** auf

7.
1. verarbeiten; **2.** bearbeiten; **3.** ausarbeiten; **4.** einarbeiten; **5.** (sich) erarbeiten; **6.** umarbeiten; **7.** abarbeiten; **8.** durcharbeiten

8.
1 D nicht völlig unwissend auftreten o.Ä.; **2 B** seit meiner abgeschlossenen Berufsausbildung o.Ä.; **C** sehr gute Abschlusszeugnisse; **D** erfolgreich absolvierte Ausbildung o.Ä.; **3 A** ein paar Tage mitarbeiten; **C** durch gute Arbeit zur Festanstellung o.Ä.; **4 B** Eltern redeten auf mich ein; **C** privates Umfeld begann einzuwirken; **5 A** Respekt genieße / mich sehr wohl fühle; **B** mag die Abwechslung sehr

9.
1. E; **2. I**; **3. G**; **4. F**; **5. L**; **6.C**; **7. H**; **8. A**; **9. B**; **10. K**; **11. D**; **12. J**

10.
1. auf der Hand liegen; **2.** in Kontakt treten; **3.** auf Unverständnis stoßen; **4.** in Betracht ziehen; **5.** Gespräche führen; **6.** sich zum Ziel setzen; **7.** Anklang finden; **8.** in Frage kommen; **9.** Respekt genießen

11.
1. C; **2. F**; **3. G**; **4. B**; **5. H**; **6. A**; **7. E**; **8. D**

12.
1. leisten einen Beitrag zur Entstehung von Konflikten; **2.** nicht genug Anerkennung findet; **3.** geraten sachliche Argumente oft in Vergessenheit; **4.** Man muss auf die Wünsche aller Rücksicht nehmen / Auf die Wünsche aller muss Rücksicht genommen werden; **5.** kann man die strittigen Themen zur Diskussion stellen / können die strittigen Themen zur Diskussion gestellt werden

KAPITEL 3

1.
Ursachen: **E**, **G**; *Folgen:* **C**, **F**

2.
1. D; **2. F**; **3. H**; **4. E**; **5. I**; **6. J**: **7. C**; **8. A**; **9. B**; **10. G**

3.
1. zudem, darüber hinaus; **2.** vielmehr, allerdings; **3.** nichtsdestotrotz; **4.** immerhin; **5.** demnach, somit; **6.** ansonsten

4.
1. sonst; **2.** schließlich; **3.** Allerdings; **4.** nämlich; **5.** Somit; **6.** darüber hinaus

5.
1. +; **2.** +; **3.** x; **4.** -; **5.** x; **6.** +; **7.** +; **8.** -; **9.** +; **10.** -; **11.** -; **12. A**

6.
1 D; **2 C**; **3 A**; **4 F**; **6 H**; **7 E**; **8 B**; **10 G**; *5 und 9 passen nicht*

7.
1. hinterlassen / verursachen; **2.** Frage; **3.** verschiedener / mehrerer; **4.** Vorteil; **5.** Einsparung / Ersparnis; **6.** Übertragung; **7.** Energie / CO_2; **8.** Orte / Freizeiteinrichtungen; **9.** verdienen; **10.** klimaschädlich / umweltschädlich

8.
1. C; **2. F**; **3. D**; **4. E**; **5. A**; **6. B**

9.
1. sich kaum unterschieden habe; **2.** gelten würden, liegen würden / lägen, hätten; **3.** was (aber) passiere, heranziehe; **4.** ob dann die Großstädte besser abschneiden würden; **5.** betrieben würden, hinzugerechnet werden müssten, ausfalle

10.
1. der Expertin zufolge; **2.** laut dem Autor; **3.** nach dem Bericht / dem Bericht nach

11.
1. Laut Glaeser verursachen die Bewohnerinnen und Bewohner von New York City sechs Tonnen weniger CO_2; **2.** Nach der finnischen Studie / Der finnischen Studie nach ist der CO_2-Fußabdruck in der Großstadt sogar 23 Prozent größer als auf dem Land; **3.** Der Studie des Verkehrsministeriums zufolge legt man in der Großstadt 38 Prozent der Fahrten mit dem Auto zurück

12.
1. Gegner; **2.** Rathaus; **3.** Architektin; **4.** keine Veranstaltung / kein Programm; **5.** die Kleinen / (die) Kinder

KAPITEL 4

1.

1. **B, C, D, E, G, H, J, M, P, Q**; **2.** **A, F, I, K, L, N, O, R, S, T**

2.

1. **G**; **2.** **E**; **3.** **B**; **4.** **H**; **5.** **I**; **6.** **C**; **7.** **A**; **8.** **F**; **9.** **D**

3.

1. aufgrund ... kommt es zu / führen zu / sind der Grund für / ursächlich für ... sind / hat zur Folge; **2.** liegt an / sind die Folge / resultieren aus / wird verursacht durch

4.

1.

4 %	Trinken und Kochen
12 %	Reinigung (Haus, Garten, Geschirr)
12 %	*Wäschewaschen*
27 % / mehr als ein Viertel	Toilettenspülung
über 33 %	*Körperpflege / Baden und Duschen*

2. umweltbewussteres Verhalten / wassersparende Haushaltsgeräte (Waschmaschinen) / Toiletten mit Spartaste / steigender Wasserpreis o.Ä.

5.

1. gut ein Viertel; **2.** knapp ein Drittel, etwa ein Drittel; **3.** rund die Hälfte, fast die Hälfte; **4.** etwas weniger als zwei Drittel; **5.** etwas über drei Viertel

6.

1. Balkendiagramm; **2.** Kreisdiagramm; **3.** Säulendiagramm; **4.** Liniendiagramm / Kurvendiagramm

7.

1. zurückgehen; **2.** senken; **3.** die Prognose; **4.** stagnieren; **5.** das Element; **6.** die Prozentzahl; **7.** das Segment; **8.** die Quote

8.

1. zu; **2.** um; **3.** von, auf; **4.** Gegenüber; **5.** an; **6.** von, bis; **7.** mit, auf; **8.** pro

9.

1. gibt Auskunft; **2.** im Vergleich; **3.** erfolgen; **4.** stammen vom; **5.** aus dem Jahr; **6.** Höchstwert; **7.** am wichtigsten; **8.** gefolgt von; **9.** im Mittelfeld; **10.** vergleichsweise; **11.** Verglichen damit; **12.** wichtigste; **13.** belegt; **14.** Platz 2; **15.** auf dem letzten Platz

10.

Frau Dr. Messner, Forderung: sich bewusst werden, woher wasserintensive Lebensmittel stammen / keine wasserintensiven Lebensmittel importieren / Verzicht auf wasserintensive Lebensmittel aus trockenen Ländern – ***Argument:*** Trinkwasser zur künstlichen Bewässerung nötig / schlechte Anbaubedingungen in den Herkunftsländern o.Ä.

Herr Windrich, Forderung: Kleidung aus nachwachsenden Rohstoffen produzieren / Kleidung aus Holz / aus recyceltem Plastik statt aus Baumwolle herstellen / aus Materialien und Herkunft der Kleidung achten / Kleidung länger tragen – ***Argument:*** Baumwollanbau zerstört Natur o.Ä.

11.

1. **C**; **2.** **D**; **3.** **B**; **4.** **A**; **5.** **D**; **6.** **D**

12.

1. Indikativ; **2.** Infinitiv, werden; **3.** Partizip II, haben/sein

13.

1. will sich seit einem Jahr vegan ernähren; **2.** Die Nachrichten vom Plastikmüll im Meer sollen eine Übertreibung sein; **3.** In den letzten Jahren soll es weltweit weniger Mikroplastik gegeben haben; **4.** Durch seine Lebensweise will er noch nie viele Abfälle verursacht haben; **5.** Regionale Lebensmittel sollen im vergangenen Jahr weniger gekauft worden sein; **6.** Er will sich schon immer für recycelte Kleidung interessiert haben

14.

1. Kolumbien; **2.** Malaysia/Indonesien; **3.** beide; **4.** Kolumbien; **5.** Malaysia/Indonesien; **6.** passt nicht; **7.** passt nicht

15.

1. **C**; **2.** **B**; **3.** **B**; **4.** **D**; **5.** **A**; **6.** **B**; **7.** **C**; **8.** **C**; **9.** **C**; **10.** **D**; **11.** **B**; **12.** **A**; **13.** **D**; **14.** **A**; **15.** **C**; **16.** **B**; **17.** **B**; **18.** **C**; **19.** **B**; **20.** **C**; **21.** **D**

KAPITEL 5

1.

1. C; **2.** B; **3.** A; **4.** C; **5.** D; **6.** B; **7.** A; **8.** D; **9.** C; **10.** B

2.

1. Fledermäuse; **2.** wahrnehmen; **3.** orientieren; **4.** zufällig; **5.** Ebene; **6.** glänzende; **7.** reflektiert; **8.** geblendet; **9.** Brille

3.

1. C; **2.** D; **3.** A; **4.** B; **5.** A; **6.** B; **7.** C

4.

1. E; **2.** L; **3.** G; **4.** H; **5.** N; **6.** A; **7.** J; **8.** C; **9.** M; **10.** D; **11.** F; **12.** I; **13.** B; **14.** K

5.

trennbar: durchkommen; ***untrennbar:*** übersehen, übertragen, unterbrechen, unternehmen, unterschätzen, widerlegen; ***beides:*** umgehen

6.

1. umschreiben, A; **2.** umgehen, B; **3.** durchdringen, B; **4.** unterstellen A; **5.** übergehen B

7.

1. durchlebt; **2.** umzudenken, zu überdenken; **3.** übersprungen; **4.** widersprochen; **5.** durchgeführte, überzeugt; **6.** durchgelesen

8.

1. Biologie und Technik; **2.** geniale und effiziente Prozesse (und Konstruktionen); **3.** technischen Umsetzung; **4.** haftet fest / nicht zu entfernen; **5.** Roboterarm / Arme von Robotern; **6.** Beweglichkeit (und) Sensibilität / beweglich (und) sensibel; **7.** Flügel (leicht nach oben) gebogen sind; **8.** immer saubere Blätter / Blätter immer sauber; **9.** fein strukturierte (und) wachsartige (Oberfläche der) Blätter / Blätter mit feiner Struktur und wie Wachs; **10.** Fassadenfarbe / Farbe für Außenwände

9.

1. f; **2.** r; **3.** f; **4.** r; **5.** r; **6.** f; **7.** f; **8.** f

10.

1. umsetzen; **2.** entscheiden; **3.** hervorbringen; **4.** durchleben; **5.** widersprechen; **6.** verschließen

11.

1. A; **2.** B; **3.** A; **4.** A

12.

1. die Helligkeit; **2.** die Nützlichkeit; **3.** die Stummheit; **4.** die Regelmäßigkeit; **5.** die Mobilität; **6.** die Nähe; **7.** die Genialität; **8.** die Mühelosigkeit

13.

1	2	3	4	5
D	B	E	A	C

KAPITEL 6

1.

1. Wortwolke; **2.** lügt; **3.** Sprechabsicht; **4.** bilingual; **5.** Gestik, Mimik, nonverbale; **6.** sprachlos

2.

1. verspreche; **2.** ansprechen; **3.** vorspricht, nachsprichst; **4.** entspricht; **5.** sich ... aussprechen; **6.** besprochen; **7.** auszusprechen; **8.** widersprechen; **9.** sich ... versprochen hat / versprach; **10.** uns ... absprechen

3.

1. hielt; **2.** gibt, halten; **3.** kommen; **4.** getroffene; **5.** stößt

4.

1. Forscher; **2.** Forscher und Forscherinnen; **3.** die Forschenden; **4.** die Vorgesetzten; **5.** der Mensch; **6.** die Abteilung; **7.** Empfänger; **8.** ärztlichen Attest; **9.** benutzerfreundlich; **10.** künstlerisch

5.

1. B; **2.** „divers“ nicht enthalten / berücksichtigt o.Ä.; **3.** die Option „divers“, Personenbezeichnungen; **4.** B; **5.** C; **6.** B

6.

1. D; **2.** I; **3.** A; **4.** G; **5.** B; **6.** M; **7.** K; **8.** L; **9.** N; **10.** C; **11.** F; **12.** E; **13.** H; **14.** J

7.

1. prognostizieren; **2.** wünschen; **3.** warnen; **4.** vermuten; **5.** bedauern; **6.** zweifeln; **7.** überzeugt sein

8.

1 C; **2** F; **3** G; **4** A

9.
1 und das ist gut so; **2** zwar ..., aber; **3** womöglich, könnte; **4** Überlegen Sie, gendern Sie / Aufforderung an das Lesepublikum (*Imperativ*)

10.
1. A; **2.** B; **3.** C; **4.** D; **5.** B; **6.** A; **7.** C; **8.** C; **9.** B

11.
1. die Frage; **2.** des Effekts; **3.** von Studien; **4.** durch die Gruppe; **5.** Ihre; **6.** klassische; **7.** für die runde Form; **8.** mit dem Forscher

12.
1. Der unangenehme und harte Klang des Wortes „Kiki"; **2.** Die häufige Verwendung des Bouba-Kiki-Effekts durch die Werbebranche; **3.** Unser fehlendes Interesse an Beispielen für Kunstwörter; **4.** Die Auswahl der Versuchspersonen nach deren Muttersprache durch das Forschungsteam aus Berlin; **5.** Die Durchführung eines vergleichbaren Experiments durch Wolfgang Köhler im letzten Jahrhundert / im letzten Jahrhundert durch Wolfgang Köhler; **6.** Der nur geringfügige Unterschied der Ergebnisse

13.
1. Personenbezeichnungen werden zunehmend gegendert / Man gendert zunehmend Personenbezeichnungen; **2.** Die Diversität wird bei der Doppelnennung nicht berücksichtigt / Man berücksichtigt die Diversität bei der Doppelnennung nicht; **3.** Einige Parteien verwenden die Gendersprache konsequent / Die Gendersprache wird von einigen Parteien konsequent verwendet; **4.** gegenderte Berufsbezeichnungen positiv auf Mädchen wirken; **5.** Medien unglaublich kreativ sind

14.
1. E; **2.** H; **3.** G; **4.** A; **5.** J; **6.** C; **7.** F; **8.** I; **9.** B; **10.** D

15.
1. werden - würden - wurden - worden; **2.** bieten - Betten - beten - bitten; **3.** wann - wen - wenn - wer - wem; **4.** einer - eine - ein - einem - einen; **5.** zeigt - Zeit - seit - zieht - sieht; **6.** fühle - Fülle - Felle - Welle - volle; **7.** leise - reise - reize - reite - leite

16.
recht, einem, ehrlich, könnten (***zu hören:*** echt, einen, ähnlich, können)

KAPITEL 7

1.
1. E; **2.** I; **3.** G; **4.** B; **5.** J; **6.** F; **7.** H; **8.** A; **9.** D; **10.** C

2.
1 A Freude in den Gesichtern für mich ein Gewinn; **D** wurde mir große Dankbarkeit entgegengebracht; **2 B** Dienst für das Gemeinwohl kümmerte mich nicht; **3 B** (Einstellung änderte sich,) als Tochter in den Kindergarten kam; **D** Schlüsselerlebnis bei Abgabe der Spenden; **4 A** jedes Wochenende trainiere ich (Jungs und Mädchen); **C** um 9 Uhr wartet er immer schon; **D** machte es mir zur Gewohnheit / in ständigem Kontakt mit einer Begegnungsstätte; **5 A** schwierig, sich auszuklinken / schwierig, nichts zu tun; **B** (Engagement der anderen Eltern) ließ mir kaum eine andere Wahl o.Ä.

3.
1. sich ausklinken; **2.** bei der Stange halten; **3.** opfern; **4.** mein Augenmerk richtete sich auf; **5.** war mir heilig; **6.** eingespannt; **7.** sich selbst am nächsten stehen; **8.** es nicht (so) gut getroffen haben; **9.** eine Runde drehen; **10.** nach dem Rechten sehen; **11.** ins Rollen gekommen

4.
1. dem Sieg unserer Mannschaft; **2.** seinem Umzug; **3.** der Geburt meiner Tochter; **4.** Beginn des Trainings / Trainingsbeginn; **5.** einem/dem regelmäßigen Unterricht von Flüchtlingen; **6.** unseres Spaziergangs; **7.** einem/dem Anruf eines Kommilitonen bei einer Flüchtlingsorganisation

5.
1. Seit/Seitdem vor ein paar Jahren viele Flüchtlinge angekommen sind; **2.** Als wir uns zum ersten Mal trafen; **3.** Wenn sie Anträge ausfüllten; **4.** Nachdem sie das Studium beendet hatte; **5.** Bevor man ein Ehrenamt übernimmt; **6.** Während man ehrenamtlich tätig ist

6.
1. B; **2.** A; **3.** C; **4.** B; **5.** B; **6.** C; **7.** B; **8.** C

7.
1. A; 2 A; **3.** B; **4.** B; **5.** A; **6.** B; **7.** B

8.
1. der Mangel, bedürftig, die Geldsorgen (*Pl.*), mittellos, einkommensschwach, die Knappheit; die Not; **2.** wohlhabend, das Vermögen / vermögend, begütert, der Wohlstand

9.
1. E; **2.** F; **3.** A; **4.** C; **5.** A; **6.** B; **7.** D

10.
1. Einige Eltern vermögen/wissen die Bedürfnisse ihrer Kinder nicht einzuschätzen. **2.** Leon scheint sich zu schämen. **3.** Noch mehr Kinder drohen in die Armut abzurutschen. **4.** Der Staat hat zu reagieren. Nun gedenkt er das Kindergeld zu erhören. **5.** Die meisten Eltern brauchen keine Zuschüsse zu beantragen.

11.
falsche Sätze: **3**, **5**, **6**

KAPITEL 8

1.
1. Digitalisierung; **2.** rückständig; **3.** online; **4.** künstliche; **5.** real; **6.** Fortschritt; **7.** interaktiven; **8.** Innovation; **9.** Zwilling; **10.** gesteuerte; **11.** Roboter; **12.** Empathie; **13.** Zukunft

2.
1. Angriff; **2.** Sensor; **3.** Anwendung; **4.** Daten; **5.** Falschmeldungen; **6.** virtuell; **7.** Intelligenz; **8.** smart, **9.** autonom; **10.** analog

3.
1. +; **2.** -; **3.** -; **4.** x; **5.** +; **6.** +; **7.** x; **8.** -; **9.** +; **10.** +; **11.** -; **12.** A

4.
1. A, C; **2.** B, C; **3.** A, B; **4.** B, C; **5.** B, C; **6.** A, B; **7.** A, C; **8.** A, C; **9.** B, C; **10.** A, B; **11.** A, B; **12.** B, C

5.
1. autonom / selbstständig / eigenständig; **2.** analysieren; **3.** Suche; **4.** Handel; **5.** Sparen; **6.** sicherer; **7.** Gefahren; **8.** angegriffen / attackiert / manipuliert; **9.** Bekämpfung / Behebung; **10.** Richtigkeit / Glaubwürdigkeit / Zuverlässigkeit o.Ä.

6.
1. angesichts, aufgrund, dank, infolge; **2.** ungeachtet; **3.** mithilfe, mittels; **4.** hinsichtlich

7.
1. B; **2.** C; **3.** B; **4.** A; **5.** B

8.
1. Statt der Verwendung eines Übersetzungstools; **2.** Mangels moderner Technologien an vielen Orten; **3.** Um Falschmeldungen zu ermitteln; **4.** Trotz der Installation aktueller Sicherheitssysteme; **5.** Weil sich der IT-Bereich schnell entwickelt

9.
1. C, E, G, H; **2.** A, B, D, F, I

10.
1. *beide*; **2.** *Herr Flick*; **3.** *beide*; **4.** *Herr Flick*; **5.** *keiner*; **6.** *Frau Zingler*

11.
1. C; **2.** A: **3.** C; **4.** B; **5.** B; **6.** D; **7.** B; **8.** D; **9.** C; **10.** A; **11.** C; **12.** B; **13.** C; **14.** D; **15.** A; **16.** C; **17.** A; **18.** C; **19.** D; **20.** D; **21.** A

KAPITEL 9

1.
1. treiben; **2.** aufbauen / ausbeuten / gründen; **3.** aufbauen / festlegen; **4.** vergeben; **5.** erzeugen / vermarkten; **6.** versehen; **7.** tragen; **8.** einhalten; **9.** basteln; **10.** aufbauen; **11.** ausbeuten; **12.** aufbauen / zurückgreifen

2.
1. F; **2.** H; **3.** G; **4.** E; **5.** B; **6.** J; **7.** A; **8.** I; **9.** D; **10.** C

3.

Person	1	2	3	4	5	6
Aussage	D	G	E	A	H	C

4.
1. verlassen; **2.** kommen; **3.** einsetzen; **4.** Marke; **5.** Unterkünfte; **6.** Waren

5.
1. r; **2.** f; **3.** f; **4.** r; **5.** f

6.
arge, Reedereien, richtig, menschenwertes (*zu hören:* harte, Röstereien, wichtig, menschenwürdiges)

7.
1. B; **2.** G; **3.** A; **4.** F; **5.** H; **6.** D

8.
1. eine Handlung begründen / es liegen ausreichende Gründe vor o.Ä.; **2.** beispielsweise / (wie) zum Beispiel; **3.** mehr / einen höheren Preis bezahlen müssen; **4.** anregen, etwas zu kaufen o.Ä.

9.
1. E; **2.** C; **3.** B; **4.** A; **5.** D; **6.** B

10.
1. setzen; **2.** widmen; **3.** standhalten; **4.** abklopfen; **5.** bestärkt; **6.** schreiben; **7.** holen; **8.** brennen; **9.** ausgesorgt; **10.** einholen

11.
A **8.**; B **2.**; C **9.**; D **5.**; E **7.**; F **1.**; G **6.**; H **4.**; I **10.**; J **3.**

12.
1. überzeugenden; **2.** gegründeten; **3.** vorgesehene, festgelegten; **4.** gereinigtes, gebügeltes; **5.** aufgerufene; **6.** steigende, sinkende

13.
1. der durch und durch überzeugt; **2.** die neu gegründet worden war / die man neu gegründet hatte; **3.** die für die Gründung vorgesehen worden ist / die man für die Gründung vorgesehen hat - die vorher festgelegt worden ist / die man vorher festgelegt hat

14.
1. Die Inflation, die seit Monaten anhält; **2.** weniger Waren, die fair produziert worden sind; **3.** in einem Entwicklungsland gefertigte; **4.** mit einem Fairtrade-Siegel versehenen; **5.** Der faire Handel, der in letzter Zeit öfters in die Kritik geraten war; **6.** die Gebühren, die für die Lizensierung als Fairtrade-Betrieb entstanden; **7.** Online-Shops, die sich dem Fairtrade verpflichtet haben / die dem Fairtrade verpflichtet sind - zusätzliche Kosten verursachenden

KAPITEL 10

1.
1. unter; **2.** für; **3.** bei, mit; **4.** zu; **5.** Gegen; **6.** an; **7.** auf, mit; **8.** an; **9.** in

2.
1. Biorhythmus; **2.** Immunsystem; **3.** Prävention; **4.** Impfung; **5.** Prophylaxe; **6.** Neuron; **7.** Syndrom; **8.** Symptom; **9.** Genesung; **10.** Allergie; **11.** Diagnose; **12.** Befund

3.
Probleme: D, F; *Lösungen:* C, H

4.
1. der Nagel; **2.** Launen; **3.** Kalorien; **4.** elastisch; **5.** die Stimmungsschwankung; **6.** freisetzen

5.
1. Da; **2.** Wenn; **3.** Indem; **4.** das ... hergestellt wird / worden ist; **5.** die ... gesendet werden

6.
1. Oft zu viel Süßes essend; **2.** Wenn man eine Diät beginnt; **3.** Von den Ernährungstipps überzeugt; **4.** Als ich zu Hause ankam / Nachdem ich zu Hause angekommen war; **5.** wenn man es mit anderen Ölen vergleicht

7.
1. der nach Ernährungstipps befragt wird / den man nach Ernährungstipps befragt; **2.** die aus frischem Gemüse und Obst, Fisch usw. besteht; **3.** die bei Depressionen empfohlen werden

8.
1 C; **2** A; **3** C; **4** C; **5** D

9.
1. E; **2.** C; **3.** G; **4.** F; **5.** A; **6.** J; **7.** D; **8.** B; **9.** H; **10.** I

10.
1. verschonen; **2.** fortdauern; **3.** entmutigt; **4.** befolgen

11.
1. I; **2.** E; **3.** H; **4.** K; **5.** L; **6.** G; **7.** F; **8.** Q; **9.** J; **10.** B; **11.** P; **12.** N; **13.** R: **14.** A; **15.** C; **16.** M; **17.** D; **18.** O

12.
Einleitung: **6.**, **10.**, **13.**, **14.**, **15.**, **17.**;
Hauptteil: **1.**, **3.**, **4.**, **5.**, **7.**, **9.**, **11.**;
Schluss: **2.**, **8.**, **12.**, **16.**, **18.**

13.
1. Möglichkeit; **2.** Notwendigkeit

14.
1. die noch eingekauft werden müssen; **2.** die nicht unterschätzt werden sollte; **3.** das leicht gefunden werden kann

15.
1. leicht mit Burn-out zu verwechselnde; **2.** der dem Patienten schnellstens ausgehändigt werden muss; **3.** die unbedingt zu vermeiden sind; **4.** gut zu erkennendes Signal

16.

1	2	3	4	5
E	D	A	C	B

17.
C

KAPITEL 11

1.
1. C; **2.** B; **3.** D; **4.** B; **5.** A; **6.** D; **7.** A; **8.** B

2.
1 C; **2** F; **4** H; **5** A; **6** G; **8** D; **9** B; **10** E; *3 und 7 passen nicht*

3.
1. f; **2.** r; **3.** r; **4.** f; **5.** f; **6.** r; **7.** f

4.
1. der Sprössling; **2.** leugnen; **3.** sich verlassen; **4.** das Kraftfeld; **5.** das Privileg; **6.** vorleben; **7.** rebellieren; **8.** die Prägung; **9.** verraten

5.
1. stoßen; **2.** gehen; **3.** nehmen; **4.** schenken; **5.** hegen; **6.** genießen; **7.** erwecken; **8.** erfahren; **9.** treten; **10.** eingehen; **11.** austragen; **12.** treffen

6.
erfahren ... Zuwendung; **2.** in Konkurrenz ... treten; **3.** erweckt den Anschein; **4.** Beachtung schenken

7.
1. bedenken; **2.** bezweifeln; **3.** entfalten; **4.** entkommen; **5.** entmachten; **6.** erlernen; **7.** erklären; **8.** versterben; **9.** verraten; **10.** vererben; **11.** veralten

8.
(be)kriegen; (ent)fliehen; (er)hoffen; (er)müden; (miss)gönnen; (ver)harmlosen; (ver)hungern; (zer)platzen

9.
1. bekriegen; **2.** ermüden; **3.** erhoffen; **4.** verharmlosen

10.
1. ent(fallen); **2.** miss(achtet); **3.** ver(lesen); **4.** miss(billigt); **5.** be(anspruch t); **6.** zer(legt); **7.** ent(nehmen); **8.** er(zielen)

11.
1. Auslöser für Emotionen; **2.** Wiederherstellung seelischer Ausgeglichenheit/Balance; **3.** intensiven / kräftigen / kontrastreichen Farben; **4.** Grundfarben (und) Objekten; **5.** Herkunft von Redewendungen; **6.** beruhigt/beruhigend (und) gibt Sicherheit; **7.** Streben/Suche nach Unerreichbarem; **8.** negative Emotionen; **9.** warnen/schützen vor Gefahren; **10.** Toleranz (und) Weisheit

12.
falsche Sätze: **2.**, **6.**

13.
1. f - r - f; **2.** Die als Kind gelernte Verbindung zwischen der Farbe Rot und einer Tomate wirkt immer noch. **3.** Mit diesen Farben werden positive und negative Emotionen oder Dinge assoziiert. **4.** positiv: Hoffnung, negativ: Unreife / Gift; **5.** Zu einer Geschäftseröffnung verwendet man in China die Farbe Rot. / Zu einer Beerdigung trägt man in China weiße Kleidung / in Deutschland schwarze Kleidung. - o.Ä.

14.
1. F; **2.** L; **3.** I; **4.** G; **5.** D; **6.** J; **7.** H; **8.** C; **9.** E; **10.** B; **11.** A; **12.** K

KAPITEL 12

1.
1. H; **2.** D; **3.** F; **4.** J; **5.** A; **6.** I; **7.** G; **8.** E; **9.** C; **10.** B

2.
1. B; **2.** B; **3.** D; **4.** C; **5.** B; **6.** A; **7.** D; **8.** C; **9.** A

3.
1. nicht erfüllt / nicht eingehalten; **2.** kein Meerblick / sieht Meer nicht; **3.** Sauberkeit; **4.** die Reiseleitung (vor Ort); **5.** eine Frist zu setzen / eine Frist anzugeben; **6.** Fotos, Videos, Zeugen; **7.** gemindert; **8.** Unterkunft, Verpflegung, Service/Transport; **9.** während des ganzen/gesamten Urlaubs / nicht nur zeitweise; **10.** ein Ärgernis / ärgerlich o.Ä.

4.
1. anbringen; **2.** erheben; **3.** eintragen; **4.** gehen lassen; **5.** aussagen; **6.** eine Information; **7.** Anhaltspunkte

5.
1. H; **2.** D; **3.** I; **4.** B; **5.** G; **6.** A; **7.** F; **8.** C; **9.** E

6.

1. es - e - en; **2.** en - e - e; **3.** e; **4.** er - e - en; **5.** en - en; **6.** en - en - er - e - e; **7.** e - e - en; **8.** en - en - e; **9.** er - er; **10.** e - en; **11.** em - en; **12.** e; **13.** er - e - e; **14.** en

7.

1. F; **2.** D; **3.** A; **4.** B; **5.** D; **6.** F; **7.** E; **8.** G; **9.** F; **10.** C

8.

1. *Sätze* 2, 5, 7; **2.** *Sätze* 1, 3, 4, 6, 8, 9, 10

9.

Handelt es sich um ein ernst zu nehmendes Konzept? Zumindest bewirkt es, dass immer mal wieder von einem Verbot von Kurzstreckenflügen die Rede ist. Dabei geht es um Flüge unter 1.000 Kilometern. Dass das Flugzeug, vergleicht man es mit anderen Verkehrsmitteln, die diese Strecke gut bewältigen können, die schlechteste CO_2-Bilanz aufweist, ist unbestritten. Doch es sind die Langstreckenflüge, die die wahren Klimakiller sind. Deshalb fehlt es nicht an Kritik an Fernreisenden und es wird immer wieder vorgeschlagen, auf Flüge in ferne Länder zu verzichten. Aber ist es angebracht, Menschen ihre Urlaubsziele vorzuschreiben? Die Debatte hat es in sich und wird für weitere hitzige Diskussionen sorgen.

10.

1. C; **2.** B; **3.** C; **4.** D; **5.** A; **6.** C; **7.** B

11.

1. unbeschwert; **2.** die Augen davor schließen; **3.** dem Untergang geweiht, zu neuer Blüte kommen; **4.** die Nase vorn zu haben; **5.** mag ein wenig trösten; **6.** zu verstauen; **7.** Aushängeschild; **8.** punkten

12.

1. schon dem Untergang geweihte; **2.** Um neue Skigebiete zu erschließen / Damit neue Skigebiete erschlossen werden (können); **3.** muss man sogar Flüsse umleiten; **4.** würden ... gebaut, weitergehen könne, sei, verdienen würden, schade; **5.** die einst als schneesicher eingestuft worden sind / die man einst als schneesicher eingestuft hat; **6.** ließen sich ... versorgen / wären ... zu versorgen; **7.** dadurch (aus), dass natürliche Baustoffe und erneuerbare Energien verwendet werden / dadurch (aus), dass man natürliche Baustoffe und erneuerbare Energien verwendet

MODELLTEST

Leseverstehen, Teil 1

1. D; **2.** H; **3.** A; **4.** E; **5.** G; **6.** B

Leseverstehen, Teil 2

1. C; **2.** E; **3.** A; **4.** E; **5.** B; **6.** D

Leseverstehen, Teil 3

1. +; **2.** -; **3.** x; **4.** -; **5.** -; **6.** -; **7.** +; **8.** +; **9.** x; **10.** -; **11.** -; **12.** C

Sprachbausteine

1. C; **2.** B; **3.** A; **4.** C; **5.** D; **6.** A; **7.** D; **8.** C; **9.** C; **10.** B; **11.** D; **12.** D; **13.** B; **14.** C; **15.** B; **16.** A; **17.** C; **18.** B; **19.** B; **20.** A; **21.** D; **22.** B

Hörverstehen, Teil 1

Person	1	2	3	4	5	6	7	8
Aussage	F	B	I	H	A	E	J	C

Hörverstehen, Teil 2

1. B; **2.** C; **3.** B; **4.** A; **5.** B; **6.** C; **7.** C; **8.** B; **9.** A; **10.** B

Hörverstehen, Teil 3

1. in technischen Fächern / studieren Maschinenbau, Informatik oder Ingenieurwissenschaften; **2.** Fachkräftemangel beheben; **3.** (fühlen sich) gehemmt (und) unsicher; **4.** trauen sich (technisch-naturwissenschaftliches) Studium (und Beruf) nicht zu: **5.** Wechsel in koedukativen Studiengang möglich / gemeinsames Studium mit Männern möglich; **6.** kleinere Lerngruppen; **7.** anwendungsorientiert (und) berufsbezogen; **8.** Diskriminierung von Männern / Männer werden diskriminiert; **9.** Schlechtere Chancen auf dem Arbeitsmarkt / Schlechtere Berufschancen; **10.** neutrale Abschlusszeugnisse; o.Ä.

Hinweis: Die Lösungsbeispiele zum schriftlichen und mündlichen Ausdruck finden Sie online unter: **www.pons.de/Deutsch-C1**

HÖRTEXTE

Kapitel 1

TR. 01

Linus: Liebe Hörerinnen und Hörer, mein Name ist Linus Kosslitzer und in unserer Reihe „Die Uni verstehen" beschäftigen wir uns heute im Hochschulradio mit dem Tutorium. Als Gast in unserer Sendung begrüßen wir Alina Weigert. Sie ist Tutorin am Institut für Informationstechnologie und wird uns diese spezielle Veranstaltungsart erläutern, also, für wen sie gedacht ist, und auch, wie man selbst Tutorin oder Tutor wird. Hallo, Alina.

Alina: Hallo zusammen und vielen Dank für die Einladung.

Linus: Alina, schön, dass du trotz deiner Prüfungsvorbereitungen Zeit für ein Gespräch gefunden hast. Im Vorlesungsverzeichnis tauchen ja viele Veranstaltungen auf, so auch das Tutorium, das wir vor allem den Erstsemestern erklären sollten, die gerade ihr Studium beginnen.

Alina: Ja, das stimmt. Auch ich bin in meinem ersten Semester, als ich meinen Stundenplan zusammenstellen wollte, über die verschiedenen Veranstaltungsarten gestolpert und dabei zum ersten Mal dem Begriff Tutorium begegnet. Ich konnte mir anfänglich nichts darunter vorstellen. Als ich dann im ersten Semester in einem wichtigen Seminar das Gefühl hatte, den Stoff nicht richtig zu verstehen, gab mir eine Kommilitonin den Tipp, doch ein Tutorium zu besuchen. Das hat mir sehr geholfen. Tja, und nun bin ich ja inzwischen selbst als Tutorin tätig.

Linus: Kann man also sagen, dass ein Tutorium besonders für die Erstsemester von Bedeutung ist?

Alina: Ja und nein, denn es gibt ganz verschiedene Arten von Tutorien. Für die Erstsemester allgemein, aber auch für die internationalen Studierenden gibt es einen Service, der Hilfe bei der Orientierung an der Hochschule leistet. Die sogenannten Welcome-Tutorinnen und -Tutoren erklären beispielsweise, wie man sich im Vorlesungsverzeichnis zurechtfindet und sich für Kurse anmeldet. Sie zeigen aber auch die Bibliothek, die Mensa und andere Einrichtungen auf dem Campus. Dabei ist alles auf Augenhöhe, da ja die Informationen von Studierenden an Studierende weitergegeben werden.

Linus: Sind diese Welcome-Tutorinnen und -Tutoren also nur in den ersten Tagen eines Studiums tätig?

Alina: Nein, während des gesamten ersten Semesters. Damit sich die Neuen willkommen fühlen und schnell Anschluss finden, machen sie regelmäßig Freizeitangebote. Sie organisieren Ausflüge in die Umgebung, Diskussionsrunden oder auch mal eine Grillparty.

Linus: Okay. Und dann gibt es ja auch noch die Wohnheim-Tutoren.

Alina: Richtig. Sie sind die Ansprechpersonen für die Studierenden, die ein Zimmer in den Wohnanlagen der Uni haben.

Linus: Du selbst bist aber weder Welcome- noch Wohnheim-Tutorin.

Alina: Genau. Die Tutorien, die ich leite, sind Kurse, die eine Vorlesung oder ein Seminar begleiten. Das heißt, hier wird der Stoff einer Vorlesung oder eines Seminars wiederholt und vertieft, indem zum Beispiel über offene Fragen zum Stoff diskutiert oder die Fachliteratur gemeinsam bearbeitet wird. Außerdem werden Hausaufgaben betreut. Manchmal dient ein Tutorium aber auch zur Prüfungsvorbereitung, besonders, wenn am Ende eines Semesters eine Klausur geschrieben wird oder wenn jemand eine Prüfung wiederholen muss, weil er oder sie beim ersten Versuch durchgefallen ist.

Linus: Das klingt nach einer ziemlich anspruchsvollen Aufgabe, für die entsprechende fachliche Kompetenzen erforderlich sind. Gibt es noch andere Voraussetzungen, die du erfüllen musstest, um ein Tutorium leiten zu können?

Alina: Ja. Grundsätzlich sollte man ordentlich immatrikuliert sein und bereits in einem höheren Semester studieren, um die angesprochenen fachlichen Kenntnisse mitzubringen. Daneben spielen jedoch noch ganz andere Kompetenzen eine Rolle, damit der Unterricht erfolgreich ist und den Teilnehmenden wirklich etwas bringt.

Linus: Welche Kompetenzen sind das zum Beispiel?

Alina: Na ja, man benötigt vor allem pädagogisches Einfühlungsvermögen und Strategien, wie man mit schwierigen Situationen umgeht, und natürlich methodische Kompetenzen, um die Inhalte abwechslungsreich und passgenau zu vermitteln, also auch Präsentations- und Motivationstechniken.

Linus: Was du hier ansprichst, sind Kompetenzen, die man in einem Tutorienprogramm erlernen kann.

Alina: Ja, genau. Fast jede Hochschule hat ein solches Programm, für das man sich auf der Internetseite anmelden kann. In vielen Fällen ist die Teilnahme daran verpflichtend, bevor man ein Tutorium leiten darf. Am Ende erwirbt man ein Zertifikat, das einen für die Leitung eines Tutoriums qualifiziert. Mir hat die Teilnahme an dem Programm sehr viel gebracht, weil ich dort unter anderem gelernt habe, wie man ein Tutorium überhaupt plant, wie man andere motiviert usw.

Linus: Eine letzte Frage noch, die sich sicherlich auch unsere Hörerinnen und Hörer stellen. Lohnt sich denn der ganze Aufwand?

Alina: Wenn du damit die finanzielle Seite meinst, würde ich sagen, dass die Bezahlung vergleichbar mit der anderer studentischer Nebenjobs ist, also nicht allzu überragend, wenn man bedenkt, dass man die Unterrichtsvorbereitung nicht bezahlt bekommt. Dennoch lohnt es sich für mich in anderer Hinsicht: Ich kann direkt auf dem Campus arbeiten und spare mir lange Anfahrtswege zu irgendeinem Job. Nicht zu vergessen: Ich kann jedes Tutorium als Studienleistung anrechnen lassen, bekomme also Kreditpunkte. Außerdem bin ich davon überzeugt, dass sich das Engagement gut im Lebenslauf macht.

Linus: Alina, vielen Dank für deine Erklärungen und persönlichen Eindrücke. Mehr Informationen zum Tutorienprogramm findet ihr auf unserer Homepage unter www.uni...

TR. 02

Person 1

Anfangs habe ich nicht gedacht, dass ich in einem Online-Kurs, wenn ich allein vor meinem Computer sitze, tatsächlich etwas lernen könnte. Als kommunikativer Typ profitiere ich eigentlich besonders von Kursen, in denen viel diskutiert wird und ein reger Austausch unter den Studierenden stattfindet. Meine anfängliche Skepsis ist dann bald verflogen. Auch online sind Diskussionen möglich, wenn man sich an die Spielregeln hält. Also das Mikrofon ausmacht, wenn andere sprechen, oder die Hand hebt, wenn man etwas zur Diskussion beitragen möchte. Besonders ergiebig finde ich die Arbeit in kleinen virtuellen Gruppenräumen. Dort beteiligen sich dann alle. Bei Fragen oder Unklarheiten kann man per Mausklick um Hilfe bitten und die Dozentin oder der Dozent schaltet sich zur Gruppe dazu.

TR. 03

Person 2

Die Qualität der Online-Lehre schwankt doch sehr. Ich hatte im letzten Semester Dozentinnen und Dozenten, die sich sehr gut mit Videokonferenzprogrammen auskannten und ihre technischen Möglichkeiten wie zum Beispiel Chat, Whiteboard oder Gruppenarbeit voll ausnutzten. Dadurch war der virtuelle Unterricht fast so lebendig und abwechslungsreich wie der Unterricht im Präsenzstudium. Es gab jedoch auch solche, die sich nicht die Mühe machten, den Stoff so aufzubereiten, dass den Studierenden eine visuell ansprechende Darstellung geboten wurde. Vielleicht waren sie auch von der Technik überfordert oder hatten an keiner Schulung teilgenommen. Jedenfalls habe ich mich dann schon gefragt, warum ich an einem solchen Kurs teilnehme, wenn ein Vorlesungsskript ausgereicht hätte, um alles nachzulesen.

TR. 04

Person 3

Ich studiere Betriebswirtschaft an einer polnischen Universität und wollte unbedingt ein oder zwei Semester in Deutschland verbringen. Also bewarb ich mich bei einem Austauschprogramm und wurde angenommen. Leider konnte ich die Möglichkeiten, die ein Auslandsaufenthalt verspricht, nicht wahrnehmen, da die gesamte Lehre online stattfand. Ich nahm von meinem Zimmer im Studierendenwohnheim aus an verschiedenen Fach- und Sprachkursen teil und hatte ansonsten wenig Kontakte zu den anderen Studierenden. Einen persönlichen Austausch gab es nur mit den Studierenden meiner Wohngruppe und die waren wie ich aus dem Ausland. Wirklich schade. Ich hätte mir erhofft, auch deutsche Mitstudierende kennenzulernen und echte Seminare zu erleben.

TR. 05

Person 4

Für mich sind Online-Veranstaltungen ein Gewinn. Ich wohne in einer anderen Stadt und brauche mehr als eine Stunde mit den öffentlichen Verkehrsmitteln, um zu Präsenzveranstaltungen auf dem Campus zu gelangen. Auch die Zeit zwischen den Veranstaltungen ist knapp bemessen, zumal man vielleicht etwas in der Mensa essen möchte. Oder man ist gestresst, weil man für den nächsten Kurs das halbe Universitätsgelände durchqueren muss. Wenn ich online studiere, fallen all diese Stressfaktoren weg. Endlich habe ich genügend Zeit, mich auf den Stoff zu fokussieren, kann mich vor einem Online-Kurs vorbereiten und ich habe hinterher Zeit für die Nacharbeitung. Insgesamt kann ich sagen, dass mein Studium durch den Online-Unterricht intensiver geworden ist.

TR. 06

Person 5

Grundsätzlich sehe ich sowohl Vorteile als auch Nachteile. In der Online-Lehre wird die Selbstständigkeit gefördert und es ist - das muss ich zugeben - auch recht bequem, von zu Hause aus zu studieren. Aber nur solange man eine stabile Internetverbindung hat. Dagegen hat man in der Präsenzlehre den persönlichen Kontakt zu Studierenden und Lehrenden. Schwierig wird es allerdings, wenn man innerhalb eines Tages sowohl Online-Kurse als auch Präsenz-Kurse hat. An meiner Uni ist das so. An sich wäre das kein Problem, wenn die Ausstattung auf dem Campus entsprechend wäre, also wenn es ausreichend Computerarbeitsplätze gäbe. Aus irgendeinem Grund gibt es auch nicht überall auf dem Campus ein leistungsstarkes Internet, falls man mit dem eigenen Laptop oder Handy an Online-Seminaren teilnehmen möchte.

Kapitel 2

TR. 07

Sibel: Sibel Gül.

André: Hallo Sibel, hier ist André. Hast du gerade etwas Zeit?

Sibel: Ja, klar. Worum geht es denn?

André: Du hast doch neulich an einem Bewerbungstraining teilgenommen, bei dem ihr auch Online-Vorstellungsgespräche geübt habt, und da wollte ich dich fragen, ob du mir Tipps geben kannst. Ich habe nämlich in zwei Wochen mein erstes Online-Bewerbungsgespräch und möchte wissen, was da auf mich zukommt. In meiner WG kann mir niemand so recht helfen.

Sibel: Ich helfe dir gerne, wenn ich kann. Aber ehrlich gesagt, gibt es gar nicht so viele Unterschiede zu einem persönlichen Vorstellungsgespräch. Die Inhalte und die Fragen, die dir gestellt werden, sind gleich. Du kannst dich genauso vorbereiten wie auf ein klassisches Vorstellungsgespräch. Was willst du denn genau wissen?

André: Na ja, die Situation vor dem Bildschirm mit Kamera und Mikrofon ist doch ganz anders als in einem klassischen Bewerbungsgespräch ...

Sibel: Stimmt. Die Akustik ist wichtig und deine Kamera zeigt nicht nur ein Bild von dir, sondern auch vom Hintergrund. Die technische Ausrüstung, die du brauchst, hast du ja an deinem PC zu Hause.

André: Ja, aber alles hängt doch von einer stabilen Internetverbindung ab und die Leitung in meiner WG bricht ab und zu weg.

Sibel: Da habe ich einen Tipp aus unserem Bewerbungstraining: Wenn du die Qualität deiner Internetverbindung, des Tons und der Kamera prüfen willst, kannst du das in einem Testmodus machen oder – noch besser – vereinbare mit einer Freundin oder einem Freund ein Online-Meeting und ihr macht zusammen einen Testlauf.

André: Was sollte ich da besonders beachten?

Sibel: Du solltest gut zu sehen sein, vor allem dein Gesicht. Also darf die Beleuchtung nicht zu hell sein und dein Kopf sollte nicht im Schatten liegen. Am besten ist es, wenn das Licht von der Seite kommt.

André: Guter Tipp! Das mit dem Licht muss ich unbedingt ausprobieren.

Sibel: Ja, und achte auch darauf, dass die Kamera so ausgerichtet ist, dass du der Gesprächsperson in die Augen schauen kannst und dass man nicht nur den Kopf, sondern auch den Oberkörper sehen kann, damit deine Körpersprache zu erkennen ist.

André: Und der Hintergrund, den du schon erwähnt hast?

Sibel: Der sollte aufgeräumt und relativ neutral wirken und nicht vom Gesprächsinhalt ablenken. Du erinnerst dich doch sicher an die Videomitteilungen unseres Rektors. Sein Hintergrund besteht jedes Mal nur aus einer weißen Wand und einer großen Zimmerpflanze. Er verzichtet komplett auf Wandschmuck.

André: Hm, das ist in meinem kleinen WG-Zimmer etwas schwierig ... Ich denke, ich weiche auf die Wohnung meiner Eltern aus, wo es ein ruhiges Plätzchen mit passendem Hintergrund und einem sicherem Internetzugang gibt.

Sibel: Apropos ruhig, du solltest während des gesamten Gesprächs dein Handy ausschalten.

André: Klar doch! – Okay, über die technische Seite weiß ich nun Bescheid. Muss ich noch an etwas anderes denken?

Sibel: Ja, du kannst dich auf typische Fragen vorbereiten und schon im Vorfeld deine Antworten ausarbeiten. Übe die Antworten, aber so, dass sie nicht auswendig gelernt klingen.

André: Wonach wird denn da gefragt?

Sibel: Fragen, die man erwarten kann, drehen sich zum Beispiel um das Unternehmen und deine beruflichen Ziele dort oder warum du für die Stelle geeignet bist. Ich schicke dir später am besten einen Link, wo du noch mehr wichtige Fragen nachlesen kannst.

André: Super, das hilft mir wirklich sehr.

Sibel: Ach, bevor ich es vergesse: Du solltest alles Mögliche auf deinem Schreibtisch parat haben: nicht nur deinen Lebenslauf, das Anschreiben und die Stellenanzeige, sondern auch Stifte und Papier für Notizen. Dadurch wirkst du interessiert an dem Gespräch. Die Unterlagen unterstützen dich außerdem bei deinen Ausführungen oder wenn du mal nicht weiterweißt.

André: Danke, das waren echt tolle Tipps. Ich melde mich bei dir, wenn ich das Bewerbungsgespräch hinter mir habe.

Sibel: Ich drücke dir ganz fest die Daumen. Bis bald und Grüße an die WG!

Kapitel 3

TR. 08

Tanja: Hi Jürgen, wir haben uns ja eine Ewigkeit nicht gesehen. Hast du vielleicht Zeit für einen Kaffee?

Jürgen: Hallo Tanja. Hm, eigentlich bin ich auf dem Weg zu einer Podiumsdiskussion vor dem Rathaus, aber ein paar Minuten habe ich noch.

Tanja: Podiumsdiskussion, aha. Was ist denn das Thema?

Jürgen: Es geht darum, die Stadt fahrradfreundlicher zu gestalten, also wie man die Radwege ausbauen und sicherer machen kann. Bin mal gespannt, was da so vorgeschlagen wird. Das müsste dich als Radfahrerin doch auch interessieren?

Tanja: Oh ja, ich ärgere mich oft genug über Autos, die einfach auf den Radwegen parken. Ständig ist man gezwungen abzusteigen oder auf die Fahrbahn auszuweichen.

Jürgen: Genau dazu gab es gestern einen echt interessanten Vortrag. Da wurde darüber gesprochen, ob Autos und Fahrräder Gegner sind.

Tanja: Ach, dann gibt es wohl mehrere Veranstaltungen?

Jürgen: Ja, ja, die Aktionstage „Wir werden Fahrradstadt“ haben am Donnerstag begonnen und dauern noch bis Sonntag. Am Sonntag zum Beispiel gibt es übrigens etwas für die Kleinen. Sie können spielerisch Radfahren lernen oder üben.

Tanja: Das wäre was für meinen Sohn ... Was ist denn sonst noch los? Spricht man auch darüber, dass es immer mehr Räder gibt? Und nicht nur das, es sind ja auch E-Bikes, Mieträder, Roller usw. unterwegs. Und überall diese Schwierigkeiten, einen Abstellplatz zu finden.

Jürgen: Das Problem kenne ich. Darum geht es übrigens heute Nachmittag. Da werden Zukunftsprojekte der Stadt vorgestellt, wie der Bau von Fahrradschließfächern, Mobilitätsstationen usw.

Tanja: Davon habe ich schon gehört. Auch in der Nähe meiner Wohnung plant man, Ladestationen für E-Bikes zu bauen. Weißt du, wer darüber sprechen wird?

Jürgen: Nicht genau, ich weiß nur, dass eine Architektin als Gast da sein wird.

Tanja: Klingt gut. Und noch einmal zurück zum Sonntag. Gibt es da auch am Vormittag Aktionen für Kinder?

Jürgen: Nein, soweit ich gelesen habe, sind am Vormittag keine Veranstaltungen. Du, ich muss jetzt langsam los. Willst du nicht mitkommen?

Tanja: Nee, jetzt kann ich nicht, erst am Nachmittag. Wo findet das mit den Zukunftsprojekten denn statt? Das würde ich mir gern anhören.

Jürgen: Im Vereinshaus, Raum 5. Super, ich bin auch da, dann sehen wir uns später wieder.

Kapitel 4

TR. 09

Trinkwasser gilt als eine der wertvollsten Ressourcen auf unserem Planeten. In Deutschland haben wir das Privileg, dass in unseren Leitungen eine hervorragende Qualität fließt und wir es bedenkenlos trinken können. Nun wird dieses kostbare Gut aber nicht nur zum Trinken oder zur Zubereitung von Speisen verwendet, sondern – und das ist dann doch bedenklich – für viele andere Dinge, die im deutschen Haushalt anfallen. Als Getränk und zum Kochen verwenden wir gerade mal 4 %, dreimal so viel für die Reinigung von Haus und Garten und das Geschirrspülen, insgesamt 12 %. Den gleichen Anteil an Trinkwasser benötigen wir für das Waschen der Wäsche. Mehr als ein Drittel des Wasserverbrauchs entfällt auf die Körperpflege, also Baden und Duschen. Noch mehr sollte uns zu denken geben, dass wir 27 %, also mehr als ein Viertel, für die Toilettenspülung verwenden. Oder sollte man sagen: verschwenden? Wenigstens hat sich der Trinkwasserverbrauch in den letzten Jahrzehnten insgesamt verringert. Vielleicht, weil man gelernt hat, sich umweltbewusster zu verhalten. Ein anderer Grund könnte sein, dass neuere Haushaltsgeräte, zum Beispiel Waschmaschinen, wassersparender sind. Waschmaschinen und Toiletten besitzen eine Spartaste. Möglicherweise bewirkt auch der immer weiter steigende Wasserpreis eine Rolle, dass wir sparsamer mit der Ressource umgehen. Für die Zukunft bleibt zu hoffen ...

TR. 10

Moderator: In unserer heutigen Runde sprechen wir über „virtuelles Wasser". Zu Gast sind Frau Dr. Messner, Dozentin für Ökologie, und Herr Windrich, Leiter einer kleinen Textilfirma. Herzlich willkommen! Frau Dr. Messner, in Ihrer neusten Publikation ist zu lesen, dass unsere Ernährungsweise falsch ist. Wie kam es dazu?

Frau Dr. Messner: Nun, vieles von dem, was wir essen, ist ökologisch gesehen ganz und gar nicht umweltverträglich. Der Grund liegt im immensen Verbrauch von virtuellem Wasser. Virtuelles Wasser – das ist die Wassermenge, die für die Produktion von Lebensmitteln, neben anderen Produkten, benötigt wird. Wasserintensive Lebensmittel wie Tomaten, Käse, Reis, Rindfleisch und Kakao stellen kein so großes Problem dar, wenn sie aus Ländern stammen, in denen es genug regnet. Der Punkt ist, dass die genannten Produkte sehr oft in Ländern wachsen oder erzeugt werden, wo es kaum regnet und man zur künstlichen Bewässerung Wasser aus Seen und Flüssen entnehmen muss, also aus Quellen, die eigentlich eine Trinkwasserreserve der Länder sind. Wir müssen uns viel stärker bewusst werden, dass viele unter solchen Bedingungen hergestellte Lebensmittel nach Deutschland importiert werden, worauf ich in meiner Publikation hingewiesen habe. Umstellen sollten wir uns in der Hinsicht, dass wir auf den Import von wasserintensiven Lebensmitteln verzichten sollten.

Moderator: Herr Windrich, wie stehen Sie zu dieser Forderung?

Herr Windrich: Ich stimme da völlig überein, denke aber, es gibt noch andere importierte Produkte, die ökologisch gesehen bedenklich sind.

Moderator: Zum Beispiel?

Herr Windrich: Mir wäre da ein Aspekt hinsichtlich der Kleidung wichtig, und zwar Kleidung aus Baumwolle, wie T-Shirts, Hemden oder Jeans. Für die Herstellung einer Jeans aus diesem Material werden etwa 11.000 Liter allein für den Baumwollanbau benötigt, dann kommen noch einmal so viele Liter für das Färben und die Verpackung hinzu. An Orten wie dem Aralsee in Zentralasien, der früher einmal einer der größten Seen der Welt war und heute fast ausgetrocknet ist, wurde durch den Baumwollanbau die Natur über hunderte von Kilometern zerstört und eine ganze Region unbewohnbar gemacht. Das darf sich nicht wiederholen und es müssen Alternativen her. Und es gibt ja bereits Unternehmen, die aus nachwachsenden Rohstoffen wie Holz oder aus recyceltem Plastik Kleidung herstellen, die ähnliche Eigenschaften wie die Baumwollkleidung besitzt. Leider sind solche Kleidungsstücke noch recht teuer. Bis sich das ändert, würde ich mir dringend wünschen, dass wir mehr auf die Materialien und Herkunft unserer Kleidung achten. Außerdem sollten wir sie viel länger tragen. Das ist natürlich schwierig, wenn Mode sich so schnell wie zurzeit ändert und man immer nach der neusten Mode gekleidet sein will.

Kapitel 5

TR. 11

1. Ich möchte den Text „Fische" für meinen Blog umschreiben.
2. Man sollte mit Fischen respektvoller umgehen.
3. Durch die Scheiben darf kein zu helles Licht durchdringen.
4. Ich will der Fischindustrie nichts unterstellen.
5. Können wir bitte zu einem anderen Thema übergehen?

TR. 12

Moderator: Noch einmal herzlich willkommen zu unserer Vortragsreihe an der biologischen Fakultät. Unsere nächste Referentin ist Anna-Maria, die über ein interdisziplinäres Thema spricht. Doch hören wir sie selbst. Begrüßen Sie mit mir Anna-Maria.

Anna-Maria: Vielen Dank. Also, mein Name ist, wie eben gesagt wurde, Anna-Maria, und ich studiere im 7. Fachsemester Biologie. Schon immer hat mich die Nähe der Biologie zu anderen Disziplinen interessiert, weshalb ich heute zum Thema „Bionik" spreche. Zunächst möchte ich den Begriff definieren: Bionik ist eine Wissenschaft, die sich zwischen Biologie und Technik bewegt. Der Name setzt sich deshalb aus Bio- und -nik zusammen. Bionik bedeutet auch: Lernen von der Natur, denn Tiere und Pflanzen haben im Lauf der Evolution geniale und effiziente Prozesse und Konstruktionen hervorgebracht. Man will die Funktionsweise der Organismen begreifen und sie dann auf die Technik, aber auch auf die Architektur oder Medizin übertragen. Damit biologische Strukturen oder Strategien in technische Lösungen umgesetzt werden können, ist die

Zusammenarbeit von Naturwissenschaftlerinnen und Naturwissenschaftlern im Team mit Fachleuten aus den Ingenieurwissenschaften, manchmal auch aus der Informatik oder Architektur gefragt.
Die Entwicklung erfolgreicher bionischer Technologien erfolgt in zwei Richtungen, entweder nach dem Bottom-up-Prozess oder dem Top-down-Prozess. Beide Prozesse möchte ich anhand von Beispielen erläutern.
Im Bottom-up-Prozess entdecken Biologinnen und Biologen bei einem Tier oder einer Pflanze eine Eigenschaft, die, wenn sie technisch umgesetzt wird, uns Menschen gute Dienste erweisen kann. Ein Beispiel aus der Pflanzenwelt ist die Klette. Viele von Ihnen haben sicher schon bei einem Spaziergang in der Nähe von Wäldern erlebt, was passiert, wenn man die Klette im Vorbeigehen gestreift hat: Die Klettenfrüchte haften sich an der Kleidung oder im Fell des Hundes fest und sind kaum zu entfernen. Sie wissen natürlich, was das bionische Produkt ist. Ja, es ist der Klettverschluss, mit dem wir Schuhe, Jacken oder Rucksäcke fest verschließen können, was viel bequemer geht als mit Knöpfen oder Schnüren. Aus unserem Alltag ist der Klettverschluss nicht mehr wegzudenken.
Der Top-down-Prozess verläuft umgekehrt: Ausgangspunkt ist ein technisches Problem oder die Frage, wie ein bereits vorhandenes Produkt verbessert werden könnte. Ingenieurinnen und Ingenieure beschreiben die Problemstellung und die Fachleute aus der Biologie forschen in der Tier-und Pflanzenwelt gezielt nach Arten, die im Laufe der Evolution vergleichbare Herausforderungen bewältigt haben. Auf diese Weise fand man in der Natur eine Lösung zum Beispiel dafür, wie Roboter ihre Arme endlich so geschickt einsetzen können, dass sie gefühlvoll ein Glas greifen können, ohne es umzustürzen oder den Inhalt zu verschütten. Das tierische Vorbild ist hier der Elefant, genauer gesagt: sein Rüssel. Die enorme Beweglichkeit und die gleichzeitige Sensibilität des Elefantenrüssels sind einzigartig. Ein Roboterarm mit den Eigenschaften des Elefantenrüssels könnte Kranken helfen, die selbst nicht mehr so mobil sind.
Die Erforschung der Natur als Ideengeberin für technische Entwicklungen wird nicht erst in der jüngsten Zeit betrieben. Den ersten Bioniker gab es schon vor über 500 Jahren. Leonardo da Vinci, der von 1452 bis 1519 lebte, beobachtete bereits zu seiner Zeit das Flugverhalten von Vögeln und anderen fliegenden Organismen sehr genau. Daraus entwickelte er Pläne und Skizzen für den Bau von Fluggeräten. Ob seine Fluggeräte wirklich geflogen sind, ist allerdings nach heutigen Erkenntnissen zweifelhaft. Der Traum vom Fliegen ließ auch Otto Lilienthal im 19. Jahrhundert niemals los. Er war fasziniert von der Leichtigkeit, mit der Vögel scheinbar mühelos dahingleiten, und wollte den Vogelflug nachahmen. Wie Leonardo da Vinci erforschte er also den Flug von Vögeln. Lilienthal wollte insbesondere herausfinden, wie Vögel die Schwerkraft überwinden, abheben und ins Gleiten kommen können. Der Schlüssel lag in der Form der Flügel. Lilienthal erkannte, dass die Flügel leicht nach oben gebogen sein müssen, damit die Luft den Vogel trägt. Diese Erkenntnis führte dazu, dass er die ersten Flugapparate mit gebogenen Flügeln, die denen der Vögel ähnelten, baute und zur Serienreife brachte. Mit diesen Flugapparaten konnte man tatsächlich segeln, ohne abzustürzen. Damit war der Grundstein für die spätere Konstruktion von Tragflächen für Flugzeuge gelegt.

Mit dem nächsten Beispiel komme ich noch einmal auf die Botanik zurück und möchte ein Paradebeispiel der Bionik aufgreifen. Es handelt sich um den Lotuseffekt, den Wilhelm Barthlott im letzten Jahrhundert entdeckt und in zahlreichen Artikeln beschrieben hat. Dem Wissenschaftler fiel auf, dass die Lotusblume immer saubere Blätter hat und es schafft, sich sozusagen selbst zu reinigen. Barthlott forschte nach dem Grund und fand die Erklärung unter dem Mikroskop: Die fein strukturierte und wachsartige Oberfläche der Blätter bewirkt, dass Schmutz und Wasser nur wenige Kontaktstellen finden. Der Schmutz bleibt nicht haften und Wassertropfen perlen ab. Diese bahnbrechende Entdeckung konnte viele Jahre später auf zahlreiche Alltagsprodukte weltweit übertragen werden. Von den vielen Anwendungsbereichen seien an dieser Stelle nur drei genannt: Den Effekt der Selbstreinigung finden wir heute in Sprays, die man auf Oberflächen aufsprüht, um sie schmutzabweisend zu machen. Auch wetterbeständige Fassadenfarben für saubere Außenwände basieren auf dem Lotuseffekt. Der dritte Bereich sind hochwertige Stoffe, aus denen Sonnenschirme oder Markisen gefertigt werden. Diese Textilien haben eine spezielle Beschichtung, die sie gegen Verschmutzung schützt.
Wenn man sich die Vielfalt an Tieren und Pflanzen vor Augen hält, wird einem schnell klar, dass bisher nur ein sehr kleiner Teil zum Vorbild für bionische Produkte geworden ist. Es gibt noch so viel zu entdecken und nachzubauen. Deshalb ist es auch so wichtig, die Artenvielfalt zu bewahren. Weitere Informationen zur Bionik finden Sie an unserem Ausstellungsstand. Dort beantworte ich auch gerne Ihre Fragen. Vielen Dank.

Kapitel 6

TR. 13

1. werden - würden - wurden - worden
2. bieten - Betten - beten - bitten
3. wann - wen - wenn - wer - wem
4. einer - eine - ein - einem - einen
5. zeigt - Zeit - seit - zieht - sieht
6. fühle - Fülle - Felle - Welle - volle
7. leise - reise - reize - reite - leite

TR. 14

Wir lügen und werden belogen - sogar echt häufig. Über Gründe darf spekuliert werden. Vielleicht erhofft man sich einen Vorteil. Vielleicht ist einem die Wahrheit unangenehm oder man möchte das Gegenüber nicht kränken. Obwohl so oft gelogen wird, möchte man eigentlich von der Person, mit der man spricht, wissen, ob sie ähnlich ist. Wissenschaftliche Untersuchungen, wie man das erkennen kann, gibt es reichlich. Ausweichende Antworten wie „mag sein", „wahrscheinlich" können ein Hinweis auf eine Lüge sein. Ebenso, wenn eine Person vermeidet, „ich" zu sagen. Auch die Körpersprache wurde untersucht. Doch letztendlich kann nur eine Wärmebildkamera die Lüge entlarven.

Kapitel 7

TR. 15

Moderatorin: In regelmäßigen Abständen werden Zahlen zur Kinderarmut in Deutschland bekannt gegeben. Derzeit ist jedes fünfte Kind von Armut betroffen. Eine erschreckend hohe Zahl für ein wohlhabendes Land! Deshalb möchten wir uns heute in der Sendung mit dem Thema Kinderarmut auseinandersetzen. Als Gast begrüße ich Herrn Dr. Walter Niehaus, der seit vielen Jahren in einem Kinderhilfswerk tätig ist. Herzlich willkommen, Herr Dr. Niehaus.

Dr. Niehaus: Vielen Dank für die Einladung.

Moderatorin: Herr Dr. Niehaus, wer gilt in unserer Gesellschaft als arm?

Dr. Niehaus: Das ist gar nicht so leicht zu beantworten. Meistens bezieht sich Armut auf das Einkommen. Arm ist man, wenn man pro Monat über deutlich weniger als das durchschnittliche Nettoeinkommen eines Landes verfügen kann. „Deutlich weniger" bedeutet laut der Weltgesundheitsorganisation WHO weniger als die Hälfte des Durchschnittseinkommens. Somit liegt die Armutsgrenze derzeit bei etwa 1.000 Euro. Bereits armutsgefährdet ist man, wenn das Einkommen unter 60 Prozent der Durchschnittseinkommen liegt. In Deutschland gelten aber auch diejenigen als arm, die arbeitssuchend sind und von der Grundsicherung leben müssen. Solche Definitionen sind allerdings problematisch.

Moderatorin: Warum problematisch?

Dr. Niehaus: Diese Definitionen beziehen sich nur auf das Einkommen und beschreiben die sogenannte Einkommensarmut. Es geht aber um viel mehr. Armut hat damit zu tun, dass die Chancen, um am gesellschaftlichen Leben teilzunehmen, ungleich verteilt sind. Natürlich ist dabei der materielle Aspekt wichtig, doch Geld allein macht nicht glücklich. Wenn wir von Armut sprechen, müssen auch Faktoren wie der Bildungsstand, die Wohnungsgröße oder das soziale Netz herangezogen werden. Aus meiner Sicht sind solche Faktoren genauso wichtig.

Moderatorin: Bleiben wir trotzdem zunächst einmal bei der Einkommensarmut. Ist das nicht der Hauptgrund für Kinderarmut?

Dr. Niehaus: Nun ja, fehlendes Geld in der Familie spielt eine große Rolle und daran sind vor allem Arbeitslosigkeit oder ein geringes Einkommen schuld. Mit der finanziellen und gesellschaftlichen Lage der Eltern geht das Wohlbefinden der Kinder einher, denn schließlich sind sie von den Eltern abhängig.

Moderatorin: Was meinen Sie mit „gesellschaftlicher Lage der Eltern"?

Dr. Niehaus: Damit meine ich zum einen die Familiengröße und zum anderen die Qualifizierung der Eltern. Besonders Kinder, die mit zwei oder mehr Geschwistern aufwachsen, oder Kinder, die bei einem alleinerziehenden Elternteil leben, drohen in die Armut abzurutschen, denn Kinder kosten Geld. Vor allem Alleinerziehende befinden sich in einem Dilemma: Sollen sie genug Geld verdienen oder für die Betreuung ihrer Kinder da sein? Beides unter einen Hut zu bringen, scheint nicht möglich zu sein. Entweder bleibt die Karriere oder das Kind auf der Strecke. Neben der Familiengröße sorgt auch die Qualifizierung der Eltern dafür, ob ein Kind eher armutsgefährdet oder nicht. Denn Eltern mit einer geringeren Qualifizierung arbeiten in der Regel in Jobs, in denen sie kein allzu hohes Gehalt beziehen.

Moderatorin: Gibt es noch andere Gründe für Kinderarmut?

Dr. Niehaus: Ja, außer den materiellen Gründen, die zu einer Benachteiligung von Kindern führen, gibt es auch emotionale Gründe, und zwar, wenn Kinder vernachlässigt werden. Nicht alle Eltern haben genügend Verantwortungsbewusstsein und kümmern sich angemessen um die Bedürfnisse ihrer Kinder. Manche sind ganz einfach mit der Erziehung überfordert. Und einige können ihre Kinder nicht ausreichend fördern, weil sie zum Beispiel krank sind oder persönliche Probleme in den Vordergrund stellen. Das sind jedoch meiner Erfahrung nach eher die Ausnahmen, denn die meisten Eltern gedenken alles zu tun, um ihren Nachwuchs Probleme nicht spüren zu lassen.

Moderatorin: Welche Auswirkungen haben materielle und emotionale Armut auf Kinder?

Dr. Niehaus: Zur Beantwortung dieser Frage muss ich etwas weiter ausholen. Für die Entwicklung eines Menschen ist die Kindheit maßgebend. In der Kindheit werden viele Weichen für das spätere Leben gestellt. Kinder wollen schon früh die Welt entdecken, sie spielen und toben herum, sie probieren sich aus. Auf diese Weise können sich Kinder entfalten und daran sollten sie nicht gehindert werden. Doch Armut kann die persönliche Entwicklung des Kindes erschweren und zu Frustration führen.

Moderatorin: Haben Sie dafür ein Beispiel?

Dr. Niehaus: Oh, Beispiele gibt es viele. Ein 9-jähriger Junge, nennen wir ihn Leon, würde gern seine Spielkameraden zu sich nach Hause einladen, doch seine Familie lebt in beengten Verhältnissen, was oft zu Streitereien zwischen den Familienmitgliedern führt. Leon schämt sich, hat Angst vor den Reaktionen seiner Freunde und verzichtet lieber auf eine Einladung. Glücklich ist er dabei nicht. Oder nehmen wir die 12-jährige Mira, die nicht auf den dreitägigen Klassenausflug mitgeht, um, wie sie sagt, ihren Eltern die Kosten zu ersparen. Denn sie hat längst mitbekommen, dass das Geld in der Familie knapp ist. Mira versteht sich eigentlich gut mit ihren Schulfreundinnen und hätte große Lust auf den Ausflug, doch die Freundinnen brauchen nicht zu sehen, dass sie nicht das neuste Handy hat und auch nicht viel Taschengeld. Also bleibt sie zu Hause. In beiden Fällen fühlen sich die Kinder unbehaglich und können ihren Wunsch nach sozialen Kontakten nicht ausleben.

Moderatorin: Sie spielen mit den beiden Beispielen darauf an, was als Mangel an Teilhabechancen bezeichnet wird.

Dr. Niehaus: Richtig. Leon und Mira erleben diesen Mangel an Teilhabechancen, das heißt, sie erleben, wie sich Kinderarmut im Alltag auswirkt. Damit Kinder in ihrer Entwicklung jedoch gestärkt werden und sich wohlfühlen, brauchen sie Teilhabechancen. Vor einiger Zeit hat die UNICEF die Bereiche genannt, die für das Wohlbefinden von Kindern ausschlaggebend sind. Dazu gehören die materielle Situation, aber auch die intakte Beziehung zu Familie und Freundeskreis sowie das subjektive Wohlbefinden – was im Fall von Leon und Mira besonders deutlich wird, weil sie das Gegenteil empfinden. Weitere Bereiche sind Gesundheit, Sicherheit und Bildung.

Moderatorin: Was wird unternommen, um die Teilhabe zu gewährleisten und die Kinderarmut zu verringern?

Dr. Niehaus: Wenn es darum geht, Familien mit geringem Einkommen zu unterstützen, ist die Politik gefragt, da sie über die Höhe des Kindergeldes, Wohngeldes oder Mindestlohns entscheidet. Besonders wichtig ist das seit 2019 geltende Gesetz zur Stärkung von Familien. Dieses Gesetz sieht vor, dass einkommensschwache Familien Zuschüsse für Klassenfahrten, Schulessen, Nachhilfe, Monatskarten oder Musikunterricht bekommen können. Damit sollen Kinder vor Armut bewahrt und die Teilhabe am gesellschaftlichen Leben ermöglicht werden. Leider ist jedoch das Antragsverfahren für viele zu umständlich, sodass die Nachfrage nach diesen Geldern eher gering ist.

Moderatorin: Oh ja, davon habe ich auch schon gehört. Gibt es denn nicht auch Unterstützung, die weniger bürokratisch zu bekommen ist?

Dr. Niehaus: Auf jeden Fall! Hilfe erhält man von Kirchen, gemeinnützigen Organisationen, Kinderhilfswerken und verschiedenen sozialen Einrichtungen. Alle bemühen sich nach Kräften, etwas gegen Kinderarmut zu tun. Am einfachsten ist es jedoch, sich an die Schule der betroffenen Kinder zu wenden, denn Schulen wissen zu helfen.

Moderatorin: Herr Dr. Niehaus, ich bedanke mich ganz herzlich für das Gespräch und wünsche Ihnen alles Gute für Ihre Arbeit.

Dr. Niehaus: Vielen Dank.

Text nach:
Schneider, Daniel: Kinderarmut in Deutschland, letzte Aktualisierung: 13.07.2020, https://www.planet-wissen.de/gesellschaft/wirtschaft/armut_in_deutschland/kinderarmut-in-deutschland-100.html letzter Zugriff: 25.04.2023. (zu Lehrzwecken verändert und gekürzt).

Kapitel 8

TR. 16

Moderatorin: In unserer heutigen Diskussionsrunde sprechen wir über den Stand der Digitalisierung in Deutschland. Zu Gast sind Herr Flick, Digitalisierungsexperte, und Frau Zingler, Gründerin eines digitalen Start-ups. Herzlich willkommen. Herr Flick, wo stehen wir bei der Digitalisierung?

Herr Flick: Nun, im internationalen Vergleich befindet sich Deutschland eher im Mittelfeld und ist in den letzten Jahren sogar noch ein paar Plätze abgerutscht. Ich halte es für sehr bedenklich, dass das Land immer noch unterschätzt, wie schnell die digitale Veränderung fortschreitet. Dies gilt für fast alle Lebensbereiche und insbesondere für die Arbeitswelt, in der wir globale Standards nicht erfüllen.

Frau Zingler: Ich sehe das genauso. Deutschland verschläft den Fortschritt. Dazu möchte ich gerne noch ein Beispiel ergänzen. Gerade in der öffentlichen Verwaltung haben wir einen großen digitalen Nachholbedarf. Da sind Abteilungen immer noch nicht miteinander vernetzt. Da häufen sich Papierakten und es wird immer noch zu viel per Hand erledigt, anstatt mit einer intelligenten Software zu arbeiten.

Herr Flick: Im Bereich der Vernetzung hat sich in den vergangenen Jahren aber schon etwas getan. Ich sehe bei Datenübermittlung eine deutliche Besserung. Die Netze werden inzwischen schneller ausgebaut. Insgesamt jedoch fehlen in Deutschland Strategien, wie die Digitalisierung auf den Stand anderer Länder gebracht werden kann. Ich würde mir ein Digitalministerium wünschen, so wie es im letzten Jahrhundert ein Ministerium für Post und Telekommunikation gab.

Frau Zingler: Mit diesem Wunsch sind Sie nicht allein. Die Regierung sollte sich außerdem die Förderung digitaler Unternehmen zur Aufgabe machen oder Innovationen im Digitalbereich besser unterstützen. Um die Digitalisierung voranzutreiben, sind allerdings IT-Fachkräfte vonnöten und die fehlen bekanntermaßen. Wir brauchen seitens der Regierung dringend geeignete Maßnahmen, um den Mangel an IT-Fachkräften zu beheben.

Herr Flick: Na ja, Deutschland ist ja nicht gerade ein attraktives Ziel für IT-Kräfte aus dem Ausland. Es ist wirklich beschämend, dass ausländische Fachleute an der deutschen Bürokratie scheitern. Einige waren ja schon gekommen und wollten hier arbeiten. Doch dann zogen sie in andere Länder weiter, weil sie viel zu lange auf die Arbeitserlaubnis warten mussten. Das ist keine Willkommenskultur. Hier müsste von staatlicher Seite viel mehr getan werden und wirklich um die ausländischen Fachkräfte gekämpft werden.

Frau Zingler: Diese extremen Fälle sind auch mir bekannt. Um international konkurrenzfähig zu werden, benötigt Deutschland meiner Meinung nach aber nicht nur ausländische Computerexperten und -expertinnen, sondern auch einheimische. Dazu ist jedoch nötig, die digitale Infrastruktur von der Grundschule bis zur Hochschule auszubauen. Es kann nicht angehen, dass es kein flächendeckendes Internet gibt oder nicht alle Lernenden einen Computerarbeitsplatz haben. Und auch die Lehrkräfte müssten verstärkt in digitaler Pädagogik ausgebildet werden. Nur so kann Deutschland seinen digitalen Rückstand aufholen.

Kapitel 9

TR. 17

Person 1

Ich bin unsicher, was ich vom fairen Handel halten soll. Schließlich geht es ja nicht nur darum, den Erzeugerinnen und Erzeugern einen gerechten Mindestpreis zu bezahlen, sondern auch darum, soziale und ökologische Vorgaben einzuhalten. Doch ich frage mich, ob die Einhaltung der Standards wirklich ständig kontrolliert werden kann. Kann tatsächlich garantiert werden, dass die Arbeitszeiten angemessen sind? Und arbeiten nicht doch alle Familienmitglieder mit, also auch die Kinder? Immer wieder hört man auch von Saisonarbeiterinnen und -arbeitern, die keine vernünftige Schutzkleidung tragen und in elenden Unterkünften untergebracht worden sind. Und wird regelmäßig überprüft, ob der Anbau ökologisch verträglich ist und zu keiner Zeit umweltschädliche Chemikalien eingesetzt werden?

TR. 18

Person 2

Wenn ich Produkte aus dem fairen Handel kaufe, habe ich ein gutes Gewissen. Denn die Unternehmen, die sich dem Fairtrade verpflichtet haben, müssen sich an bestimmte Standards halten. Besonders wichtig sind mir dabei die sozialen Standards im Hinblick auf Frauen und Kinder. Denn ich möchte auf keinen Fall Produkte aus Entwicklungsländern verwenden, die bei uns nur deshalb so billig sind, weil Menschen beim Anbau oder bei der Herstellung ausgebeutet worden sind. Anders im fairen Handel, denn er engagiert sich dafür, die Rechte von Kindern zu schützen und sie nicht arbeiten zu lassen. Außerdem wird die Gleichberechtigung von Frauen gefördert, was mir sehr am Herzen liegt. Nur so kann ich Kleidung, die in einem Entwicklungsland gefertigt worden ist, ohne Schuldgefühle tragen. Nur so kann ich auch Bananen und Ananas genießen.

TR. 19

Person 3

Als Kaffeeliebhaber, der besonders gern Kaffee aus Guatemala und Costa Rica trinkt, interessiert mich durchaus, unter welchen Bedingungen der Kaffee dort angebaut wird. Und mal ehrlich, Kaffeeanbau ist eine harte körperliche Arbeit, ein Knochenjob. Und bis der Kaffee bei uns zu kaufen ist, verdienen viele daran – Röstereien, Transportfirmen, Geschäfte usw. – und am wenigsten die, die ihn eigentlich erzeugen. Ich halte es für wichtig, dass ein Kaffeebauer so viel verdienen muss, dass er und seine Familie ein menschenwürdiges Leben führen und sich eine gesicherte Existenz aufbauen können. Dazu gehört für mich auch, dass genug Geld für den Schulbesuch der Kinder herausspringt, der ja in vielen Ländern nicht kostenlos ist. Ich kaufe ausschließlich Fairtrade-Kaffee, weil ich damit die Kaffeebäuerinnen und -bauern unterstützen kann.

TR. 20

Person 4

Meiner Meinung nach ist fairer Handel eine gute Sache, auf die ich mich als Verbraucherin verlassen kann. Denn es gibt Standards, die alle am Produktionsprozess Beteiligten einhalten müssen. Bauernhöfe, Plantagen und Transportunternehmen handeln nach festgelegten Kriterien, die soziale, ökologische und wirtschaftliche Bereiche betreffen. Diese Kriterien sind überprüfbar und stellen sicher, dass eine nachhaltige Entwicklung der produzierenden Länder stattfindet. Wenn ich also Produkte mit dem Label „Fairtrade" kaufe, weiß ich, dass bei der Produktion auf Nachhaltigkeit besonderer Wert gelegt wird. Und ich finde es beruhigend, dass während der gesamten Wertschöpfungskette keine Menschenrechte verletzt werden.

TR. 21

Person 5

Deutschland ist ja ein Land, in dem der Arbeitsschutz großgeschrieben wird. Es gibt Hygienevorschriften, Schutzkleidung, das Recht auf Urlaub, eine angemessene Bezahlung und viele andere Regelungen. Das ist in unserem Arbeitsleben selbstverständlich. Als Importeur von Erzeugnissen aus Entwicklungsländern sollte Deutschland darauf achten, dass in diesen Ländern vergleichbare Arbeitsbedingungen herrschen und sich verstärkt für soziale und ökologische Mindeststandards einsetzen. Denn warum sollte für den Anbau von exotischen Früchten etwas anderes gelten als für den Anbau von Äpfeln hierzulande? Organisationen, die sich dem fairen Handel verschrieben haben, weisen in die richtige Richtung. Doch meiner Ansicht nach ist der faire Handel noch nicht fair genug.

TR. 22

Person 6

Der Aufdruck „Fairtrade" sollte es Verbraucherinnen und Verbrauchern eigentlich einfach machen, fair gehandelte Produkte zu finden. Bei nicht weiterverarbeiteten Produkten wie Bananen oder Blumen halte ich das Fairtrade-Gütesiegel für zuverlässig. Jedoch werden auch Mischprodukte mit diesem Siegel versehen und man muss schon genau hinsehen, um zu erkennen, was daran fair sein soll. Als ich neulich das Kleingedruckte auf der Verpackung von Schokoladenkeksen las, stellte sich heraus, dass nur der Zucker und der Kakao aus dem fairen Handel stammten, alle anderen Zutaten nicht. Diese anderen Zutaten machten aber die Hälfte des Produkts aus. In diesem Fall finde ich das Siegel irreführend, denn wer hat beim Einkaufen schon Zeit, alle Seiten der Verpackung zu lesen, um sicher zu sein, worauf sich das Siegel wirklich bezieht?

Kapitel 10

TR. 23

In unserer Vortragsreihe über unterschätzte Krankheiten geht es heute um das Burn-out-Syndrom. Der Begriff „Burn-out" wurde 1974 von dem US-amerikanischen Psychoanalytiker Herbert Freudenberger eingeführt. Man fühlt sich - wie der Name sagt - ausgebrannt. Das heißt, man ist völlig erschöpft, antriebslos und zu keiner Leistung mehr fähig. Anfangs wurde das Burn-out-Syndrom vor allem gestressten Managern und Managerinnen zugeschrieben, doch inzwischen weiß man, dass auch viele andere Berufsgruppen, insbesondere aus dem Dienstleistungssektor, betroffen sind. Mehr noch: Burn-out macht vor keiner Altersklasse oder sozialen Schicht halt. Das Syndrom lässt sich bei Arbeitslosen, Personen im Ruhestand und auch bei Schulkindern und Studierenden beobachten. Gefährdet sind alle, die sich über einen längeren Zeitraum überlastet fühlen und denken: „Ich kann nicht mehr!"

Das bringt mich zu der Frage, warum es zu einem Burn-out kommen kann. Die Ursachen können in der eigenen Persönlichkeit und in der Ausbildungs- oder Arbeitssituation liegen. Am Beispiel von Studierenden möchte ich einige mögliche Ursachen aufzeigen. Viele Studierende sehen sich einem ständigen Zeit- und Leistungsdruck ausgesetzt. Dieser ist häufig mit der Sorge verbunden, keine gute Note zu erhalten oder ein Semester wiederholen zu müssen, was womöglich die Karrierechancen negativ beeinflusst. Anders gesagt: Man hat Angst zu versagen. Wenn man dann noch zu Perfektionismus neigt und zu hohe Ansprüche an sich selbst hat, begibt man sich am Abend und am Wochenende in die Bibliothek, um für Klausuren zu lernen, deren Thematik einen oft gar nicht interessiert. Man sorgt sich um zu erwartende Konflikte mit der Arbeitsgruppe, für die man ständig erreichbar sein soll. Letztendlich befindet man sich in einer höchst unbefriedigenden Situation, vernachlässigt Freundschaften und fühlt sich fremdbestimmt und überlastet. Vergleichbares gilt für Berufstätige.

Burn-out zu erkennen, ist schwierig, da es kein einheitliches Krankheitsbild gibt. Erschwerend kommt hinzu, dass ein Burn-out mit verschiedenen anderen Krankheiten einhergehen kann. Wir alle sind einmal erschöpft, fühlen uns gestresst oder wissen nicht weiter. Doch wann beginnt ein Burn-out, der behandelt werden muss? Fest steht, dass ein Burn-out nicht plötzlich auftritt, sondern man längerfristig, also Monate oder sogar Jahre, unter Überlastung leidet und bestimmte Beschwerden hat. Wenn die Überlastung anhält, reagiert unser Organismus mit körperlicher, geistiger und emotionaler Erschöpfung, was erhebliche Folgen für die Lebensqualität und letztendlich für die Gesundheit hat. Charakteristisch für die körperliche Erschöpfung sind zum Beispiel chronische Müdigkeit, Rückenschmerzen oder Schlafstörungen. So kommt es auch zum Missbrauch von Genuss- und Suchtmitteln wie Kaffee, Nikotin oder Tabletten. Die geistige Erschöpfung zeigt sich zum Beispiel in einer negativen Einstellung zur Arbeit, in dem Gefühl, nicht genug zu leisten oder in Konzentrationsstörungen. Die emotionale Erschöpfung schließlich drückt sich beispielsweise so aus, dass man sich bei den zu erledigenden Aufgaben frustriert und enttäuscht fühlt oder dass man sich von seinem Umfeld distanziert. Wenn alle diese Anzeichen zusammen auftreten, spricht viel für die Diagnose Burn-out.
Wer die genannten Warnsignale bei sich wahrnimmt, sollte nicht den Kopf verlieren, sondern ärztliche Hilfe suchen. Nur ein Arzt oder eine Ärztin kann abklären, ob es sich um Burn-out handelt oder ob eine ganz andere Erkrankung vorliegt. Damit es gar nicht erst so weit kommt, kann man präventive Maßnahmen ergreifen. Denn wer weiß, wie sich Burn-out bemerkbar macht, kann den Ursachen und Folgen aus dem Weg gehen und sich eine langwierige Genesung ersparen. Eine Maßnahme,

die man sich zu Herzen nehmen sollte, ist die bewusste Entspannung und Erholung. Dazu kann man beispielsweise seinen Umgang mit dem Smartphone oder den sozialen Medien überdenken, die für permanente Erreichbarkeit und damit auch Stress sorgen. Man sollte auch die Zeit finden, seine Gefühle und seine Ziele, sowohl im beruflichen als auch im privaten Bereich, regelmäßig zu reflektieren. Gönnen Sie sich nicht erst, wenn es zu spät ist, Auszeiten, um Zeit- und Leistungsdruck nicht übermächtig werden zu lassen.

Kapitel 11

TR. 24

Moderatorin: Guten Morgen, meine Damen und Herren. Ich darf Sie herzlich zu einem weiteren Vortrag unserer Reihe „Psychologie im Alltag" begrüßen. Unser Leben ist bunt und dabei spielen Farben eine entscheidende Rolle. Unser Gastredner heute ist Herr Dr. Rolf Bongartz, der sich seit geraumer Zeit mit der Psychologie der Farben auseinandersetzt und zu vielfältigen Erkenntnissen gekommen ist. Wir freuen uns, mehr darüber zu erfahren. Herzlich willkommen, Herr Dr. Bongartz.

Dr. Bongartz: Mein Forschungsgebiet, die Farbpsychologie, ist in der Tat sehr facettenreich. In erster Linie untersuchen wir, auf welche Weise Farben Einfluss auf den Menschen und sein Verhalten nehmen. Es ist erstaunlich, wie mächtig Farben dabei sind: Sie können unsere Wahrnehmung und den Blick auf die Dinge verändern. Sie sind Auslöser für Emotionen, weshalb sie auch unsere Kaufentscheidungen beeinflussen, da wir gerne Produkte in unserer Lieblingsfarbe wählen. Sie fördern die Konzentration und helfen deshalb besonders gut beim Lernen. Wenn uns die seelische Ausgeglichenheit fehlt, sind Farben in der Lage, wieder eine Balance herzustellen. Einzelne Farben, besonders die kräftigen, und auch Farbkombinationen können uns beeinflussen und stimulieren.
Der Einfluss der Farben auf unser Verhalten beginnt bereits im Kindesalter. Haben Sie sich schon einmal gefragt, warum die ersten Spielzeuge, die Babys bekommen, von intensiver Farbe und reich an Kontrasten sind? Der Grund liegt in der natürlichen Entwicklung des Gehirns. Ein Baby kann noch nicht alle Farben sehen, weil ansonsten sein Gehirn überfordert wäre. Es nimmt vor allem kräftige Farben wahr. Im Kleinkindalter dann beginnt das Gehirn zu assoziieren: Der Himmel ist blau, eine Zitrone gelb und eine Tomate rot. Das Kind verknüpft also Grundfarben mit bestimmten Objekten. Diese ersten Assoziationen prägen Kinder nachhaltig. Eine blaue Tomate würden sie als ungenießbar ansehen, weil das Gehirn keine Verbindung zwischen „blau" und „Tomate" herstellen kann. Selbst im Erwachsenenalter, wenn unsere Farbpalette riesengroß geworden ist und wir zwischen feinsten Nuancen unterscheiden können, zeigt die kindliche Prägung ihre Wirkung: Immer noch haben viele von uns Scheu vor dunkelvioletten oder gar schwarzen Tomaten, die durchaus genießbar sind.
Farben haben eine Bedeutung. Herauszufinden, wie die Bedeutung entstanden ist, warum sie sich ändert oder ob sie kulturspezifisch ist, ist nicht nur ein Forschungsfeld der Psychologie. Auch die Soziologie, die Medizin, die Sprach- und Kulturwissenschaften und die Marktforschung befassen sich damit. Forschungsteams gehen zum Beispiel der Frage nach, ob – wie man vermutet – Frauen über ein größeres Farbspektrum verfügen als Männer. Ein anderer Untersuchungsgegenstand betrifft die Farbe der Kinderkleidung. Hierbei wird die Tradition der Farbentrennung unter die Lupe

genommen. Ein Beispiel dafür ist, dass Rosa den Mädchen und Hellblau den Jungen zugeordnet wurde. Diese Tradition ist mittlerweile umstritten und es vollzieht sich hier ein Wandel: Mädchen dürfen alle Farben tragen und Jungen ebenso.
Die Sprachwissenschaft untersucht unter anderem die Herkunft von Redewendungen wie „ins Schwarze treffen" oder „das Blaue vom Himmel herunterlügen". Und die Marktforschung geht aktuellen Farbtrends nach, um neue Produkte zu kreieren und zu vermarkten.
Kommen wir zu einigen Farben und ihren Bedeutungen. Ich beginne mit Blau, weil sie bei deutschen Frauen und Männern die beliebteste Farbe ist. Mit Blau wird Reinheit, Tiefe, Vertrauen, aber auch Kühle assoziiert. Diese Farbe wirkt auf uns beruhigend und gibt uns ein Gefühl der Sicherheit, weshalb sie so oft in Ruhebereichen, etwa im Schlafzimmer, anzutreffen ist. Auch Unternehmen machen sich die positiven Eigenschaften dieser Farbe zunutze. So ist es kein Zufall, dass im Corporate Design eines Unternehmens gerne Blau verwendet wird. Natürlich ist nicht nur Farbe wichtig, um eine Marke zu inszenieren; Formen und Sprachgestaltung spielen ebenfalls eine Rolle. Doch zurück zur Farbe Blau. Sie steht außer für das schon Genannte auch für alles, was unergründlich ist oder in weiter Ferne liegt, wie ein unerfüllter Traum. In der romantischen Literatur ist die blaue Blume ein Symbol für Sehnsucht und Liebe sowie das Streben nach dem Unerreichbaren.
Als Nächstes betrachten wir die leuchtenden Farben Gelb und Rot etwas genauer. Beide Farben rufen sowohl positive als auch negative Assoziationen hervor. Als Farbe der Sonne verbinden wir mit Gelb Wärme und Licht, außerdem Fröhlichkeit. Sie eignet sich, um unsere Stimmung aufzuhellen. Im Widerspruch dazu symbolisiert Gelb jedoch auch Krankheit und negative Emotionen wie Eifersucht und Neid. Bei Rot denken wir an Liebe, Feuer und ebenfalls an Wärme. Rot kann anregend wirken, aber auch aggressiv. Wegen ihrer Intensität werden beide Farben aber auch eingesetzt, um unsere Aufmerksamkeit zu gewinnen. Dies können Preisschilder sein, die auf ein Sonderangebot hinweisen, aber auch Warnschilder, die uns vor Gefahren schützen sollen. Gelb und Rot sind also recht ambivalente Farben. Diese Ambivalenz gilt im Übrigen auch für Grün, das einerseits für die Hoffnung und das Erwachen der Natur steht, andererseits für Unreife und sogar Gift, was sich im Adjektiv „giftgrün" widerspiegelt.
Zum Schluss meines Vortrags möchte ich noch kurz auf die Farbsymbolik in anderen Kulturkreisen zu sprechen kommen. Ein Blick in den asiatischen Raum zeigt, dass man dort mit Gelb und Rot etwas anderes assoziiert. In China ist Gelb eine ausgesprochen wichtige Farbe; sie steht unter anderem für Toleranz und Weisheit. Rot symbolisiert das Leben und Glück. Die Neueröffnung eines Geschäfts würde nie ohne rote Dekorationen gefeiert. Der Anlass bedingt also die Wahl einer bestimmten Farbe. Ein abschließendes Beispiel dazu: Auf eine Beerdigung in China geht man zum Zeichen der Trauer weiß gekleidet, nicht schwarz wie hierzulande.

Moderatorin: Vielen Dank für Ihre spannenden Ausführungen, Herr Dr. Bongartz. Dem Publikum möchte ich gerne noch Ihr neustes Buch zum Thema „Farbpsychologie" empfehlen, das Sie auf dem Büchertisch im Foyer erwerben können.

Text nach:
Haupt, Johannes: Farbpsychologie: 11 Farben, ihre Bedeutungen & 5 Tipps zur Anwendung, https://www.lernen.net/artikel/farbpsychologie-farben-bedeutung-12396/, letzter Zugriff: 25.04.2023. (zu Lehrzwecken verändert und gekürzt).

Kapitel 12

TR. 25

Frau Kramer: Beratungsstelle Reiserecht, Kramer, guten Tag!

Herr Petzold: Guten Tag, Petzold am Apparat. Ich rufe Sie von meinem Urlaubsort an. Deshalb ist die Verbindung leider etwas schlecht.

Frau Kramer: Kein Problem, Sie sind gut zu verstehen. Was kann ich für Sie tun?

Herr Petzold: Tja, leider hält der Urlaub nicht, was im Reiseprospekt versprochen wurde. Und nun fragen meine Frau und ich uns, ob es sich um Mängel handelt und wie wir dann vorgehen sollen. Da wir nichts falsch machen möchten, wollten wir uns vorher informieren.

Frau Kramer: Allgemein gesprochen, liegt ein Mangel vor, wenn die im Katalog oder im Internet zugesicherten Leistungen nicht erfüllt werden. Um was für Mängel geht es denn bei Ihnen?

Herr Petzold: Na ja, zum Beispiel die Lage unseres Hotelzimmers. Im Prospekt stand, dass das Zimmer zur Meerseite liegt. Da haben wir uns eigentlich einen schönen Blick aufs Meer versprochen. Tatsächlich aber blicken wir auf andere Hotels.

Frau Kramer: Nun, in der Katalogsprache sind Meerseite und Meerblick nicht das Gleiche. Und selbst Meerblick sagt nichts darüber aus, wie viel man vom Meer oder Strand sieht. In Ihrem Fall entspricht Ihr Zimmer zur Meerseite der Beschreibung und es liegt kein Mangel vor.

Herr Petzold: Hm, schade, wir haben uns eine andere Aussicht vorgestellt. Ein anderes Problem ist die Sauberkeit im Hotel: Im Bad wird nicht richtig geputzt und auch der Poolbereich ist ständig verschmutzt, sodass wir uns dort gar nicht aufhalten möchten. Sollen wir uns da direkt an die Hotelrezeption wenden?

Frau Kramer: Das kommt darauf an, ob Sie eine Pauschalreise gebucht haben oder als Individualtouristen unterwegs sind.

Herr Petzold: Es ist eine Pauschalreise.

Frau Kramer: Dann müssten Sie zuerst die Reiseleitung vor Ort informieren. Mit ihr zusammen besprechen Sie dann die Möglichkeiten.

Herr Petzold: Wie sieht das Vorgehen konkret aus?

Frau Kramer: Bringen Sie zuerst die Mängel bei der Reiseleitung zur Anzeige. Dazu müssen Sie ein Reisemängelformular ausfüllen und Sie sollten eine Frist setzen, in der die Mängel zu beheben sind.

Herr Petzold: Solche Formulare finde ich sicher im Internet, oder?

Frau Kramer: Ja, zum Beispiel auch auf unserer Internetseite.

Herr Petzold: Müssen wir noch etwas beachten?

Frau Kramer: Ja, Sie sollten die Mängel auch beweisen können. Zum Beispiel durch Fotos und Videos. Außerdem wäre es gut, Zeugen beizubringen, die die Mängel bestätigen können. Haben Sie da jemanden?

Herr Petzold: Ja, ich denke, ich kann die Zimmernachbarn fragen, mit denen wir uns angefreundet haben.

Frau Kramer: Sehr gut. Die Zeugen müssten dann auf dem Formular ihre Heimatadresse, Telefonnummer usw. eintragen und es unterschreiben. Machen Sie sich eine Kopie und händigen Sie das Formular samt Beweisen der Reiseleitung aus.

Herr Petzold: Danke, das hilft uns ein ganzes Stück weiter. Besteht denn die Chance einer Preisminderung?

Frau Kramer: Dazu kann ich keine Auskunft geben. Aber es gibt verschiedene Tabellen, wie zum Beispiel die Frankfurter Liste, die Mängel rund um die Unterkunft, den Service, die Verpflegung und den Transport auflisten. Solche Tabellen geben erste Anhaltspunkte, was den Gästen nicht zuzumuten ist und welche Mängel zu einer Preisminderung führen können. Sie erhalten dort auch Informationen, wie viel Prozent Minderung in Betracht kommen. Warten Sie ..., ich schaue mal eben nach. Also, im Fall des verschmutzen Poolbereichs wären es laut Liste zwischen 10 und 20 Prozent.

Herr Petzold: Hm, von der Frankfurter Liste habe ich schon gehört. Beziehen sich denn die Prozentangaben auf den gesamten Reisepreis?

Frau Kramer: Ja, aber nur, falls die Mängel während des ganzen Urlaubs und nicht nur zeitweise vorliegen.

Herr Petzold: Gut zu wissen. Da Sie gerade den Transport erwähnt haben ... Wie ist die rechtliche Situation bei Flugverspätungen?

Frau Kramer: Hm, das ist oft kein Reisemangel, sondern nur ein Ärgernis, das die Fluggäste hinnehmen müssen. Es gibt also vom Reiseveranstalter in der Regel keine Preisminderung. Eventuell kann man sich im Fall des Falls direkt an die Fluggesellschaft wenden.

Herr Petzold: Na ja, im Moment haben wir noch keine Bestätigung, ob der Rückflug pünktlich sein wird. Hoffen wir mal, dass da nicht noch weitere Unannehmlichkeiten auf uns zukommen. Auf jeden Fall danke ich Ihnen für die vielen nützlichen Informationen.

Frau Kramer: Gern geschehen. Ich wünsche Ihnen und Ihrer Frau alles Gute für den Rest des Urlaubs.

Modelltest

Hörverstehen, Teil 1
TR. 26

Person 1

Ich erinnere mich, dass man früher über das Erlernen einer zweiten Sprache ganz anders geurteilt hat. Schon im Kindesalter eine Fremdsprache zu lernen, wurde für schädlich gehalten. Man dachte nämlich, dass das Gehirn des Kindes damit völlig überfordert ist. Forschenden zufolge wird das Gehirn faul und die Kinder können sich nicht richtig entwickeln. Auch das Verhalten und die Intelligenz sollen dadurch beeinträchtigt werden. Das ist natürlich Blödsinn, wie man heute weiß. Doch wegen dieser Ansichten damals lernten zum Beispiel meine Großeltern als Kinder keine Fremdsprache. Sie kamen erst spät mit etwas Englisch in Berührung, haben es aber nie richtig gelernt. Wie sie immer erzählen, war das aber nicht so wichtig für den Beruf und hatte auch keinen Einfluss auf ihre Karriere.

Person 2

Mein Wohn- und Arbeitsort liegt in Saarbrücken, also in unmittelbarer Nähe zu Frankreich. Da liegt es auf der Hand, dass die Kinder schon früh mit Französisch als Fremdsprache Kontakt haben. Als Erzieherin in einem bilingualen Kindergarten kann ich sagen, dass die Drei- bis Sechsjährigen, die wir in kleinen Gruppen betreuen, keinerlei Probleme haben, zwischen Deutsch und Französisch zu wechseln. Wenn wir ein Spiel machen, bei dem Französisch gesprochen wird, tun es auch alle und niemand mischt Deutsch dazwischen. Damit unsere Kindergartenkinder beide Sprachen gleich gut lernen und nicht eine Sprache dominant wird, ist es wichtig, in etwa gleich viel Zeit auf Französisch und auf Deutsch zu kommunizieren. Nur ein paar Stunden in der Woche mit Französisch zu verbringen, reicht nicht aus und wir dürften uns dann meiner Meinung nach auch nicht „bilingual" nennen.

Person 3

Aus aktuellem Anlass beschäftigen meine Frau und ich uns intensiv mit der Frage, ob wir unser gerade geborenes Kind zweisprachig erziehen sollen oder nicht. Meine Frau ist Spanierin, ich bin Deutscher und wir beherrschen jeweils die Sprache des anderen. Um nichts falsch zu machen und um unser Kind nicht zu überfordern, haben wir uns in der Fachliteratur Rat geholt. Wir sind beide zu dem Schluss gekommen, dass Zweisprachigkeit nicht schadet. Im Gegenteil: Gerade kleine Kinder lernen mühelos Sprachen, ohne überfordert zu sein. Also werden wir unseren Alltag als Eltern so gestalten, dass meine Frau konsequent Spanisch mit unserem Nachwuchs spricht und ich genauso konsequent nur Deutsch. Wir werden sehen, ob wir die zweisprachige Erziehung durchhalten und ob sich am Ende nicht doch eine der Sprachen durchsetzt.

Person 4

Ich glaube nicht, dass der frühe Kontakt zu einer Fremdsprache die Kinder intelligenter oder dümmer macht. Es gibt jedoch Studien, nach denen einiges für das frühe Fremdsprachenlernen spricht. Zweisprachig aufwachsende Kinder sollen eine bessere Konzentrationsfähigkeit haben und aufmerksamer sein als Gleichaltrige, die mit nur einer Sprache groß werden. Das soll daran liegen, dass bilinguale Kinder sehr früh lernen, ihre Konzentration auf die eine Sprache zu lenken, während sie die andere ausblenden. Sie können Reize schneller verarbeiten und ihre Aufmerksamkeit gezielt ausrichten. Die Fähigkeit, Wichtiges von Unwichtigem zu unterscheiden, ist meiner Meinung nach von Vorteil, um später in der Schule mit dem Stoff vieler verschiedener Fächer gut zurechtzukommen.

Person 5

Immer wieder lese ich: Je früher ein Kind eine Fremdsprache lernt, desto besser. Ehrlich gesagt verstehe ich diese Forderung nicht. Es sind doch nicht alle Kinder im gleichen Maß sprachbegabt. Die Persönlichkeit eines Kindes hat so viele Facetten. Manche sind schüchtern, manche wissbegierig und offen für Neues, also vielleicht auch offen für das Erlernen einer neuen Sprache. Außerdem entwickelt ein Kind doch auch noch ganz andere Interessen, die es zu fördern gilt. Eines ist sehr sportlich, das andere begeistert sich für Tiere, das dritte malt für sein Leben gern. Kinder sind sehr wohl in der Lage zu äußern, was ihnen gefällt und was nicht. Wie käme ich dazu, ihnen eine Fremdsprache aufzudrängen? Und vielleicht entscheiden sie irgendwann ja selbst, dass sie eine Sprache lernen möchten, weil die italienische Freundin aus dem Kindergarten manchmal italienische Wörter verwendet, die so interessant klingen.

Person 6

Wenn man betrachtet, was Kinder im Kindesalter alles lernen müssen, allem voran die eigene Sprache, finde ich es übertrieben, auch noch mit einer Fremdsprache zu beginnen. Allerdings mag es bestimmte Umstände geben, die das frühe Fremdsprachenlernen rechtfertigen. Zum Beispiel, wenn ein Elternteil eine andere Muttersprache hat. Oder vielleicht lebt ein Teil der Verwandtschaft im Ausland und man möchte den Kontakt zum Onkel, der nur Russisch spricht, pflegen. Es kann auch sein, dass die Familie sich aus beruflichen Gründen regelmäßig in einem bestimmten Land aufhält. Abgesehen davon würde ich immer zuerst Wert darauf legen, dass Kinder zuerst einmal muttersprachliche Kompetenzen entwickeln. Ohne die Kenntnis der eigenen Grammatik ist es nach meiner Meinung schwierig, eine Fremdsprache korrekt und erfolgreich zu erwerben.

Person 7
In einer immer globaler werdenden Welt kann es nach meiner Auffassung nicht verkehrt sein, früh an Fremdsprachen heranzuführen. Schließlich ist mit einer Sprache auch eine Kultur verbunden. Beim Lernen einer Sprache schwingen immer auch kulturelle Besonderheiten mit. So lernt ein Kind, dass es neben der eigenen Lebenswelt noch ganz andere Meinungen, Werte und Traditionen gibt, die nicht schlechter oder besser als die eigenen sind. Ich glaube, dass der Erwerb einer Fremdsprache Türen öffnet. Und damit meine ich nicht den Zugang zu besseren beruflichen Chancen, sondern zu einem mehrdimensionalen Denken, zu mehr Toleranz und Offenheit gegenüber anderen Kulturen. Ich würde mich freuen, wenn Kindern dadurch die Möglichkeit eröffnet wird, anders als manche Erwachsene ohne Hemmungen oder gar Vorurteile auf Fremde zuzugehen.

Person 8
Als unsere Familie vor vielen Jahren nach Deutschland kam, war ich erst fünf, meine ältere Schwester bereits elf. Im Unterschied zu mir beherrscht sie Deutsch nicht auf muttersprachlichem Niveau, zumindest nicht, was die Korrektheit und das Schreiben angeht. Beim Sprechen merkt man weniger, dass sie Defizite hat. Wie ich später im Pädagogikstudium erfahren habe, gibt es ein Zeitfenster, in dem man eine fremde Sprache so perfekt wie seine Muttersprache erwerben kann. Dieses Fenster reicht bis zum 6., maximal 7. Lebensjahr. Später erreicht man in der Regel kein muttersprachliches Niveau mehr. Wenn man also vom frühen Fremdsprachenlernen spricht, sollte es am besten vor der Schulzeit beginnen. Es gibt mir zu denken, dass man in einer deutschen Schule normalerweise erst ab der 5. Klasse, das heißt mit etwa zehn Jahren, die erste Fremdsprache lernt.

Hörverstehen, Teil 2
TR. 27

Moderatorin: Liebe Hörerinnen und Hörer, sind Sie heute Morgen fit und voller Tatendrang aufgestanden und jetzt gegen Mittag schon wieder schläfrig? Das kann an Ihrer inneren Uhr liegen. Zu diesem spannenden Thema haben wir Herrn Dr. Julian Becker in die Sendung eingeladen. Herr Becker ist Chronobiologe und arbeitet in der Schlafforschung. Herr Becker, wie sind Sie zu diesem Beruf gekommen und was genau machen Sie als Chronobiologe?

Dr. Becker: Die Chronobiologie ist ein Bereich der Biologie. Allgemein gesprochen untersucht sie die zeitlichen Rhythmen, denen Tiere, Pflanzen und eben auch Menschen unterliegen. Ich selbst beschäftige mich vor allem mit dem Biorhythmus des Menschen, also mit dem ständigen Zyklus von Ruhe und Aktivität und mit den Zeiten, in denen der Mensch Leistungshochs und -tiefs hat. Besonders befasse ich mich damit, wie der Mensch mit diesem Zyklus in der modernen Gesellschaft und Arbeitswelt zurechtkommt. Mein Interesse an der Chronobiologie begann schon in jungen Jahren, als mein Vater, der jahrelang als Lkw-Fahrer Schichtarbeit verrichtete, mehrere schwere Unfälle verursachte. Ich fragte mich, ob seine ungewöhnlichen Arbeitszeiten schuld an den Unfällen waren. Das war der Anstoß für die Beschäftigung mit Chronobiologie.

Moderatorin: Wie passt denn das heutige Leben zum Biorhythmus?

Dr. Becker: Nicht gut. Vieles von dem, was die moderne Gesellschaft ausmacht, widerspricht unserem natürlichen Zyklus von Wach- und Schlafphasen. Der Mensch arbeitet zur falschen Tageszeit, gönnt sich zu wenige Pausen und kämpft gegen die Müdigkeit an – ein Kampf, den er nicht gewinnen kann. Irgendwann wird das Schlafbedürfnis übermächtig. Und doch machen wir die Nacht zum Tag. Dank der Elektrizität können wir in der Dunkelheit noch aktiv sein, Partys feiern oder bis spät in die Nacht fernsehen. Denken Sie aber auch an Arbeitsplätze in Krankenhäusern, Kraftwerken oder im Warenverkehr, wo rund um die Uhr Betrieb ist. Wir empfangen Informationen aus aller Welt zu jeder Tages- und Nachtzeit und wollen natürlich nichts verpassen. Es ist dem menschlichen Organismus jedoch nicht möglich, ständig bereit zu sein oder mit der Geschwindigkeit Schritt zu halten. Er benötigt Auszeiten. Wer aber seinen Biorhythmus ständig ignoriert, riskiert seine Gesundheit.

Moderatorin: Oder es passieren Unfälle wie bei Ihrem Vater.

Dr. Becker: Genau. Heute weiß man, dass Übermüdung die Unfallursache Nummer Eins ist. Einer meiner Kollegen untersuchte Autounfälle auf Autobahnen und schlug Alarm, denn an zwei Dritteln aller Verkehrsunfälle war Müdigkeit schuld. Besonders gefährlich ist es auf den Straßen am frühen Nachmittag gegen 14 Uhr und in den Morgenstunden. Zu diesen Zeiten passieren sechsmal so viele Unfälle wie zu den anderen Tageszeiten. Der Grund ist das schon erwähnte übermächtige Schlafbedürfnis am frühen Morgen und zur Mittagszeit.

Moderatorin: Wie hat man eigentlich herausgefunden, dass der Mensch nicht nur nachts schlafen muss, sondern auch zu bestimmten Tageszeiten Ruhepausen braucht?

Dr. Becker: Durch ein Experiment in den 1960er-Jahren wurde entdeckt, dass der Mensch in einem konstanten Rhythmus lebt, der immer etwa 24 Stunden dauert und dann von Neuem beginnt. Das Experiment verlief folgendermaßen: Das Forschungsteam isolierte die Versuchspersonen in einer Art Keller, wo es keine Uhren gab. Vorgegeben war, dass sie dann schlafen sollten, wenn sie glaubten, dass es Nacht ist. Zwischenzeitliche Nickerchen und Ruhepausen waren nicht erlaubt. Die Versuchspersonen schliefen, wachten auf, machten das Licht an, aßen usw., ohne zu wissen, wie spät es war. Daraus ergab sich, dass die Versuchspersonen immer länger schliefen, manche sogar 16 Stunden am Stück. Erst als ihnen erlaubt wurde, auch mal kleine Schlafpausen zwischendurch zu machen, pendelte sich ein 24-Stunden-Rhythmus ein.

Moderatorin: Lassen sich damit unsere Leistungshochs und Leistungstiefs erklären?

Dr. Becker: Nicht ganz, denn es gibt noch andere Zyklen außer dem Wach-Schlaf-Zyklus. In einem anderen Versuch sollten die Testpersonen 60 Stunden am Stück im Bett liegen. Dabei kam heraus, dass sie alle vier Stunden einschliefen. Diese Zeiten sind genau die, in denen wir unsere Leistungstiefs haben: morgens um 10 Uhr, mittags um 14 Uhr und abends um 18 Uhr. Daneben haben wir noch einen weiteren Rhythmus in uns, den 90-Minuten-Zyklus. Das ist die maximale Zeit, in der wir uns auf eine Tätigkeit konzentrieren können, ohne aufzustehen. Nicht ohne Grund dauern die meisten Veranstaltungen an Hochschulen nicht länger als 90 Minuten. Danach brauchen wir eine Pause.

Moderatorin: Man hört immer wieder, dass der Biorhythmus auch Einfluss auf Erkrankungen oder das Schmerzempfinden hat. Ist da etwas dran?

Dr. Becker: Auf jeden Fall, denn dadurch, dass die Leistungskurve des Biorhythmus im Laufe des Tages vielen Schwankungen unterliegt, verändert sich auch unsere Sensibilität, auch bei Schmerzen. Die ohnehin schon unangenehmen Zahnschmerzen zum Beispiel empfinden wir nachmittags viermal weniger schlimm als am frühen Morgen, wenn sich unser Blutdruck, unsere Konzentration und Temperatur erhöhen. Zu diesem Zeitpunkt erfolgen die meisten Herzinfarkte. Wann wir Fieber bekommen, hängt von der Art der Erkrankung ab. Bei bakteriellen Infektionen beginnt es meistens am Vormittag, bei Viruserkrankungen jedoch am Abend.

Moderatorin: Da Sie gerade von der Körpertemperatur gesprochen haben, würde mich genauer interessieren, wie sie mit dem Biorhythmus zusammenhängt.

Dr. Becker: Unsere Körpertemperatur schwankt während des Tages um bis zu einem halben Grad. Je höher die Temperatur ist, umso leistungsfähiger sind wir. Und umgekehrt: Geht die Temperatur nach unten, überfällt uns Müdigkeit. Am kältesten ist unser Körper in der Nacht und dementsprechend groß ist dann unser Schlafbedürfnis. Gut, wenn man um drei Uhr nachts schlafen darf und nicht arbeiten muss. Schlafen ist im Übrigen dann besonders erholsam, wenn unsere Körpertemperatur in der Sinkphase ist. Die Temperatur beeinflusst auch noch etwas anderes, nämlich unsere Vorstellung davon, wie schnell oder langsam wir Zeit empfinden. Je wärmer wir sind, desto langsamer vergeht die Zeit, zumindest nach unserem subjektiven Gefühl. Und wenn wir kühler sind, verfliegt die Zeit schneller. Natürlich spielen auch noch andere Faktoren eine Rolle, nämlich ob wir gerade etwas Spannendes erleben oder ob wir von etwas gelangweilt sind. Dementsprechend vergeht die Zeit schneller oder langsamer.

Moderatorin: Sie haben bereits angedeutet, dass es wichtig ist, zu einer bestimmten Zeit zu schlafen. Spielt es denn auch eine Rolle, wie viel man schläft?

Dr. Becker: Wie viel Schlaf ein Mensch per Tag braucht, ist genetisch bedingt. Somit reichen dem einen sechs Stunden, der andere benötigt zehn Stunden Schlaf. Wer nun denkt, man könnte mit weniger als der vorprogrammierten Menge an Schlaf auskommen, der irrt sich gewaltig. In einem Test mit Ratten starben die Tiere letztendlich, nachdem man sie immer wieder daran gehindert hatte zu schlafen. Und ein anderes Experiment ergab: Menschen, die ihre Schlafdauer um 40 Prozent verringert hatten, brachen zusammen und waren zu keiner Leistung mehr fähig. Leider ist es so, dass viele in unserer modernen Gesellschaft gar nicht so weit entfernt von diesem Zustand sind. In den vergangenen 100 Jahren schlafen die Menschen immer weniger, sodass wir heute etwa bei 25 Prozent weniger Schlaf sind als noch vor 100 Jahren. Viele wissen schon gar nicht mehr, wie es sich anfühlt, hellwach zu sein. Stattdessen fühlt man sich dauerübermüdet.

Moderatorin: Dieses Gefühl kenne ich gut, weil ich als Moderatorin zu unterschiedlichen Zeiten und oft auch nachts arbeiten muss. Kann man etwas gegen die ständige Übermüdung tun?

Dr. Becker: Die Antwort ist ganz einfach: Man muss wieder mehr schlafen. Wem das nicht von selbst gelingt, der kann sich professionelle Hilfe in einem Schlaflabor suchen.

Text nach:
Weber, Andreas: Biorhythmus - Die unerbittliche innere Uhr, https://www.geo.de/wissen/13369-rtkl-biorhythmus-die-unerbittliche-innere-uhr, letzter Zugriff: 25.04.2023. (zu Lehrzwecken verändert und gekürzt).

Hörverstehen, Teil 3

TR. 28

Moderator: Guten Morgen, meine Damen und Herren. Ich darf Sie herzlich zu unserer Vortragsreihe „Informationen zum Studium" begrüßen. Unsere erste Referentin heute ist Frau Dr. Nora Ahrens, die Ihnen die Besonderheiten von Frauenstudiengängen vorstellen, aber auch mit einigen Vorurteilen aufräumen wird. Wir freuen uns, mehr darüber zu erfahren. Herzlich willkommen, Frau Dr. Ahrens.

Dr. Ahrens: Vielen Dank für die Einladung. Um zu verstehen, warum es Frauenstudiengänge gibt, möchte ich mit den Herausforderungen beginnen, denen sich Deutschland in Zukunft zu stellen hat. Unser Land hat sich für die kommenden Jahrzehnte viel vorgenommen. Um nur drei der ehrzeigen Ziele zu nennen: Die erneuerbaren Energien, vor allem Windkraft und Solarenergie, sollen ausgebaut werden, künstliche Intelligenz soll in nahezu allen Lebensbereichen selbstverständlich werden und das Land will klimaneutral werden. Das sind wirklich große Herausforderungen, wenn man bedenkt, wie viele Fachleute für Technik, Maschinenbau, Informationstechnologie und in vielen anderen Gebieten dafür benötigt werden. Gleichzeitig fehlen schon seit Jahren Fachkräfte genau in diesen Bereichen. Lange wurde ignoriert, dass technische Fächer bei Frauen wenig beliebt sind, man hat sich aber kaum gefragt, woran das liegt. Besser sieht es bei den naturwissenschaftlichen Fächern aus. Inzwischen sind an den Hochschulen fast 50 Prozent der Studierenden in den Fächern Mathematik und Naturwissenschaften Frauen. Aber in technischen Fächern wie Maschinenbau, Informatik oder Ingenieurwissenschaften sind sie immer noch die Ausnahme. Und da kommen die Frauenstudiengänge ins Spiel. Die Hochschulen, die Frauenstudiengänge ins Leben gerufen haben, verfolgen das Ziel, den Fachkräftemangel zu beheben. Um deutlich mehr Frauen zu einem Technik- oder Informatikstudium zu bewegen, setzen Frauenstudiengänge genau bei den Gründen an, die viele Frauen daran hindern, Technik oder Informatik zu studieren. Wegen der Dominanz der Männer in diesen Fächern fühlen sich Frauen gehemmt und unsicher. Frauenstudiengänge, in denen die Frauen unter sich sind, vermitteln ihnen mehr Sicherheit in den eigenen Fähigkeiten. Auch eigentlich längst überholte Rollenbilder, nach denen Naturwissenschaften und Technik den Männern vorbehalten sei, üben immer noch einen gewissen gesellschaftlichen Druck aus. Das hat zur Folge, dass sich Frauen, auch wenn sie sich für Technik interessieren, das Studium technisch-naturwissenschaftlicher Fächer und einen Beruf in diesem Bereich nicht zutrauen. Um all dem Einhalt zu gebieten, wollte man mit der Einführung von Frauenstudiengängen die Position der Frauen stärken. Andere Länder, beispielsweise Südkorea und die USA, verzeichnen mit ihren reinen Frauenuniversitäten, die im Übrigen sehr renommiert sind, große Erfolge. Am Studienstandort Deutschland konnten sich Frauenuniversitäten trotzdem nicht durchsetzen. Aber es entstanden an mehreren Hochschulen Frauenstudiengänge, die ich Ihnen im Folgenden näher vorstellen möchte.

Die Fächer, die Frauen in Frauenstudiengängen studieren können, stammen ausschließlich aus dem MINT-Bereich, zu dem Mathematik, Informatik, Naturwissenschaft und Technik gehören. Ein kleinerer Teil der Frauenstudiengänge ist monoedukativ, das heißt, die Frauen sind während des gesamten Studiums nur unter sich; Männer sind von den Veranstaltungen ausgeschlossen. Die meisten Frauenstudiengänge sind so aufgebaut, dass die Frauen die ersten drei oder vier Semester monoedukativ studieren und dann die Möglichkeit haben, in den koedukativen Studiengang zu wechseln, um gemeinsam mit den männlichen Kommilitonen weiter zu studieren. Die Vorteile einer monoedukativen Ausbildung liegen auf der Hand. Dadurch, dass die Frauen eine Zeit lang unter sich sind, erleben sie eine deutlich entspanntere Lernatmosphäre, als wenn sie als eine der wenigen Frauen unter Männern das Gefühl haben, sich ständig beweisen zu müssen. Frauen bringen aus ihrer Schulzeit oft weniger technisches Vorwissen mit als Männer oder können ihre Kompetenzen nicht richtig einschätzen. Deshalb beginnen die meisten Frauenstudiengänge bei Null, anders gesagt: Die Frauen werden dazu ermuntert, jedwede Frage zu stellen, ohne dass sie sich dabei dumm vorkommen müssen. Ein weiterer Vorteil ist, dass bewusst in kleineren Lerngruppen unterrichtet wird, in denen die Studentinnen ihre individuellen Stärken besser einbringen können und eine intensivere Kommunikation untereinander und mit den Dozierenden ermöglicht wird, als dies in herkömmlichen Veranstaltungen der Fall ist. Dafür sorgt auch, dass mehr Team- und Projektarbeit angeboten wird. Außerdem ist das Studium anwendungsorientiert und berufsbezogen, denn es wird für einen regelmäßigen Kontakt zwischen Studentinnen und Unternehmen gesorgt. Der insgesamt stärkere kommunikative Austausch, aber auch die vorherrschenden Arbeitsformen sind Lernbedingungen, die Frauen entgegenkommen, da sie für kommunikativer als Männer gehalten werden. Mir ist natürlich bewusst, dass man damit ein Klischee bedient, womit ich bei den Vorurteilen und der Kritik an Frauenstudiengängen angelangt bin.

Eine klischeehafte Vorstellung, die man immer wieder hört, ist, dass Frauenstudiengänge ein geringeres Niveau haben und die Anforderungen herunterschrauben. Doch das stimmt keinesfalls. Der Studienverlauf, die Studieninhalte und die Prüfungen gleichen denen eines normalen Studiengangs. Oftmals schreiben die Studentinnen sogar die gleichen Prüfungen wie Studierende in gemischtgeschlechtlichen Studiengängen. Unterschiede gibt es, wie schon erwähnt, in organisatorischer und methodischer Hinsicht. Doch an der Komplexität und der Menge an Inhalten ändert dies nichts. Wäre dies nicht der Fall, könnten Frauen ja gar nicht nach drei oder vier Semestern in den koedukativen Studiengang wechseln. Genau das ist aber vorgesehen.

Da Männer nicht teilnehmen dürfen, ist der nächste Kritikpunkt, dass Männer diskriminiert werden. Das sieht zwar auf den ersten Blick so aus, aber Frauen sind in technischen und naturwissenschaftlichen Fächern an Hochschulen stark unterrepräsentiert, und dies entspricht nicht dem, was in den Gleichstellungsgesetzen der Hochschulen gefordert wird. Um Studentinnen in den MINT-Fächern tatsächlich gleichzustellen, haben einige Hochschulen Frauenstudiengänge ins Leben gerufen. Nur so erreichen sie das im Gleichstellungsgesetz festgeschriebene paritätische Verhältnis von Frauen und Männern in allen Studienfächern.

Ein dritter Kritikpunkt lautet, dass Absolventinnen aus Frauenstudiengängen schlechtere Chancen auf dem Arbeitsmarkt haben. Dahinter verbirgt sich die Vorstellung, dass Frauen, die sich im Studium nicht gegen Männer durchsetzen mussten, dann im Job versagen, wenn es um Durchsetzungsvermögen geht. Tatsächlich aber wird das Selbstbewusstsein der Frauen während des Studiums so gestärkt, dass diese Vorstellung falsch ist. Dazu kommt, dass die meisten Abschlusszeugnisse neutral gehalten werden, das heißt, es wird auf den Zeugnissen gar nicht erwähnt, dass eine Informatikerin oder Ingenieurin ihre Ausbildung in einem Frauenstudiengang gemacht hat. Und falls es doch vermerkt ist, reagieren die Unternehmen meiner Erfahrung nach eher positiv als ablehnend. Bewerbungen von Frauen werden sogar bevorzugt, weil die Unternehmen neugierig geworden sind. Und im Vorstellungsgespräch können Frauen unter Beweis stellen, dass sie im Selbstbewusstsein und technischem Fachwissen den Männern in nichts nachstehen.

Nun, ich hoffe, ich konnte Ihre Hemmungen abbauen und so manches Vorurteil entkräften. Wenn Sie sich als Frau für Technik, Informatik oder Maschinenbau interessieren, so kann ich Sie nur ermutigen, einen Frauenstudiengang in Betracht zu ziehen. Ich danke Ihnen für Ihre Aufmerksamkeit.

Moderator: Vielen Dank für Ihre Ausführungen, Frau Dr. Ahrens. Broschüren zu den Hochschulen, die Frauenstudiengänge anbieten, liegen auf den Tischen im Foyer aus. Dort steht Ihnen nach einer kurzen Pause auch die Referentin zur Verfügung, um Ihre Fragen zu beantworten. Ihnen, Frau Dr. Ahrens, möchten wir schon einmal herzlich dafür danken, dass Sie sich die Zeit nehmen.

BILDNACHWEIS

8 Shutterstock (wavebreakmedia), New York; **12** Fotolia (Christian Schwier), New York; **20.1** Fotolia (A_Bruno), New York; **20.2** Shutterstock (Zivica Kerkez), New York; **20.3** Shutterstock (Goran Bogicevic), New York; **32.1** Thinkstock (iStockphoto), München; **32.2** Adobe Stock (pkazmierczak), Dublin; **44.1** iStockphoto (Clint Scholz), Calgary, Alberta; **44.2** Getty Images (Os Tartarouchos), München; **44.3** Shutterstock (On SET), New York; **47.1** PONS GmbH (PONS GmbH), Stuttgart; **47.2** Fotolia (Jacek Fulawka), New York; **47.3** iStockphoto (TheDman), Calgary, Alberta; **47.4** PONS GmbH (PONS GmbH), Stuttgart; **56.1** Shutterstock (Bernd Wolter), New York; **56.2** Getty Images (visual7), München; **56.3** Shutterstock (Pj Aun), New York; **80.1** Shutterstock (barbsimages), New York; **80.2** Getty Images (SDI Productions), München; **80.3** Shutterstock (interstid), New York; **92.1** Getty Images (shulz), München; **92.2** Shutterstock (Sarah Holmlund), New York; **92.3** Shutterstock (OPOLJA), New York; **104.1** Getty Images (Jupiterimages), München; **104.2** Getty Images (simarik), München; **104.3** Getty Images (monkeybusinessimages), München; **116.1** Shutterstock (Wavebreakmedia Ltd), New York; **116.2** Shutterstock (beats1), New York; **116.3** Shutterstock (tommaso79), New York; **140.1** Shutterstock (Sorbis), New York; **140.2** PONS Archiv, Stuttgart; **140.3** Getty Images (michelangeloop), München; **U1** Getty Images (AdamGregor), München; **U1** Adobe Stock (sepy), Dublin; **4**, **11**, **19**, **24**, **25**, **43**, **46**, **50**, **61**, **63**, **65**, **79**, **87**, **101**, **106**, **107**, **122**, **136**, **138**, **142**, **162**, **163**, **165** Shutterstock (omibomotu), New York